龚金花 著

研究生创新人才培养的
产教融合模式研究

YANJIUSHENG CHUANGXINRENCAIPEIYANG DE
CHANJIAORONGHEMOSHIYANJIU

中国政法大学出版社

2023·北京

图书在版编目（ＣＩＰ）数据

研究生创新人才培养的产教融合模式研究/龚金花著. —北京：中国政法大学出版社，2023. 11

ISBN 978-7-5764-1242-0

Ⅰ.①研… Ⅱ.①龚… Ⅲ.①研究生教育—人才培养—研究—中国 Ⅳ.①G643

中国国家版本馆 CIP 数据核字(2024)第 002825 号

出 版 者	中国政法大学出版社
地　　址	北京市海淀区西土城路 25 号
邮寄地址	北京 100088 信箱 8034 分箱　邮编 100088
网　　址	http://www.cuplpress.com (网络实名：中国政法大学出版社)
电　　话	010-58908586(编辑部) 58908334(邮购部)
编辑邮箱	zhengfadch@126.com
承　　印	固安华明印业有限公司
开　　本	720mm×960mm　　1/16
印　　张	17.25
字　　数	300 千字
版　　次	2023 年 11 月第 1 版
印　　次	2023 年 11 月第 1 次印刷
定　　价	79.00 元

序

　　龚金花博士曾从事学位与研究生教育管理工作近十年,《研究生创新人才培养的产教融合模式研究》一书是她这十年里持续思考而产出的一个成果,也可谓是"十年磨一剑"吧。我想,正是因为她在研究生院的工作实践中与行业企业的颇多接触,通过不断对研究生创新人才培养路径等方面的思考,后又将此问题凝练成博士学位论文的选题进行深入系统探讨,才有了今天这本著作的问世。

　　2022 年,我国在学研究生已达 365 万人,总规模位居世界第二,已经成为名副其实的研究生教育大国。我国大力发展研究生教育,其中人才培养模式改革的一个重要方向便是以产教融合的形式培养高层次复合型应用型人才。但对于如何以产教融合的形式培养人才,学术界还缺乏深入系统的研究。本书从知识生产模式的视角论证研究生层次的产教融合人才培养特征,建构了研究生创新人才培养产教融合模式的生态系统运行模型及影响因素作用机制模型,为研究生创新人才培养研究提供了另一条理论解释路径。

　　该书梳理了国内外高校产教融合人才培养的相关研究成果,分析了我国研究生教育发展产教关系变迁及其知识生产模式演化特征,通过"大学—产业—政府—社会—自然环境"五螺旋的相互关系,构建了研究生创新人才产教融合模式五螺旋运行的理论构念模型,调查了当前高校研究生创新人才产教融合培养的现状,分析了其影响作用机制,并选取"兴国号"红轨这一典型案例进行研究。构建了研究生创新人才特征评价指标体系及其产教融合培养的结构模型,提出在实践层面上的研究生创新人才产教融合培养的理想框架及优化策略等富有一定新意的见解。

　　值得一提的是,从日常工作到学术研究的升华是该书的一个显著特点,这也使得该书兼具理论性与实践性,对实践更具有指导和参考价值,显然,这种研究是值得大力提倡的。令人欣慰的是，从这本书也可以看出，经过博士阶段的学习及高校教学研究与管理工作的历练，龚金花博士在相关领域逐渐有了一定的学术积累。我也希望并相信她在今后的学术道路上持之以恒，久久为功，取得更加丰硕的成果。

　　是为序。

卢晓中*

于华南师范大学广州石牌校区

2023 年 12 月

---

　　* 序作者系教育部"长江学者"特聘教授，国家"万人计划"哲学社会科学领军人才，中宣部"文化名家暨四个一批人才"，华南师范大学粤港澳大湾区教育发展高等研究院院长，博士生导师。

　　随着知识经济与知识社会的发展，仅局限于校园内的学校教育已无法完全满足创新人才培养需求，大学与产业之间的联结越来越紧密，研究生创新人才培养逐渐成为建设创新型国家的核心要素。产教融合已然超越了理论与实践有机结合思想，不仅体现了一种人才培养理念，更呈现出通过开放式创新培养创新人才的开放式人才培养模式。产教融合是研究生创新人才培养的重要模式。

　　本书采用理论研究与实证研究相结合的方式，对研究生创新人才培养的产教融合模式问题进行研究。以知识生产新模式为理论研究基础，选取全日制在校硕士研究生为调查对象，从研究生个体自我感知视角进行现状调查。从研究生个体特质及大环境因素和"人"的因素、研究生创新人才特征等方面构建研究生创新人才产教融合培养影响因素的逻辑线索，提出相应假设并通过社会调查进行检验。与此同时，选取某地方高校实现了从0到1突破的红轨技术所在的稀土领域研究生创新人才培养为典型案例，对理论研究及调查研究结果等进行案例研究、理论验证与人才培养模式探索，进一步得出案例研究结果。最后，根据研究结果及产教融合研究生创新人才培养存在的问题与制约因素等提出优化策略。

目录

<u>表目录</u>

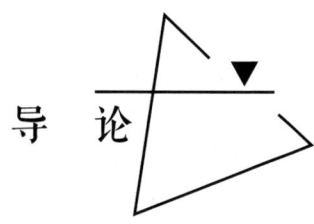

導　论

一、研究背景

创新是一个民族进步的灵魂，也是一个国家兴旺发达的不竭动力。创新人才培养是时代发展的需要，全面建成社会主义现代化强国离不开高层次的创新人才培养。

我国对创新人才培养的需求及其培养路径越来越重视。在 2006 年召开的全国科学技术大会上，胡锦涛和温家宝即提出到 2020 年要把我国建设成创新型国家；《国家中长期教育改革和发展规划纲要（2010—2020 年）》特别指出"培养创新人才的重要性和紧迫性"。2011 年，胡锦涛在庆祝清华大学建校 100 周年大会上的讲话中强调创新已作为经济社会发展的主要驱动力，知识创新成为国家竞争力的核心要素，鼓励建立协同创新联盟。他指出，高校要自觉参与与科研机构、企业深度合作，促进产学研紧密融合，加快科技成果转化和产业化步伐，推动"中国制造"向"中国创造"转变。高校应充分利用自身优势，以服务和贡献开辟发展新空间。为此，2012 年正式启动了"2011 计划"即高等学校创新能力提升计划。2015 年，"大众创业，万众创新"理念逐步推进。自十八大以来，党和国家多次指出人才强国、创新驱动的重要性，指出"人才是第一资源""创新是第一动力"，"人才""创新"常与"发展""科技"等词语联系在一起，成为实现中华民族伟大复兴进程中的高频词。例如，2021 年在中央人才工作会议上，习近平总书记强调要实施新时代人才强国战略，加快建设世界重要人才中心和创新高地。2022 年党的二十大报告进一步指出，要"全面提高人才自主培养质量，着力造就拔尖创新人才"。

创新人才培养与产教融合育人机制越来越受关注。2017年底，国务院办公厅颁发《关于深化产教融合的若干意见》，要求各市场要素全方位融合，培养大批高素质创新人才和技术技能人才。此后，相关部门相继发布了与产教融合相关的政策文件，以加快产教融合创新人才培养步伐，建设产教融合型城市。2018年9月，国务院下发《关于推动创新创业高质量发展打造"双创"升级版的意见》，提出要打造"双创"升级版，推动形成线上线下结合、产学研用协同、大中小企业融合的创新创业格局，为经济高质量发展提供保障。教育部高等教育司自2014年启动实施产学合作协同育人项目以来，产学合作、协同创新、产教融合逐渐深入和扩大。"双一流"建设指导意见及党的十八大以来历年的全国教育大会、各省相继推出的教育高质量实施方案或意见等，从不同层面体现了创新人才培养、全方位全过程的深度融合育人新机制的急切性、紧迫性和重要性。

随着知识经济社会的发展，学校教育场所、空间发生变化及知识的扩散等使高校地位与作用发生了变化，高等教育与产业之间的联结也越来越紧密，研究生创新人才培养逐渐成为建设创新型国家的核心要素，产教融合促进研究生创新人才培养的意义逐渐凸显，成为培养一流研究生的重要模式。概括起来可归纳为以下几个方面：

（一）知识的扩散使大学与产业联结越来越紧密

学校教育所处的场所、空间随着知识的转移应用、流动与扩散正在发生着变化。高校人才培养不仅要实现从满足某种"质的规定性"到满足"主体需要程度"的转变，而且要实现从为"已知的社会"培养人才到为"未知的社会"培养人才的转变[1]。加拿大的卡米尔·S.加布里埃尔（Kamiel S. Gabriel）[2]在论及高校对"创新的大脑"的作用时，根据不同领域展示了知识价值链的主要部分。高校在教学、培训、技能发展、研发活动、学习、创意艺术和设计等方面起着知识产生和进步的作用，毕业生实习、委托、科研、就业安排及创业活动等起着知识转移作用，知识转移大部分仍在学校或特定的产业开

---

〔1〕 房剑森：《高等教育质量观的发展与中国的选择》，载《现代大学教育》2002年第2期，第15~19页。

〔2〕 ［加］卡米尔·S.加布里埃尔：《创新的解剖》，程翔、徐伟译，江苏人民出版社2017年版，第25页。

展。高校主要从事教和学、存储、保护、传播知识和社会价值观等工作。高校培养出的毕业生人才是知识传播到社会的"载体"，他们把新的想法、技术和社会改革渗透进产业、社区及社会的各个角落。知识的扩散使高校在创新人才培养中的地位与作用发生了变化。

　　高等学校既是高层次创新人才培养的重要基地，又是基础研究和高技术领域创新成果的重要源泉。高校在国家创新系统中具有人才培养、提供新技术以及知识生产等功能，是人才培养、科学研究、高科技成果转化的综合基地[1]，是国家创新体系中的"创新极"。有研究者以深圳清华大学研究院为例，认为大学应从高科技产业的经营主角转换为支持高科技企业发展的孵化者，高科技产业中的"第三产业"非常适合大学通过组建独立运行的研究院、科技园来承担。[2]

　　随着知识创新与科技创新、经济发展联系越来越紧密，大学与产业的结合也逐渐上升为各国的国家创新体系战略。大学与产业之间的合作被视为经济发展、就业岗位提供、创新创业活力激发等的重要途径。国际组织——欧盟近年来出台的政策文件或报告均指向了大学机构与产业部门的合作，以期建立彼此之间的合作创新生态系统[3]。例如，2012 年的《重新思考教育公报》[4]、2013 年的《2020 创业行动计划》[5]及 2014 年的《互联网市场交易政策》、2016 年的《创业能力框架》[6]等。可见，大学与产业的结合逐渐成为国家创新体系的重要组成部分。

　　有研究表明，大学与产业的关系经历了偶然联系到多元伙伴的发展[7]，大学的社会服务功能逐步加强，大学作为知识生产的重要场所，与企业的科

　　〔1〕　贺东山：《试论高校在建设国家创新体系中的定位》，载《有色金属高教研究》2000 年第 2 期，第 100~102 页。

　　〔2〕　冯冠平、王德保：《研究型大学在产学研结合中的作用和角色》，载《清华大学教育研究》2003 年第 2 期，第 92~95 页。

　　〔3〕　王志强、代以平：《欧盟大学—产业部门合作创新机制的主要类型及路径选择》，载《比较教育研究》2018 年第 2 期，第 7~12 页。

　　〔4〕　European Commission, "Rethink Education: Investing in Skills for Better Socio-economic Outcomes", Brussels: COM, 2012, p. 669.

　　〔5〕　European Commission, "Entrepreneurship 2020 Action Plan", Brussels: COM, 2013, p. 795.

　　〔6〕　European Commission Joint Research Centre, "Entre Comp: The Entrepreneurship Competence Framework", http://ec. europa. eu/jrc/entrecomp（2016-06-20）[2017-03-26].

　　〔7〕　参见徐辉：《高等教育发展的新阶段——论大学与工业的关系》，杭州大学出版社 1990 年版。

技创新和产业化越来越紧密[1]。例如,英国传统大学与工业的发展经历了由最初的疏离、冷漠的状态逐渐转变为积极主动寻求合作的过程,实现了对古老传统的突破与超越。[2]我国大学—产业合作体系建设经历了由产学研简单联合,到产学研项目结合,再到产学研用紧密结合的三个阶段[3];也有研究者认为是四阶段,但这都不影响对产教关系的认识。可见,"产""教"联系越来越紧密,彼此相互促进、相互影响。

(二) 研究生创新人才是建设创新型国家的核心要素

我国自研究生教育恢复招生以来,规模不断扩大,为我国建设世界重要人才中心、抢占人才创新高地作出了重要贡献。根据国家统计局发布的《中国统计年鉴2022》,我国高等教育毛入学率从1995年的7.5%发展到2021年的57.8%,我国高等教育进入大众化发展阶段。我国研究生招生规模由1978年的1.1万多人发展到2021年的117.7万多人,其中博士研究生125 823人,硕士研究生1 050 703人;研究生在校生人数由1978年的1.1万多人增加到2021年的333.2万多人;2021年研究生毕业人数为772 761人,其中博士研究生72 019人,硕士研究生700 742人。

我国研究生教育功能在经济社会发展的历史长河中也发生了变迁(详见第三章)。研究生教育由清末民初"学术独立"、关注学术研究的设想,逐渐发展为社会主义建设服务,服务国家需求与发展战略,满足经济社会的多元需求,培养引领经济社会高质量发展的拔尖创新人才。随着我国改革开放的深入及全球经济社会的发展,研究生教育由原来的外延式扩张转向高质量的内涵式卓越化构建,责任意识、质量意识越来越成为研究生人才培养的关注点。

建设强大的国家创新体系,离不开强大的研究生教育发展,强大的研究生教育离不开高质量的研究生创新人才培养。研究生教育是高层次人才培养的重要路径,是人才、科技竞争的支撑点,是《学位与研究生教育发展"十三五"规划》所提出的"建设创新型国家的核心要素"。因此,全面提高高校研究生人才培养质量、提升研究生人才尤其是拔尖创新人才的知识生产能

---

〔1〕 参见刘力:《产学研合作的历史考察及比较研究》,国际文化出版公司2005年版。

〔2〕 徐继宁:《英国传统大学与工业关系发展研究》,苏州大学2011年博士学位论文。

〔3〕 张豪:《大学—产业合作组织协同创新研究》,哈尔滨工业大学2016年博士学位论文。

力和水平成为建设国家创新体系、深入实施人才强国战略的重要任务。

（三）产教融合是培养研究生创新人才的重要模式

关于青年失业的原因和影响因素，国际上有学者指出学校系统不能培养出适合劳动力市场的合格的毕业生是造成青年失业的原因。[1]有研究者早在2005年便指出大学生就业难的症结在于高校的人才供给与产业需求拟合出现偏差，提出将高校人才培养与产业人才需求的拟合"前置"，即人才培养规划与产业部门挂钩实行"前置"拟合。[2]大学须适时更新人才培养观念，积极开展实践探索，加强与产业的前置拟合。研究生层次的创新人才培养也同样面临人才供给与产业需求、理论与实践的前置拟合问题。据就业单位意见反馈，在研究生人才岗位需求的招聘中，具有项目研究经历尤其是具有大型项目研究经历、社会实践经验的毕业研究生更受欢迎。

学校教育教学大多局限于教室或校园、实践基地等，人才培养需求的学习空间、场所受限，容易产生创造力危机。我国高等教育的主要场所在大学校园，课堂教学大多遵守学习情境的预设[3]。随着知识经济社会的发展，自然科学与人文社会科学的知识生产方式逐渐发生变化。大学不再是知识生产的唯一场所，政府也不再是唯一的经费提供者。社会知识生产由主要在一种学科的、认知语境中的知识生产模式1转向在应用情境中的知识生产模式2、知识生产模式3，产教融合动力机制也不再限于大学与政府之间的线性创新模式，知识生产的驱动力由大学—产业—政府组成的三螺旋模型发展为四螺旋、五螺旋等，知识生产成为多元主体共同参与的结果（这部分内容将在第二章详细论述）。

作为人才培养的重要模式，产教融合是培养创新型复合型人才的重要途径，"也是拔尖创新人才培养的关键一环"。[4]基于产教融合对创新人才培养的重要意义，国务院于2015年在《统筹推进世界一流大学和一流学科建设总

〔1〕　闵维方等：《教育投入、资源配置与人力资本收益——中国教育与人力资源问题研究》，经济科学出版社2009年版，第325页。

〔2〕　鹿立：《中国高校人才供给与产业人才需求拟合研究》，载《中国人口科学》2005年第4期，第67~74、96页。

〔3〕　陈中原主编：《中国教育改革大系·教育改革理论卷》，湖北教育出版社2015年版，第187~193页。

〔4〕　卢晓中：《自主培养拔尖创新人才亟需构建培养共同体》，载《大学教育科学》2023年第1期，第10~12、24~25页。

体方案》中明确提出将深化产教融合与建设一流学科、一流大学及经济社会发展相结合，提高大学对产业发展的贡献率。国家发展和改革委员会、教育部等6部门于2019年联合印发的《国家产教融合建设试点实施方案》要求将深化产教融合改革与人才供给侧结构性改革相结合；同年，国家发展和改革委员会、教育部印发的《建设产教融合型企业实施办法（试行）》将产教融合上升为国家发展策略。

在双一流建设、产教融合政策、人才供给侧结构性改革等多重引导下，研究生创新人才培养产教融合模式抑或研究生创新人才产教融合培养在研究生教育相关改革意见或政策措施中有了明确指向。教育部、国家发展和改革委员会、财政部在2020年联合发布的《关于加快新时代研究生教育改革发展的意见》中明确提出，研究生人才培养要不断完善并强化科教融合、产教融合育人机制。虽然该意见将学术学位和专业学位分别强调科教、产教的融合，但无论是学术学位还是专业学位研究生的知识生产创新与优化都离不开产业系统与教育系统的融通，离不开产教融合动力机制五螺旋的共同作用，即研究生创新人才培养与大学—政府—产业—公众社会—自然环境五个子系统的协同与参与密不可分。"产教融合是新时代培养一流研究生的重要模式"〔1〕，研究生创新人才培养产教融合模式有利于教育链、人才链与产业链、创新链及价值链五链有机结合。产教融合在促进学科布局与产业结构调整、人才培养质量与产业需求的对接等方面发挥重要作用，有利于研究生将教学途径与非教学途径所获取的知识、信息进行整合，提高研究生的社会适应能力、学术创新及理论与实践结合的能力，最终提升高校高层次复合型创新人才培养能力。

综上，研究生创新人才培养产教融合模式在国家经济社会发展中具有其研究的现实必然性与学术研究的必要性。

作者从事学位与研究生教育管理工作近十年，日常工作涉及人才培养的教学改革、课程体系建设、联合培养基地建设、专业实践基地建设、人才培养方案制定等，对创新人才培养问题有直接的体验和切身的感受。基于研究生培养工作的需要，同研究生与行业企业之间的联系较多，对研究生的创新

---

〔1〕 戴彬、李瑞：《基于"一体化"标准的研究生跨地域产教融合培养模式研究》，载《学位与研究生教育》2020年第12期，第24~29页。

基地运转、联合培养内在合作模式等进行过实地考察。研究生层次的产教发展与合作涉及不同机构范畴不同主体及不同共同体的不同利益诉求，产教不同利益诉求的融合已然超越了理论与实践相结合的理念，即产教融合在实际运行中似乎不仅体现了一种人才培养理念，更展现出一种开放式的人才培养模式，产教融合或可看作为产教不同机构范畴内外部合作的"开放式创新"。美国学者切斯堡（Chesebrough）曾针对企业与大学之间的合作提出了"开放式创新"概念。他对企业通过整合内外部创新要素以创造新价值进行了系统研究，认为"由于创造、扩散以及高级人才流动的速度越来越快，企业应实施开放式创新模式，与大学等外部知识源进行广泛合作"[1]。随着知识生产模式的产生情境及适应性情境的发展，知识创新越来越由广泛的共同体构成，大学与产业的开放式创新模式将越来越深入。我国自研究生教育恢复招生以来，为各行各业输送了大批高层次人才，产教融合逐渐成为高层次人才培养的重要途径，"产""教"之间的融合一定程度上体现了类似开放式创新模式。然而，作为人才培养的开放式创新模式即产教融合模式具有什么样的特征、什么样的产教融合才是研究生创新人才培养的最佳模式、如何才能更好促进研究生创新人才培养等一系列问题无法在现有研究中找到答案，这也成就了本书的主题。

二、研究目的与意义

（一）研究目的

研究生教育的创新人才培养是国家创新体系的重要组成部分，产教融合已逐渐成为研究生创新人才培养的重要模式。相较于其他层次的教育，作为研究生创新人才培养的产教融合模式具有研究生教育的独特特点。本书的目的在于拟通过研究其动力机制及其生态运行系统，分析产教融合研究生创新人才特征构成要素及作为研究生创新人才培养的产教融合模式特征、研究生创新人才产教融合培养的影响因素等，以寻求促进研究生创新人才产教融合培养的最佳模式，提出优化策略。

---

〔1〕 Chesebrough H. W. , *Open Innovation: The New Imperative for Creating and Profiting from Technology*, Harvard Business School Press, Boston, MA, 2003, p. 227; Afie M. , *Badawy Journal of Engineering and Technology Management*, 0923-4748, 2004, p. 241.

（二）研究意义

1. 理论意义

随着知识经济社会的发展，研究生创新人才成为高层次人才竞争的支撑点，研究生教育越来越为国家创新体系建设发挥重要作用。而随着知识生产模式的演变，大学与产业之间的联结越来越紧密，产教之间的动力机制也不再限于大学与政府之间的线性创新模式，越来越多的利益主体或共同体参与知识创新，知识生产参与的主体或共同体越来越多元化。因此，产教融合模式成为培养研究生创新人才的重要模式是时代发展的必然选择。本书重点研究了研究生创新人才培养产教融合模式的运行机制，构建了研究生创新人才产教融合培养的理论构念模型；根据理论研究与实证研究分析出产教融合研究生创新人才特征构成要素及研究生创新人才产教融合模式特征；根据现状调查分析了研究生创新人才产教融合培养的影响因素等。这些研究成果可能对研究生创新人才培养尤其对研究生创新人才产教融合培养在理论建构、模式研究、特征考察等方面具有重要学术价值和理论研究意义。

2. 实践意义

本书梳理了我国研究生教育产教关系的变迁，以知识生产新模式产教融合动力机制五螺旋为理论基础，结合案例研究及产教差异，针对当前研究生创新人才产教融合培养现状、存在问题及制约因素，提出研究生创新人才产教融合培养实践优化策略，对促进我国研究生层次的创新人才培养高质量发展具有重要现实意义。经理论研究和实证研究验证的理论基础和运行机制的研究结论可能对相关职能部门和研究生教育管理者等的政策制定、制度促进、措施实施具有重要参考价值和借鉴意义。

三、研究问题

本书的基本假设是产教融合人才培养模式有助于促进研究生创新人才培养，基于此，本书研究的主要问题是产教融合人才培养模式与研究生创新人才培养的关系。产教融合是培养研究生创新人才的重要模式，这点在研究缘起与背景介绍中已得以论证。接下来要思考的问题是什么样的产教融合才是培养研究生创新人才的最佳模式？由于创新人才培养是个系统工程，具有发展性，研究生创新人才培养与本科创新人才培养既具有关联又具有其独特特点，那么研究生创新人才培养相比一般创新人才培养的特殊性体现在哪，即研究生创新人才特征与一般意义上培养的创新人才特征有哪些不同？研究生个体在研究生教育期间是高层次人才培养的重要阶段，研究生创新人才产教融合培养具有其特殊模式，由此须进一步思考产教融合如何更好促进研究生创新人才培养，研究生创新人才培养的产教融合模式具有哪些特征？基于以上系列问题的思考，本书可将研究问题分为以下四个具体的子问题：

问题 1：一般意义上的创新人才主要通过哪些特征要素表征，基于产教融合培养的研究生创新人才具有哪些不同的特征？

问题 2：知识生产模式下产教融合动力机制具有怎样的演变进程，研究生创新人才培养的产教融合模式具有怎样的特征，研究生创新人才培养产教融合模式的生态系统运行机制是怎样的？

问题 3：研究生创新人才产教融合培养的现实状况如何，存在哪些问题和制约因素？

问题 4：影响产教融合研究生创新人才培养的主要因素有哪些，研究生创新人才培养产教融合模式的理想图景是怎样的？

四、研究设计

（一）研究对象与思路

1. 研究对象

本书以研究生层次的人才培养为研究范围，以全日制硕士研究生创新人才培养的产教融合模式为研究对象，从人才培养的视角对研究生教育领域的产教融合人才培养模式展开研究。

2. 研究内容与研究思路

研究生教育层次产教融合人才培养的研究既涉及理论的阐释，又涉及实践的探索。因此在研究中采用理论研究对与研究主题相关的问题进行逻辑推演、论证，建构适合研究目的与研究主题的概念模型，同时结合实证研究对概念模型进行验证即理论研究与实证研究相结合。本书对研究生创新人才培养产教融合模式的研究主要是从产教融合开展研究生创新人才培养着手进行，因此为行文方便，除特别说明之外，书中"基于产教融合的研究生创新人才培养""研究生创新人才培养产教融合模式""产教融合研究生创新人才培养""研究生创新人才产教融合培养"等在本书中的用词根据行文需要使用，其表述不具有辨析意义，不另作区分。

研究内容主要包括：

（1）研究生创新人才培养产教融合模式运行机制与理论构念模型。研究生创新人才培养产教融合模式运行机制是研究研究生创新人才产教融合培养需解决的理论问题，因其运行机制与产教融合动力机制密切相关，因此需对知识生产模式下产教融合动力机制进行剖析。本书拟结合研究生教育特点、知识生产模式产教融合动力机制演变进程及我国研究生教育功能发展中产教关系变迁等进行生态系统运行机制与理论模型的探索与研究，构建研究生创新人才培养产教融合模式运行机制图，为后续研究奠定理论基础，提供理论分析的基础框架。

（2）研究生创新人才培养产教融合模式的测量结构研究及假设模型构建。研究生创新人才产教融合培养测量结构研究主要包括产教融合研究生创新人才特征、研究生创新人才培养的产教融合模式特征等的测量结构及各维度与题项构建。测量结构及各维度与题项编制主要通过政策、制度文本、访谈等质性研究，根据已有研究，分析并确定其主要特征要素构成维度，结合文献研究及已有成熟量表等编制题项；五螺旋各子系统的产教融合力量表根据理论分析框架确定测量维度，结合政策、制度文本、访谈及研究生教育实际等分析并编制测量题项。在此基础上，结合研究生创新人才培养产教融合模式运行机制，建构适切的研究生创新人才产教融合培养影响因素作用机制的假设模型。

（3）研究生创新人才产教融合培养现状调查研究。问卷调查是了解基于产教融合的研究生创新人才培养现实状况的重要手段。目前对研究生教育的产教融合人才培养进行测量和评价的量表较少，对产教融合人才培养大多集中于职业教育或地方本科院校，对研究生层次的实证研究不多。因此，本书将根据研究生教育的特点及实际访谈情境等自行研究、开发量表，对样本高校实施问卷试测和正式调研，通过统计分析，深度了解我国研究生教育产教融合人才培养的现实状况。

（4）研究生创新人才产教融合培养结构方程模型构建与典型案例研究。研究生创新人才产教融合培养涉及多方主体博弈，在"求同存异"创新系列空间共同为创新目标作出贡献，由多元共同体参与。多元共同体参与产出的成果受多种因素影响，且这些因素涉及政治、经济、教育、文化、社会、自然及个体、群体等，有些属于直接因素，有些属于间接因素。因此，从众多复杂系统的影响因素中析出其中的主要影响因素和中介效应、互动关系并非易事，本书尝试借助软件分析工具构建研究生创新人才产教融合培养结构方程模型，并选取某地方高校具有代表性的案例进行验证和探索。

（5）研究生创新人才产教融合培养理想图景与现实优化策略研究。通过质性数据、统计数据及其分析结果，依据各方共同体在研究生创新人才产教融合培养运行机制中的相互关系等绘制出理想框架，并归纳出在现实情境中存在的产教差异与冲突及影响研究生创新人才产教融合培养的现实困境与制约因素，结合已有研究，提出实践启示与优化策略。

具体研究思路如下：

第一，分析已有产教融合与创新人才培养相关研究，对研究中的核心概念进行界定，归纳推演出一般意义上的创新人才特征构成要素。

第二，分析产教融合创新人才培养的一般理论基础，梳理知识生产模式下学界关于产教融合动力机制演变历程，据此论证以知识生产模式3——五螺旋为本书理论基础的适切性。

第三，结合我国研究生教育功能产教关系变迁、研究生教育发展特点，论述研究生创新人才培养产教融合模式特征，建构研究生创新人才培养产教融合模式的生态系统运行机制与理论构建模式。

第四，通过现有理论基础和政策、制度文本、产教各方主体深度访谈，在步骤一、三的基础上探索并确定研究关键变量、编制关键变量测量工具，同时对变量间的关系进行假设，在步骤二的基础上进一步细化并构建研究生创新人才产教融合培养影响作用机制的理论假设模型。

第五，对测量工具进行设计并修订，正式确定各关键变量结构与维度，在试测基础上形成正式试测问卷并发放、回收。

第六，对各变量之间的关系进行实证分析，讨论实证结果。

第七，选取国内典型案例，进一步验证理论模型和研究假设，提取具有典型特点的案例研究发现，以为实然状态的研究生创新人才产教融合培养尤其是地方高校高层次人才培养提供借鉴和参考。

第八，结合前面步骤的研究结果，进一步对质性数据和量化数据进行研究，总结归纳出研究生创新人才产教融合培养的理想图景及存在的差异与冲突、问题与困境及制约因素等。

第九，提出实践启示与优化策略。

第十，研究总结与未来展望。

（二）研究方法

本书采用理论研究与实证研究相结合的方式进行，其中，实证研究主要采用质性研究与量化研究混合设计的研究方法。首先通过理论研究，对研究主题的已有研究、相关理论进行分析论证进而构建理论模型；然后运用实证研究对理论模型与研究假设进行验证。实证研究采用的混合研究方法包括对政策、制度文本及访谈数据、典型案例采用质性研究方法，对调研数据运用统计测量等量化研究方法。

本书的混合研究方法涉及数据收集与数据处理的方法。从数据收集来看，涉及的方法主要包括文献研究、文本分析、内容分析、访谈法、问卷调查法等；从数据处理来看，涉及的方法主要包括方差分析、回归分析、结构方程模型分析、案例研究等。

（三）章节安排

本书的主要内容共分为九部分。具体如下：

导论，包括研究缘起、研究背景、目的意义、研究框架等。

第一章，文献综述与概念剖析。包括产教融合相关研究的文献综述、概念界定、创新人才特征要素等。

第二章，研究理论基础。包括产教融合人才培养模式的相关理论基础及切合本书主题的理论基础。

第三章，创新人才培养产教融合模式的生态系统研究。包括我国研究生教育功能发展中产教关系处于什么状态、产教融合培养研究生创新人才具有什么样的构念模式等。

第四章，工具编制。结合文献资料和五个子系统的行为主体访谈，探索并确定模型基本维度和关键变量，编制量表测量题项，构建研究生创新人才产教融合培养影响因素作用机制的理论假设模型等。

第五章，现状调查与分析。包括问卷修订、正式确定关键变量结构与维度；通过正式施测，从主客观两个角度对研究生创新人才产教融合培养进行现状调查和分析。

第六章，影响因素研究。主要针对影响研究生创新人才产教融合培养的因素及其相互作用机制进行研究。

第七章，案例研究。选取国内典型案例进一步验证构念模式及理论假设模型，并探索代表性地方高校产教融合培养研究生创新人才的特点。

第八章，理想框架与优化策略。包括结合质性数据及前文研究结果等探讨研究生创新人才产教融合培养的理想图景，并根据产教差异、存在问题、制约因素等提出优化建议。

结合研究问题与研究思路等，本书的具体研究技术路线如图0-1所示。

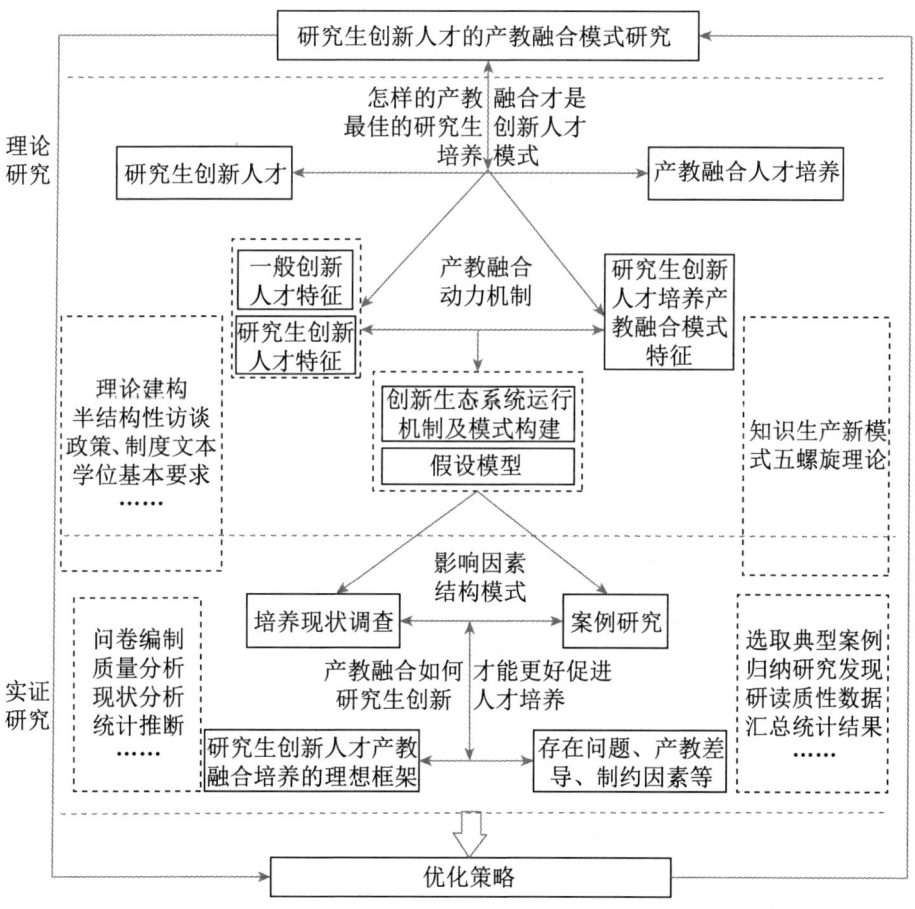

图 0-1　研究技术路线

产教融合人才培养文献综述与概念剖析 第一章

尽管在我国研究生教育功能发展进程中，研究生教育系统与其他社会子系统的关系越来越紧密，但针对研究生教育开展产教融合创新人才培养相关的系统性研究并不多。本章主要介绍产教融合人才培养相关研究成果及与本书主题密切相关的概念剖析。

第一节 高校产教融合人才培养研究概述

产学研或产学合作等相关研究非常丰富，涉及各个学科各个领域，尤其是经济、管理领域居多。教育领域则主要是职业教育方面的研究，随着国家对产教融合相关政策的出台及社会对各类学校的人才培养需求，相关研究成果也逐渐增多。与大学本科和研究生教育相关的产教融合研究主要集中于产学（研）、产学合作教育或合作创新、联合培养（基地）等方面的研究。在研究生教育领域，由于有关产教融合人才培养的研究相对不多，且主要集中于专业学位某个领域的研究，因此本章的文献综述将不局限于研究生教育，而是将与产教融合人才培养相关的研究均纳入考察范围。

一、产教融合研究发展概况

国外关于产教之间的合作研究历史悠久。高等教育的第三大功能即服务社会的功能主要由著名的"威斯康星思想"（Wisconsin Idea）引发。该思想将教学、科研与社会服务紧密结合，提升高等教育对社会的贡献力。从 1951 年美国斯坦福工业园的创办到创业型大学的发展可看出，产教融合具有较大的内在价值。产教关系的研究在国外各高校与产业园区的联结付诸实施已久，且已取得较好成效，如美国的硅谷产业、波士顿 128 公路及日本的筑波科技园区等。

本书产教融合中的"产教"主要指产业界与教育界，因此涉及"产""教"之间关系的相关研究均纳入文献考察。通过文献考察得知，我国在产学合作、产学研等相关概念提出之前，产教之间的合作主要侧重教育与生产劳动结合。产学合作教育、产学研、产学研用等各种关于产教之间合作的理念，一定程度上均被看作教育与生产劳动相结合的不同组织形式或组合方式。

我国产教融合关注度指数呈现逐年增长趋势，CNKI 中国期刊全文数据库以"产教融合"为主题的关注度指数曲线如图 1-1 所示。我国以"产教融合"为直接主题的发表论文量自 2014 年开始呈上升趋势，2021 年达到高峰，发表期刊论文从 175 篇上升到 3038 篇。从领域分布上看，职业教育占 55.1%；发表论文所属单位除天津大学之外，其余大多属于职业教育类，硕博学位论文所在单位有浙江工业大学和福建师范大学等。

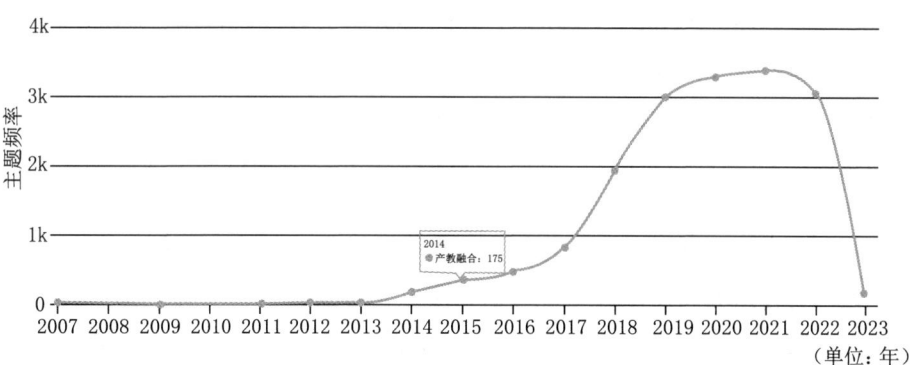

图 1-1　产教融合研究关注度总体趋势分析

以"产教融合"或含"产学"或含"产学研"等为检索条件，选择 SCI、EI、核心期刊、CSSCI、CSCD 等高水平期刊，进行模糊匹配，共检索到 11 975 篇论文。相关高水平期刊论文发表自 2004 年呈上升趋势，2019 年达到高峰（发表论文 703 篇），如图 1-2 所示。

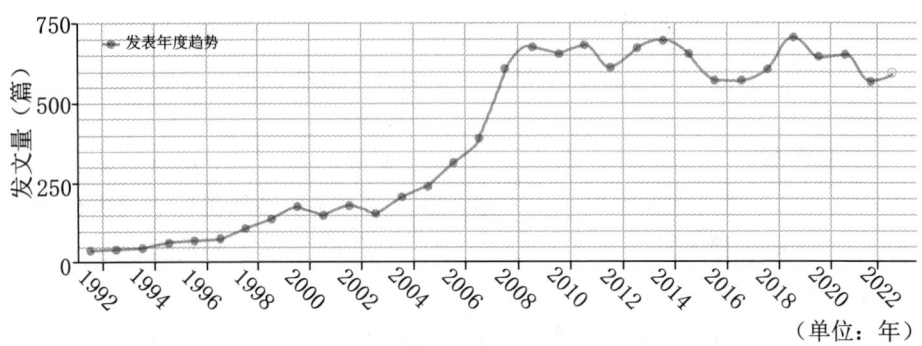

图 1-2　产教融合相关研究关注度指数总体趋势分析

　　在中国国家图书馆、超星图书、百链云图书馆、读秀检索等检索出与产教融合相关的主题"教育与生产劳动""大学与工业""大学与产业"等图书39 383种，其中同教育与生产劳动相关的著作有35部。产教融合相关研究的著作主要集中于四个时间段：1958年至1960年、1982年至1995年、1995年至2000年和2000年至今。

　　第一阶段即1958年至1960年，其间主要是教育与生产劳动相结合的相关学习资料或几种形式介绍、经验交流或研究报告，有来自苏联著作的翻译版如《怎样把教育同生产劳动结合起来》、有大事记录本如《中国教育同生产劳动相结合大事记（1930—1993）》，主要讨论的教育层次集中在基础教育和中等教育，讨论高等教育层次的相关著作较少。

　　第二阶段即20世纪90年代前后，从生产劳动教育讨论逐渐转化成关注关于产学合作培养高层次人才方面的研究，产业合作相关著作增多，这可能与1991年上海成立产学合作教育协会、1992年原国家经济贸易委员会、原国家教育委员会、中国科学院联合实施的"产学研联合开发工程"有关。关于产学研的理论与实践探索、大学与产业关系剖析等方面的研究与实践逐渐出现，如浙江大学徐辉撰写的《高等教育发展的新阶段——论大学与工业的关系》（1990年）、王思敬主编的《产学合作教育的探索与实践》（1992年），收录了关于高等工程教育、技术教育等方面的产学合作论文，其中一篇涉及高校与企业合作培养研究生的探索。1993年北京市高等教育研究所、中国产学合作教育协会秘书处编写的《产学合作教育的理论与实践》一书对合作教育、劳教关系、厂校合作等进行了探讨。

第三阶段即 1995 年至 2000 年，这一时期主要关注知识经济条件下的高等教育与科学研究、生产劳动结合，如 1995 年王绍兰主编的《国外教育同生产劳动相结合模式》、1999 年陈谟开主编的《高等教育与科学研究和生产劳动相结合的研究》。陈谟开主编的该书是全国哲学社会科学"九五"规划国家级重点课题成果，书中收录了《知识经济强烈呼唤产学研结合》《关于我国产学研合作的五点思考》《对产学研合作的实践与认识》等 31 篇论文。同时，其在主编的《迎接知识经济挑战：高等教育与科学研究、生产劳动相结合新探》中讨论了社会主义市场经济条件下高等教育与科学研究、生产劳动相结合的新型关系；实施科教兴国战略形势下高等教育与科学研究、生产劳动相结合的历史使命等问题。

第四阶段即 2000 年之后，产学研方面的研究引入了一些理论来阐释、剖析并提出相应的对策，产学合作关系与模式、运行机制与机理、产生的绩效与利益分配等存在产学合作主体之间或之外的问题逐渐进入研究者视野。研究者关注的范围从人才培养扩大到人才培养与整个社会的产业发展、科技创新、技术创新与发展、产业集群、协同创新、创新系统与模式等的融合研究，涉及学科或视角包括教育学、哲学、管理学、经济学、社会学等各个领域，大学—产业—政府关系研究成果逐渐丰富，研究的深度和广度逐渐加大。21世纪早期的研究成果有浙江大学刘力的博士学位论文《产学研合作的历史考察及比较研究》（2001 年）、王成军所著的《三重螺旋：官产学伙伴关系研究》（2005 年）和《官产学三重螺旋研究：知识与选择》（2005 年）、郭斌等著的《知识经济下产学合作的模式、机制与绩效评价》（2007 年）、林学军所著的《基于三重螺旋创新理论模型的创新体系研究》（2010 年）。

检索相关论文，会发现与产教融合相关研究的论文有两个时间段具有明显的时间线。一是 20 世纪 60 年代之前，二是 20 世纪 90 年代后，发文量与相关著作时间段有相似之处。在 20 世纪 60 年代之后与 90 年代前期间发表的论文量较少。20 世纪 60 年代之前发表的论文或评论大多集中于经验总结、报告和讨论等，涉及与产教融合相关的主要是教育与生产劳动相结合的优点与好处。20 世纪 90 年代后，论文针对教育与生产劳动相结合的形式之一——素质教育研究较多。一些新闻报纸宣传将劳动课纳入素质教育内容中，如《山西工人报》刊出的李天怀的《必须把教育摆在优先发展的战略地位》（2002年）、《河北工人报》刊出的朱志英的《学校素质教育劳动课不容忽视》

（2005 年）。关于"教劳结合"中涉及的劳动教育研究一直备受关注和争议，至今仍然产生了不少研究论文。如黄济教授（2004 年）通过对马克思主义的教劳结合思想与我国革命传统教育中的劳动教育的分析，认为劳动教育为教育整体的一个组成部分，基础教育中应补列德智体美劳五育[1]。瞿葆奎（2005 年）则认为劳动教育是另一类别的教育、另一个层次的教育，它不能、也不应与其他四育并入人的全面发展教育内涵中[2]。大学与产业的关系的研究论文则更多地集中于针对大学的社会服务功能展开，探讨大学与企业协同创新合作提高科技成果转化能力、促进社会经济发展的贡献率。

从当前出版的著作及发表的论文情况看，我国产教融合相关研究经历的时间段，与国内研究者对产学研考察得出的发展阶段类似。如张忠家等（2014 年）通过对产学研合作的发展轨迹考察得出我国产学研合作发展大致经历了四个时期，分别是 1984 年至 1989 年的引入期、1989 年至 1996 年的探索期、1996 年至 2003 年的稳步探索期、2003 年到现在的创新发展期[3]。袁靖宇（2018 年）通过分析产业与高等教育主要矛盾的叠加和相互作用，认为两者间的关系发展大致经历了产教边界清晰（1952 年以前）、产品导向的产教同构（1952 年至 1965 年）、政治导向的产教捆绑（1966 年至 1976 年）、知识本位导向的产教关系弱化（1977 年至 2010 年）、创新驱动导向的产教关系恢复（2011 年至 2016 年）、产教融合的进行时新阶段（2017 年以来）六个阶段[4]。

二、产教融合模式相关研究概述

国务院办公厅《关于深化产教融合的若干意见》（2017 年）颁布后，引起反响，但企业、高校反映冷热不均。高校提升产教融合能力需改变评价标准和机制、健全科研成果转换机制、各高校联合形成完整的科研成果转化链[5]。

---

〔1〕 黄济：《关于劳动教育的认识和建议》，载《江苏教育学院学报（社会科学版）》2004 年第 5 期，第 17~22 页。

〔2〕 瞿葆奎：《劳动教育应与体育、智育、德育、美育并列？——答黄济教授》，载《华东师范大学学报（教育科学版）》2005 年第 3 期，第 1~8 页。

〔3〕 张忠家等：《产学研合作提升人才培养质量研究》，教育科学出版社 2014 年版，第 34~38 页。

〔4〕 袁靖宇：《高等教育：产教融合的历史观照与战略抉择》，载《中国高教研究》2018 年第 4 期，第 55~57 页。

〔5〕 姜大源：《高校要提升深度参与产教融合的能力》，载《中国高等教育》2018 年第 2 期，第 23~24 页。

关于产教融合的研究大多是职业教育方面的研究，非职业教育的相关研究集中于大学与产业的关系中的产学（研）合作理论、运行机制或机理、产学协同创新、战略联盟等。与产教融合相关的产学、产学研（合作或合作创新）、产学研联合培养等方面的研究非常丰富，涉及学科主要是经济学、管理学、政治学、工学、教育学等，相较而言，经济学和管理学领域研究居多。研究生教育领域直接以产教融合为主题的相关研究不多，但自 2018 年之后期刊发文数量和相关讨论逐渐呈上升趋势。与产教融合模式相关的研究有教育与生产劳动相结合、劳动教育、科教融合、产学研、产学、产学研合作（教育）、产学研创新、产学研合作协同创新、产学联盟等。

以下主要梳理产教融合模式相关研究，为开展研究生教育领域的创新人才培养产教融合模式研究提供参考。

（一）产教融合模式相关研究概况

通过 CNKI 中国期刊全文数据库以"产教融合模式"为主题进行检索，选择 SCI、EI、核心期刊、CSSCI、CSCD 等高水平期刊，共检索到论文 445 篇，各年度关注度如图 1-3 所示。以"产教融合模式"为直接主题的论文从 2012 年开始有 1 篇，2017 年产教融合模式研究逐渐呈现上升趋势，由 2017 年的 29 篇上升至 2021 年的 96 篇。这可能与 2017 年起将产教融合上升为国家政策有关，例如《关于深化产教融合的若干意见》（2017 年）、《国家产教融合建设试点实施方案》（2019 年）、《建设产教融合型企业实施办法（试行）》（2019 年）等。从人才培养角度研究产教融合模式的论文有 109 篇，但聚焦的领域多为职业教育，研究者所在单位常熟理工学院位居首位，发表与职业教育相关论文 10 篇。

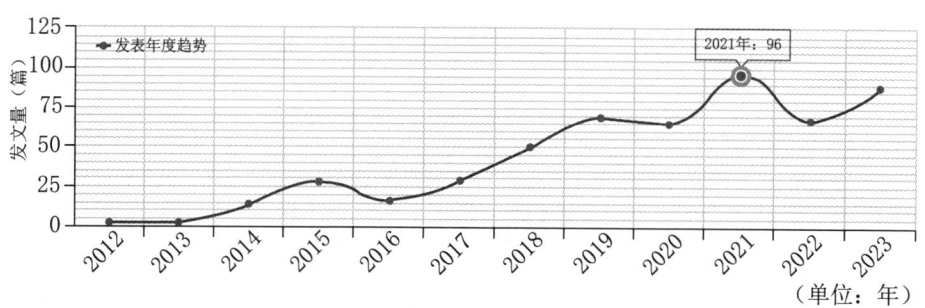

图 1-3　产教融合模式关注度总体趋势分析

尽管以"产教融合模式"为直接主题的研究不多，但研究者对与产教融合相关的产学研合作模式研究的关注则较多，合作模式分类日趋多样。斯图尔德（Steward）和吉普森（Gibson）（1990 年）总结得出有 72 种类型，姜照华（1994 年）归纳出 15 种[1]。根据文献查阅，模式分类有按契约关系（科技成果转化和产业化视角）分为技术转让型、委托开发型、联合开发型和共建实体型四种[2]；创新网络层次（微观上）合作模式的技术协作型、契约型、一体化型[3][4]；传统与现代交替型的人才培养等三种传统模式及人才流动等四种现代模式[5]；按合作内容或组织形式分成果转化、委托研发式、合作研发、合作申报政府课题、共建研发平台与实验室、人才培训交流咨询和创建新企业七种模式[6]；按合作形式分单一固定型模式、紧密型模式、松散型模式、三结合模式、定向性模式、预分配模式和工学交替模式等 7 种合作教育模式[7]。学界有研究者根据大学与企业合作事件中正式与非正式形式将大学与产业合作模式分为大学的专利转让、企业项目委托研发、联合申报项目、联合建立实验室、共设合作基金、共设产业基金、组建战略联盟，大学设立科技园、创办校办产业、控股或参股上市公司[8]。也有研究者在相关理论视角下开展了协同创新模式研究，例如王成军（2005 年）的官产学伙伴关系、知识与选择，结合三螺旋理论和美英德日等国外经典案例介绍和分析官产学三重协同关系[9]；何郁冰（2012 年）的"战略—知识—组织"三维协同的

〔1〕 张忠家等：《产学研合作提升人才培养质量研究》，教育科学出版社 2014 年版，第 62 页。

〔2〕 原长弘：《国内产学研合作学术研究的主要脉络：一个文献述评》，载《研究与发展管理》2005 年第 4 期，第 98~102、109 页。

〔3〕 王娟茹、潘杰义：《产学研合作模式探讨》，载《科学管理研究》2002 年第 1 期，第 25~27 页。

〔4〕 孙福全等：《产学研合作创新：模式、机制与政策研究》，中国农业科学技术出版社 2008 年版，第 11 页。

〔5〕 谢科范、陈云、董芹芹：《我国产学研结合传统模式与现代模式分析》，载《科学管理研究》2008 年第 1 期，第 38~41 页。

〔6〕 李梅芳、刘国新、刘璐：《企业与高校参与产学研合作的实证比较研究：合作内容、水平与模式》，载《研究与发展管理》2011 年第 4 期，第 113~118 页。

〔7〕 王德广：《21 世纪高校产学研合作教育的模式》，载《中国电力教育》2003 年第 2 期，第 96~97 页。

〔8〕 苏竣等：《大学与产业合作关系——中国大学知识创新及科技产业研究》，中国人民大学出版社 2009 年版，第 63~76 页。

〔9〕 王成军：《官产学三重螺旋研究：知识与选择》，社会科学文献出版社 2005 年版。

产学研协同模式[1]；黄攸立等（2010年）从个体特征、制度和环境三个层面构建大学产业合作关系影响因素模型[2]；王书素（2017年）从公共管理视角，运用案例研究方法，以合作博弈理论逻辑对政产学合作路径进行探究[3]等。

从人才培养角度考察产教融合模式即作为人才培养的产教融合模式相关研究大多基于国外典型模式介绍与案例分析、国内教育现状的实证研究或模式理论分析等，研究者对国外模式的介绍重在分析经验、借鉴模式为国内相应人才培养改革获得启示并提供对策建议参考。国外模式的引介与借鉴主要集中于以下几种模式：依托斯坦福研究园发展的硅谷模式；通过科研与企业捆绑合作、联合资助的方式开展的英国"联系计划"；企业参与办学、理论学习与工作实践交互的英国的"三明治"教学模式；德国的企业实践技能培训与学校理论培养结合的企业与学校"双元制"模式；秉持终身教育理念的澳大利亚"TAFE"；工学结合的法国"学徒培训中心"；新加坡的"教学工厂"、日本的"官产学"等。职业教育领域经验借鉴多倾向于应用技能型人才培养的"三明治""双元制"及"TAFE"、工学结合。非职业教育领域与职业教育领域有交叉，除了应用技能型人才培养，也倾向于硅谷模式、官产学、科技园、研究中心等创新人才培养的经验借鉴研究。

从以上产教融合模式研究的总体状况来看，作为人才培养的产教融合模式相关研究对高层次创新人才培养涉及较少，研究生创新人才培养的产教融合模式研究空间较大。

（二）产教融合模式相关问题研究与学理探讨

国外对产教融合模式中对大学与经济社会发展等方面进行的研究较早。以英国大学与工业的关系研究为例，1972年，英国学者麦克·桑德森（Michael Sanderson）的《大学与英国工业：1850—1970》[4]，主要关注1850年到1970年之间英国工业对大学发展的影响、大学通过科学研究和毕业生技

[1] 何郁冰：《产学研协同创新的理论模式》，载《科学学研究》2012年第2期，第165~174页。

[2] 黄攸立、汪虹、李玫：《大学产业合作关系形成影响因素研究述评》，载《科学学与科学技术管理》2010年第6期，第131~136页。

[3] 王书素：《政产学合作模式研究——基于"三螺旋"理论视角》，广东教育出版社2017年版。

[4] Michael Sanderson，*The Universities and British Industry 1850-1970*，London：Routledge & Kegan Paul，1972.

能投入对工业作出的贡献。1995年，麦克·桑德森的《英格兰教育、经济变化与社会：1780—1870》[1]，考察了英格兰教育与工业革命的关系。国外对大学与产业的关系的研究较多，例如克瑞斯·冈瑟卡亚（Chrys Gunasekara）通过对大学—产业—政府三螺旋关系进行理论探索与案例分析，认为研究型大学在区域创新发展过程中应不断演化其功能以适应社会经济发展需要[2]。汉斯·鲁夫（Hans Loof）等（2008年）运用计量经济学方法，分析大学与产业界合作对科技创新的影响，认为产学合作对大公司具有更加显著的正效应[3]。埃斯特（D'Este）和帕埃特尔（Paetl）认为产学合作使用频率较高的是专利许可、咨询与合同研究、共同研究、培训以及衍生企业等几种形式。

我国直接以产教融合模式中存在的相关问题或现象为主题的实证研究不多，但与之相关的产学研研究较为丰富。相关研究主要有合作创新网络、绩效评价、模型建构、合作成本与利益分配、交易成本、影响因素、各方主体如大学、企业与政府等参与的知识创造过程等方面的研究。

合作创新网络研究涉及合作创新网络机制、创新主体网络关系、创新网络节点、创新网络运行或合作机制、组织模式及基于小世界网络模型的合作创新网络培育等方面的研究。有从某个专业领域进行实证分析的，例如陈伟等（2012年）对装备制造业的合作创新网络进行实证分析[4]。也有从具体的研究视角进行分析的，如喻科（2011年）[5]从价值网的角度分析产学研创新主体网络关系，认为合作创新网络动态创新能力可从主体退出通道、环境监察能力、学习机制、能力协调与耦合等方面进行培养。

关于产学研合作等相关的绩效评价与模型建构方面的研究主要从评价维

〔1〕 Michael Sanderson, *Education, economic change and society in England 1780-1870*, Cambridge: Cambridge University Press, 1995.

〔2〕 王成军：《官产学三重螺旋研究：知识与选择》，社会科学文献出版社 2005 年版，转引自王志强：《研究型大学与美国国家创新系统的演进》，中国社会科学出版社 2014 年版，第 17 页。

〔3〕 Hans Loof, Anders Brostrom, "Does Knowledge Diffusion between University and Industry Increase Innovation", *Journal of Technology Transfer*, 2008, 33 (1). pp. 73~90.

〔4〕 陈伟、张永超、田世海：《区域装备制造业产学研合作创新网络的实证研究：基于网络结构和网络聚类的视角》，载《中国软科学》2012 年第 2 期，第 96~107 页。

〔5〕 喻科：《产学研合作创新网络特性及动态创新能力培养研究》，载《科研管理》2011 年第 2 期，第 82~87，105 页。

度、影响因素等方面进行探讨。金芙蓉等（2009 年）[1]基于投入产出原理，构建了包含基础设施、人力资源等 6 个准则层的产学研合作绩效评价指标体系。王浩等（2011 年）[2]将产学研合作绩效评价的理论模型归纳为基于动机—期望等五种评价模型。吴俊等（2016 年）[3]通过对战略性新兴产业的实证研究，发现政府研发补贴等与产学研合作之间的交互效应对创新绩效具有显著正向影响。孙善林等（2017 年）[4]构建了显性、隐性、协同三个绩效评价维度。付俊超（2013 年）将产学研合作的影响因素分为要素和过程因素，要素因素主要侧重于政策、市场等环境因素，过程因素主要侧重于合作模式、合作行为和合作关系等[5]。

关于合作成本等研究主要涉及产教融合过程中高校、政府、企业各自存在的成本分担、利益分配及知识产权等问题。合作成本与合作效果常存在一定相关性，科技成果转化或知识的转移运用与创造在合作期间均与利益分配有关。不少研究者对此过程开展研究，如杨凤（2011 年）[6]对广东 391 家企业进行问卷调查以分析产学研合作动力与模式，提出从技术对接和社会服务机制方面降低合作成本提高合作效果的对策。

关于影响因素研究主要侧重于从合作行为、合作模式及各种因素的交互作用等进行分析。谢园园等（2011 年）[7]从企业的视角，对地级市的 229 家创新型企业进行调研，认为企业 R&D（Research And Development，即"研究与开发"）吸收能力、外部政策环境支持对产学研合作行为的发生产生影响，企业对合作模式的选择受以往合作程度、政策环境支持程度的影响。大学产业

〔1〕　金芙蓉、罗守贵：《产学研合作绩效评价指标体系研究》，载《科学管理研究》2009 年第 3 期，第 43~46、68 页。

〔2〕　王浩、梁耀明：《产学研合作绩效评价研究综述》，载《科技管理研究》2011 年第 11 期，第 56~61、55 页。

〔3〕　吴俊、张家峰、黄东梅：《产学研合作对战略性新兴产业创新绩效影响研究——来自江苏省企业层面的证据》，载《当代财经》2016 年第 9 期，第 99~109 页。

〔4〕　孙善林、彭灿：《产学研协同创新项目绩效评价指标体系研究》，载《科技管理研究》2017 年第 4 期，第 89~95 页。

〔5〕　付俊超：《产学研合作运行机制与绩效评价研究》，中国地质大学 2013 年博士学位论文。

〔6〕　杨凤：《广东省部产学研合作动力与合作模式分析》，载《科技管理研究》2011 年第 3 期，第 92~95 页。

〔7〕　谢园园、梅姝娥、仲伟俊：《产学研合作行为及模式选择影响因素的实证研究》，载《科学学与科学技术管理》2011 年第 3 期，第 35~43 页。

合作实质是彼此间多元化知识的互动，黄攸立等（2010年）[1]对产学研影响因素中的个体特征、制度和环境进行分析并建构了模型，认为今后研究中应剖析各因素之间的内在互动机制，加强对合作行为的社会心理机制研究，借助相关理论对各种变量进行系统分析和实证研究。胡杨（2016年）通过研究认为地理邻近对产学研合作具有积极影响[2]。

关于大学、企业的参与度或参与率方面的研究主要有科研团队或科研人员参与、高校教师、行业特色型大学、研究型大学、合作中的大学行为研究等。李梅芳等（2011年）对湖北省高校、企业合作内容、水平、模式进行研究，结果表明企业与高校参与率高，重视产学研合作，合作研发频率高于成果转化[3]。赵军等（2018年）认为高校应以产教合作命运共同体为引领，推进构建产教战略协同、产教知识生产协同和产教教学协同共同体[4]。

三、产教融合人才培养研究概述

在CNKI中国期刊全文数据库以"产教融合"或含"产学"或含"产学研"、并含"人才培养"为检索条件，选择SCI、EI、核心期刊、CSSCI、CSCD等高水平期刊，共检索到8812篇。相关高水平期刊论文发表自2004年呈上升趋势，2019年达到高峰（484篇），如图1-4所示。其中直接以"产教融合"为主题的有1810篇，占20.54%；以"校企合作"为主题的有779篇，占8.84%；以"人才培养"为主题的有403篇，占4.57%、以"人才培养模式"为主题的有359篇，占4.07%，即以人才培养为相关主题的共有762篇，占8.64%。

---

〔1〕黄攸立、汪虹、李政：《大学产业合作关系形成影响因素研究述评》，载《科学学与科学技术管理》2010年第6期，第131~136页。

〔2〕胡杨：《产学研合作创新的影响因素——兼论地理邻近对产学研合作创新的影响》，载《沈阳大学学报（社会科学版）》2016年第2期，第157~163页。

〔3〕李梅芳、刘国新、刘璐：《企业与高校参与产学研合作的实证比较研究：合作内容、水平与模式》，载《研究与发展管理》2011年第4期，第113~118页。

〔4〕赵军、夏建国：《产教合作命运共同体：新时代高校创新发展新取向》，载《中国高等教育》2018年第19期，第31~32页。

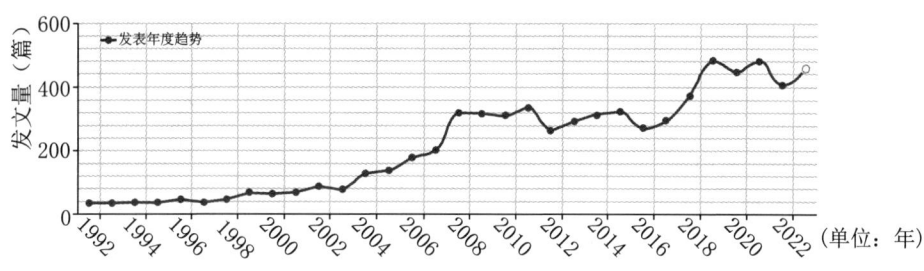

图 1-4　高校产教融合人才培养关注度总体趋势分析

以"产教融合"或含"产学"或含"产学研"、并含"人才培养"及"高校"和"研究生教育"为检索条件，选择 SCI、EI、核心期刊、CSSCI、CSCD 等高水平期刊，共检索到论文 2184 篇。相关高水平期刊论文发表自 2004 年呈上升趋势，2020 年达到高峰（137 篇），如图 1-5 所示。其中直接以"产教融合"为主题的有 398 篇，占 18.22%；以产学合作、产学研合作为主题的分别为 158 篇和 165 篇，各占 7.23%、7.55%；以"校企合作"为主题的有 112 篇，占 5.13%；以"人才培养"为主题的有 158 篇，占 7.23%、以"人才培养模式"为主题的有 84 篇，占 3.84%，即以人才培养为相关主题的共有 242 篇，占 11.08%；以"研究生教育"为主题的有 47 篇，占 2.15%。

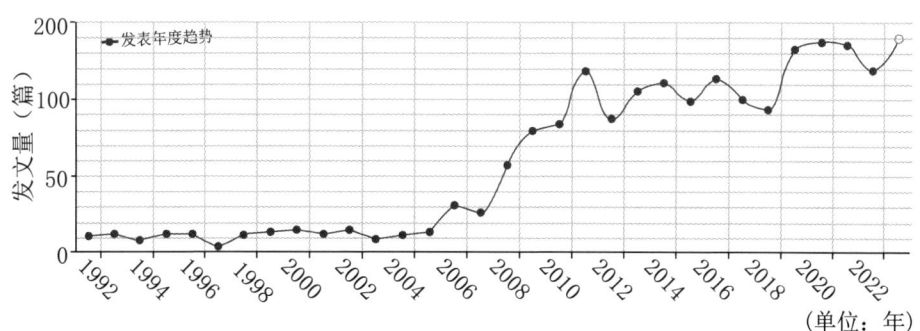

图 1-5　产教融合研究生人才培养相关关注度总体趋势分析

从以上分析可知，尽管产教融合与人才培养结合的相关研究具有逐渐增长趋势，但关注度仅占 8.64%；与研究生教育有关的则仅占 2.15%，产教融合研究生层次的人才培养关注度仍须提高，且提升的空间较大。

2019 年之前，将产教融合与人才培养相结合的针对性研究主要是职业教育，非职业教育类的论文不多见且主要是从产学（研）入手研究和探讨应用技能型人才培养问题。例如，张忠家等（2014 年）从质量视角，选择长江大学作为典型代表，剖析合作模式、运行机制等，并构建了产学研合作人才培养质量评价体系。[1]

产教融合人才培养研究更受经济发达地区研究者的关注，地方高校研究生教育成为创新人才培养的关键词。黄瀚玉等（2018 年）利用分析工具研究发现 2001 年至 2017 年我国产教融合人才培养研究中校企合作、工学、人才培养模式等词频较高，论文发表聚焦较多的是职业教育，研究单位集中于经济发达地区及东北重工业发达区。[2]李文娟等（2018 年）对 1992 年至 2016 年 CSSCI 和 CSCD 的文献分析得出产学研合作的研究主题从关注合作模式到关注人才培养、教育改革、知识产权管理和利益分配等，再扩展到绩效评价、协同创新和创新网络等主题。[3]王嘉颖（2018 年）对 1996 年至 2016 年的产学研合作教育的相关文献进行研究，得出创新型国家及创新能力等是培养创新人才及对国家创新实力贡献的突变词，创新能力、研究生教育、产学研用、地方高校成为上升型关键词，人才培养模式排在热点话题第一位。[4]

总体来看，产教融合培养人才的研究主要集中于某专业或某高校某地区的问卷调查、理论分析，或针对某类专业某种人才开展个案研究。研究的教育类型以高职高专院校居多，这与其应用技能型人才培养目标有关。与高校有关的产教融合研究聚焦于高职高专应用技能型人才、新建本科院校转型发展，更多是产学合作教育研究，这类研究概况在前文中已有论述。

产教融合人才培养研究内容主要涉及大学生实践创新能力培养、培养机制、培养模式、育人模式研究或培养模式路径探索与实践及某学科专业或某类人才的应用型或创新人才培养研究。陈星等（2017 年）在分析应用型高校转型发展中面临的问题时，认为地方应用型高校产教融合存在融合目标定位

〔1〕 张忠家等：《产学研合作提升人才培养质量研究》，教育科学出版社 2014 年版，第 34~38 页。

〔2〕 黄瀚玉、刘邵鑫、曾绍伦：《产教融合人才培养模式研究的知识图谱可视化分析》，载《教育与职业》2018 年第 11 期，第 18~25 页。

〔3〕 李文娟、朱春奎：《中国产学研合作研究的热点主题和知识演化》，载《科技管理研究》2018 年第 22 期，第 111~117 页。

〔4〕 王嘉颖：《中国产学研合作教育研究二十年的热点与前沿——基于文献的关键词分析》，载《教育学术月刊》2018 年第 11 期，第 23~32 页。

模糊、经费短缺、学科专业调整风险大、"双师双能型"教师队伍建设困难等问题[1]，地方高校在产教融合中应充分利用区域地理发挥特长、发展特色。陈恒等（2018年）在《产学研合作培养创新人才培养效果影响机理》一文中对合作培养创新人才影响因素与合作效果进行实证研究，结果证明产学研合作的环境支持度、投入度和产出对人才培养效果会产生积极影响，创新环境调节效度明显。[2]

产教融合是高校人才培养的重要形式，就如何考量其培养的人才质量、评价其人才培养的效果而言，创新人才培养评价指标研究可作为诊断依据和参考的理论基础。张德江（2012年）在人才培养质量影响因素研究中得出人才培养质量存在教学模式、多德育教学效果、教师的教学投入及学生的学习自主权和学习状态等七个方面的问题。[3]张忠家等（2014年）在产学研合作人才培养质量的评价中，将思想品质、身体状况、业务知识、工作经历和综合技能设置为二级指标，下设31个三级指标[4]。曾月征等（2016年）将知识结构、教学体系、教师创新能力、考核评价和校园文化建设设置为高校创新人才培养评价指标，其中教学体系包括课程模块、实践培训、科研培训、现代化教学。[5]皇甫倩（2018年）通过研究认为拔尖创新人才培养能力诊断指标包括环境动力、课程教学、师资平台和学生表现4个一级指标和人才培养动力、校园氛围建设、培养理念重构、课程设置、教学体系、师资队伍建设、团队平台建设、知识、能力、情感态度与价值观10个二级指标。[6]高校人才培养质量评价或人才培养诊断指标因学校类型、发展特色、区域位置及目标定位等发生变化，这些已有研究对本书中涉及的研究生创新人才特征要素的理论建构及结构测度提供了有力借鉴和参考。

---

〔1〕 陈星、张学敏：《依附中超越：应用型高校深化产教融合改革探索》，载《清华大学教育研究》2017年第1期，第46~56页。

〔2〕 陈恒、初国刚、侯建：《产学研合作培养创新人才培养效果影响机理》，载《科研管理》2018年第4期，第124~133页。

〔3〕 张德江：《人才培养质量的影响因素与对策探析》，载《中国大学教学》2012年第2期，第11~13页。

〔4〕 张忠家等：《产学研合作提升人才培养质量研究》，教育科学出版社2014年版，第102~107页。

〔5〕 曾月征、袁乐平：《创新型人才培养评价指标体系的构建》，载《统计与决策》2016年第18期，第55~58页。

〔6〕 皇甫倩：《拔尖创新人才培养能力诊断指标体系的构建及应用》，载《西南师范大学学报（自然科学版）》2018年第7期，第163~168页。

2019 年之后，因国家出台了有关产教融合的制度文件，产教融合上升为国家政策，与之相关的研究在各个不同的教育层次逐渐增多。在研究生教育层次有诸如研究生跨地域产教融合研究[1]，但直接以研究生创新人才产教融合培养为主题的系统研究不多。直接以产教融合研究生创新人才培养为主题的研究，有对专业学位产教融合内涵等的研究[2]，也有对产教融合对实践能力培养的影响路径的研究[3]，但相关的系统研究仍然较少。以产教融合为研究主题主要集中于部分专业学位领域的研究或基于产业学院模式下的研究。例如，以材料工程为例的产教融合专业硕士人才培养研究[4]、工程专业学位研究生在产业学院模式下开展的产教融合相关研究[5]等。

在研究生教育层次，可以从我国研究生教育功能的转变观照产教关系的发展历程。通过对我国研究生教育功能的追溯，可以看出，我国研究生教育功能经历了"学术本位—科研人才与高校师资培养—服务于国家需求与发展战略"的转变过程，从中也体现了研究生教育产教关系变迁的发展历程。然而，尽管在我国研究生教育功能发展进程中，研究生教育系统与社会其他子系统的关系越来越紧密，但仍需针对研究生教育层次开展产教融合人才培养相关的研究。

四、已有研究述评

根据所查阅期刊论文、图书著作及综上对产教融合的研究发展概括、研究的理论视角与问题及产教融合模式、产教融合与创新人才培养研究概述等，述评如下：

（1）产教关系主要经历了生产劳动教育到校（政）企合作的产学（研）

---

〔1〕 戴彬、李瑞：《基于"一体化"标准的研究生跨地域产教融合培养模式研究》，载《学位与研究生教育》2020 年第 12 期，第 24~29 页。

〔2〕 马永红、刘润泽、于苗苗：《我国产教融合培养专业学位研究生：内涵、类型及发展状况》，载《学位与研究生教育》2021 年第 7 期，第 12~18 页。

〔3〕 刘润泽、马万里、樊文强：《产教融合对专业学位研究生实践能力影响的路径分析》，载《中国高教研究》2021 年第 3 期，第 89~94 页。

〔4〕 谢尉慧、叶定剑、王敏：《产教融合全过程合力育人体系的探索与实践——以上海交通大学"材料工程"专业为例》，载《中国高校科技》2020 年第 7 期，第 67~70 页。

〔5〕 顾永东、刘兆星、陆颖：《产业学院模式下工程专业学位研究生培养产教融合创新实践》，载《高校教育管理》2022 年第 4 期，第 105~113 页。

及从产学（研）合作到"产"的各方主体与"教"的各方主体的全方位全过程的产教融合。产教关系的相关研究则主要包括劳动教育、教育与生产劳动相结合的理论辨析及产学（研）、产学合作模式等的案例分析、实证研究等。

（2）以"产教融合"或"产教融合模式"为直接或相关主题的研究多集中于职业教育，人才培养目标主要是培养应用技能型人才，产教融合模式相关研究倾向于国外经典模式经验介绍、借鉴及某一类型或某行业人才培养的探讨。非职业教育类研究以"产教融合"为直接主题的研究自 2017 年国家正式以"产教融合"命名的相关文件出台以来越来越受关注，在此之前的研究以产学（研）合作为主题的研究量居多且主要集中于经济学、管理学领域。

（3）以"产教融合和人才培养"为直接或相关主题或以人才培养为视角开展的研究生层次人才培养的系统性研究占比不高，与产教融合实际要求不匹配，研究生教育领域产教融合培养创新人才的系统性研究空间较大。随着全球本土化、全球化等的发展，知识的创造、扩散和使用呈现日益复杂的非线性动态特征。在当今产教关系越来越紧密的条件下，从知识生产模式视角对研究生教育领域产教融合人才培养的特征与规律进行深入探讨和分析很有必要。

产教融合是培养高层次人才的重要路径，我国大力发展研究生教育，希望通过产教融合的形式培养高层次复合型人才。但在如何以产教融合的形式培养人才方面，学术界还缺乏深入系统的研究。综合已有研究成果，依据本书的主题及研究目的，拟主要以知识生产模式3——"大学—产业—政府—公众社会—自然环境"五螺旋模型为理论基础构建研究生创新人才培养产教融合模式的运行机制，探讨研究生创新人才产教融合培养问题。

第二节 产教融合相关概念剖析

一、产教融合概念界定

从词语组成来看，产教融合是由"产"和"教"构成的关系组合而成的。产，繁体字为"產"，东汉许慎的《说文解字》阐释为"產，生也"，意思是生长，表示人或动物生子，可理解为出生、生育，引申为物质或精神财富的创造，作名词时意为产业、财产。林黎所著的《字字有来头》指出，凡是所生产的东西也叫"产"。"产"既可用作动词，指生产或创造；也可用作名词，指产出的结果如物质或精神产品，还可指产业。"教"有两种读音，第一声和第四声。在教育学中，"教"有很多种含义，在本书中统一称为教育，特指狭义上的学校教育，不再进行深入辨析。融合指"几种不同事物合成一体"[1]，其结果是产生新的事物或新的"融合体"，出现了原有独立事物所不具有的属性或特征等。

根据"产"的含义，"产""教"融合既可指生产或创造与学校教育的融合，也可指产品或产业与学校教育的融合。从产教双方各自输出成果看，学校教育侧重理论层次的输出，产业（生产、产品、创造等）则侧重实践层次的产出。关于产教融合的提法，若从学校教育层面上来看，"教产融合"似乎更能体现学校教育的目的。

目前，我国对产教融合的内涵理解至少存在以下几种表述：教劳结合（教育与生产劳动相结合）、工学结合、知行合一、产教结合、产教对接、校地合作、校企合作、产学（研）、产学合作、协同育人、产学研用等，主要涉及的教育问题包括教育目的（培养全面发展的人、理论与实践相结合）、社会功能（服务社会）、经济功能（促进产业发展）等。

产教融合理念可追溯至"教育与生产劳动相结合"思想。恩格斯在《劳动在从猿到人转变过程中的作用》中指出劳动是整个人类生活的第一个基本条件，"劳动创造了人类本身[2]"。教育与生产劳动相结合（教劳结合）是提高社会生产、造就人的全面发展的方法，是"改造现代社会的最强有力的手段之一"[3]。随着社会的分工，教育从生产劳动中分离出来。教育与生产劳动的关系经历了融合—分离或半融合的状态，但随着近现代工业对人才需求的变化，教育与生产劳动的关系也开始发生变化。教育和生产劳动作为两个过程既互相独立，又不可分割，其根源是现代生产，关键是现代科学[4]。随着知识经济社会的发展，教劳结合在新的条件下衍生出更贴近新时代发展

---

〔1〕 欧阳河、戴春桃：《产教融合的内涵、动因与推进策略》，载《教育与职业》2019年第7期，第51~56页。

〔2〕［德］恩格斯：《劳动在从猿到人转变过程中的作用》，载［德］恩格斯：《自然辩证法》，曹葆华、于光远、谢宁译，人民出版社1955年版，第137~148页。

〔3〕 上海师范大学教育系编：《马克思恩格斯论教育》，人民教育出版社1979年版，第159、107页。

〔4〕 成有信：《论教育和生产劳动相结合的实质》，载《中国社会科学》1982年第1期，第163~176页。

的内涵，产学（研）、产学（研）合作等思想应运而生。

　　各研究者根据自身的研究需要对产学（研）、产学（研）合作的内涵理解各有偏重，语言表达不尽相同。英文表述为 Industry-university-research cooperation、Industry-university、Industry-university-research 等，中文翻译为产业—大学—研究合作、产业—大学、产业—大学—研究；还有研究者将产学研的英文翻译为 Industry，University and Research Institutes[1]，即大学—产业—研究机构。王成军认为大学（university）里包括了教学、学习、科学研究的内容，无需再重复提出"研"。[2]本书认为，产教融合是产教各方不同主体或共同体在目标、价值、愿景、利益等方面的互动与冲突过程中的相互交融，体现了学校教育主动与社会衔接、深入合作，产学（研）、产学（研）合作等是产教融合的实现方式或合作形式。

　　"产教融合"一词最早出现于职业教育的政策中。但自 2017 年国家关于产教融合相关意见或方案颁布以来，产教融合逐渐成为国家发展战略的重要组成部分，上升为国家策略，同时产教融合也成为产业发展政策的重要措施之一。产教融合思想正是在建立国家创新体系、产业转型升级、教育服务区域经济及加强教育链、人才链与产业链、创新链、价值链的有机联结等背景下得到发展，并深化了教劳结合、工学结合和产学研用等相关表述的内涵。从教育与生产劳动相结合到产教融合，教育系统与产业系统之间从相结合到相融合，交融渗透或互动的程度发生了变化。

　　学界关于产教融合的概念界定多散见于关于人才培养、质量提升等方面的论文中，且主要是从职业教育领域考量。例如，产教融合是指教育与产业间相互渗透、相互支持的深度合作[3]，相当于美国的合作教育[4]，是产业与教育的多维链接[5]等。有研究者认为产教、校企或产学合作等产教融合的

　　〔1〕　原长弘：《国内产学研合作学术研究的主要脉络：一个文献述评》，载《研究与发展管理》2005 年第 4 期，第 98~102，109 页。

　　〔2〕　王成军：《官产学三重螺旋研究：知识与选择》，社会科学文献出版社 2005 年版。

　　〔3〕　陈年友、周常青、吴祝平：《产教融合的内涵与实现途径》，载《中国高校科技》2014 年第 8 期，第 40~42 页。

　　〔4〕　陈保荣：《职业教育产教融合的国际比较研究》，载《职教论坛》2018 年第 5 期，第 40~46 页。

　　〔5〕　门超、周旺：《职业教育产教融合的机理、表征、症结及策略》，载《教育与职业》2023 年第 3 期，第 45~51 页。

形式，其实质均可认为是"知识和技术交流"[1][2]。国家政策层面上将"产教融合"理解为人才供给与产业需求供给的相适应，学校教育输出的人才与产业的有机衔接。

根据《国民经济行业分类》，"产""教"是服务业的教育与其他产业共同为人类社会发展作贡献的重要组成部分，教育也归属产业范畴。2018 年国家统计局根据 2017 年版《国民经济行业分类》对三大产业进行了划分，教育类属第三产业服务业，是除第一、二产业之外的第三产业。由此可知，教育是国民经济行业的重要组成部分。教育与产业的结合可看作产业彼此之间的结合，产教融合的提法可以看作着重强调教育产业与其他产业的融合发展。

产业系统与教育系统是各自独立的机构范畴，具有异质差异，存在组织文化、目标追求、价值及评价机制等方面的冲突，这些冲突与差异影响了产教各方主体或共同体的互动，需要不同主体或共同体不断创新，共创知识空间、共识空间和创新空间。产教融合可以从多视角、多功能去认识，本书着重从人才培养的视角与功能去考察，且主要针对研究生层次的产教融合创新人才培养相关问题开展研究。因此，在综合已有研究成果基础上，将产教融合定义为：教育系统与产业系统不同主体或共同体在教学、科学研究与生产、实践等活动过程中通过各种元素相互衔接、互动，最终交融渗透，即产教融合是由"产"的各方主体或共同体与"教"的各方主体或共同体的全方位全过程的融合。从产教融合内涵的发展可知，产教融合已然超越了理论与实践有机结合思想，不仅体现出了一种人才培养理念，更呈现出通过开放式创新培养创新人才的新模式。

二、产教融合的相关测度

本书以知识生产模式 3——五螺旋理论为分析框架。五螺旋的起点是亨利·埃茨科威兹（Henry Etzkowitz）和荷兰学者洛埃特·劳德斯多夫（Loet Leydes-dorff）的三螺旋模型。三螺旋模型关注的是由大学、产业、政府组成的系统，其中，大学代表教育系统，产业代表经济系统，政府代表政治系统，三螺旋

〔1〕Bekkers, R., Bodas Freitas, I., "Analysing Knowledge Transfer Channels between Universities and Industry：To What Degree do Sectors also Matter?", *Research Policy*, 2008（37）：1837~1853.

〔2〕姚奇富、朱正浩：《从"陌路人"到"深度合作者"：基于组织"边界跨越"的产学合作路径探索》，载《教育发展研究》2021 年第 19 期，第 52~60 页。

关注由这三个系统组成的社会合作系统开展的创新知识创造和知识交流。美国华盛顿大学教授埃利亚斯·卡拉雅尼斯和奥地利克拉根福大学教授大卫·坎贝尔（Elias Carayannis & David Campbell）在三螺旋基础上增加了"以媒体和文化为基础的公众社会"，从而发展出四螺旋；后来又增加"自然环境"来加强创新模型，形成五螺旋结构。随着自然环境的螺旋变化，可持续发展以及社会生态领域成为社会创新和知识生产的一个组成部分。"除了'人'之外，五螺旋最重要的部分是知识，它通过子系统之间的循环（例如，知识的循环），促进社会情境中创新和专门技术（know-how）的创造。"〔1〕五螺旋是一个知识资源交换的理论和实践模型，其可持续发展运行的系统包括政治系统、教育系统、经济系统、公众社会系统、自然环境五个子系统。

本书基于知识生产模式产教融合动力机制五螺旋理论为研究的理论基础，对影响研究生创新人才培养的产教融合测度置于五螺旋框架内。因此，分析影响研究生创新人才培养的产教融合动力要素主要从政治系统、教育系统、经济系统、公众社会、自然环境五个子系统产生的产教融合力进行测度，这部分研究内容将在第二章中详细论述。

第三节　创新相关概念剖析

一、创新概念的界定

"创新"，英文为 innovation，也有研究者将 creativity 和 innovation 混合使用，认为创新、创造的深层意义一致。不同领域中研究者对创新的阐释各有差异，但均承认创新的新颖、独特等品质或特性。以下主要从心理学、经济学和哲学领域讨论对创新的理解。

心理学领域的"创新"主要强调创造的心理品质、心理特征。"在国际心理学界，创新（innovation）与创造性或创造力（creativity）被视为同义语。"〔2〕

---

〔1〕　Carayannis, E. G., Campbell, D. F. J., "Triple Helix, Quadruple Helix and how Do Knowledge, Innovation and the Environment Relate To Each Other? A Proposed Framework for a Trans-disciplinary Analysis of Sustainable Development and Social Ecology", *International Journal of Social Ecology and Sustainable Development*, 2010, 1（1）：41~69.

〔2〕　林崇德：《创造性心理学》，北京师范大学出版社 2018 年版，第 1 页。

林崇德所著的《创造性心理学》也同样把创新、创造看作同义语，认为对创造性实质的理解比较能接受的观点主要强调过程、产品、个性三个方面。他将"创造性"定义为根据一定的目的，运用一切已知信息，产生出某种新颖、独特、具有社会意义（或个人价值）的产品的智力品质。该定义最终落实的是"个性"，也就是创造性的个体或创造性的人[1]，把创造性视为一种思维品质，重视思维能力个体差异的智力品质[2]。心理学家关于创造、创造力的研究非常丰富，有针对个体、群体的研究，也有针对逸事传记、名人访谈方面的研究。早期创造力心理学（creativity psychology）的研究有弗兰西斯·高尔顿（Francis Galton）对天才创造性的研究、西格蒙德·弗洛伊德（Sigmund Freud）对文艺创作的研究、马克斯·韦特海默（Max Wertheimer）《创造性思维 Productive thinking 1945》用结构主义观点对创造性的研究及被称为"创造性之父"、首次把创造性与社会发展联系在一起的 J. P. 吉尔福特（J. P. Guilford）对创造性的研究。他们对创造力研究的共性是关注创造力的智力结构、个性特征、思维特征、人格特征等。

在知识经济背景下，经济学领域"创新"概念的提出与经济关系密切，从强调科学技术进步与商业价值的结合（即技术+商业）到各种可能创新的价值实现。查阅文献可知，研究者大多认同创新理论的产生发展来源于约瑟夫·熊彼特（Joseph Alois Schumpeter）。1912 年，《经济发展理论》一书，首次以经济学视角提出"创新"概念。该书作者为美籍奥地利经济学家约瑟夫·熊彼特，他认为创新是旧要素新组合，即实现生产要素的一种从未有过的新组合。1957 年，美国经济学家 S. C. 索罗（S. C. Solow）的《技术变革和总生产函数》提出用生产函数中的余值来测算技术进步率的定量化方法。此后，创新理论研究逐渐分为两个分支：技术创新理论和制度创新理论[3]。1951 年，索罗在他的《在资本化过程中的创新：对熊彼特理论的评论》中首次提出技术创新的两个条件，即新思想来源和以后阶段的实现发展[4]。20 世纪 70 年代末80 年代初，M. 曼斯菲尔德（M. Mansfield）、C. 费里曼（C. Freeman）、R. 纳尔逊（R. Nelson）、维伯格（Silverberg）、W. B. 亚瑟（W. B. Arthur），P. 斯通曼

<hr />

〔1〕 林崇德：《创造性心理学》，北京师范大学出版社 2018 年版，第 22 页。
〔2〕 林崇德：《创造性心理学》，北京师范大学出版社 2018 年版，第 23 页。
〔3〕 任锦鸾：《创新机理：基于复杂性科学的视角》，科学出版社 2009 年版，第 2 页。
〔4〕 金吾伦：《创新的哲学探索》，东方出版中心 2010 年版，第 4 页。

（P. Stoneman）等发展了熊彼特的创新理论，称为"新熊彼特学派"（Non-Schumpeterian）。美国著名管理学家德鲁克（Peter Drucker）发展了创新理论，提出社会创新产生的社会价值。此后出现了社会创新、制度创新、知识创新、科技创新等。

OECD（经济合作与发展组织）最初对创新的概念定义主要是技术创新。随着创新的扩散和渐进性，OECD 和 Eurostat（欧盟统计局）著的《奥斯陆手册》（The Oslo Manual）第三版认为，创新具有"新的或重大改进的"特点，或者是"一种新组织方式的实现"。[1]这种创新的广义定义包括了各种可能的创新。有研究者认为，从广义上说，创新源自两个主要方面：颠覆性创新（new innovation）和渐进性创新（incremental innovation）。颠覆性创新是典型的基于科学和过程的创新，渐进性创新具有社会性和过程性，是基于产业的创新。[2]

在哲学领域，H. G. 巴尼特（H. G. Barnett）在《创新：文化变迁的基础》中认为"创新应被界定为任何在实质上不同于固有形式的新思想、新行为和新事物"。[3]我国学者金吾伦从科学哲学的角度出发，认为创新的含义有二：一是引入某种新东西（the introduction of something new）；二是某种新思想、新方法或新设计（a new idea, new method or new device），指出创新是改变、更新或制造新的事物[4]。根据金吾伦对创新提出的两个含义及其哲学分析，可以看出创新的外在表现形式是产生新的事物（物质或非物质的），其一定程度上结合了技术创新和非技术创新两种形式。谈论创新理论，必谈熊彼特的现象，刘红玉等认为熊彼特及其追随者的创新是一种经济行为，追求经济价值的实现，以短期效益为标准，不利于长期效益。她认为马克思的创新思想更全面、丰富，充满了人性关怀，[5]并通过分析马克思关于人类三种基本实践活动，提出与之相对应的创新形式，如表 1-1 所示。从该表中可以看出，马克思分析的三种基本实践活动是人类生存发展中的基本形式，也是人类创

---

[1] The Oslo Manual, *The Measurement of Scientific and Technological Activities*, OECD, 1996.

[2] ［加］卡米尔・S. 加布里埃尔：《创新的解剖》，程翔、徐伟译，江苏人民出版社 2017 年版，第 4 页。

[3] H. G. Barnett, *Innovation：The Basis of Culture Change*, Me Graw-Hill, New York, 1953, p. 7.

[4] 金吾伦：《创新的哲学探索》，东方出版中心 2010 年版，第 1 页。

[5] 刘红玉、彭福扬：《创新理论的拓荒者》，人民出版社 2013 年版，第 1~2 页。

新的表现形式。

表1-1 三种实践形式与三种创新形式对应表

实践形式	物质生产实践	社会关系生产实践	精神生产实践
创新形式	技术创新	制度创新	科学创新
内 容	机器的运用、从直接劳动转移到机器即死的生产力上的技巧（技术发明、机器改良等）	分工、协作、实行新的生产组织形式和管理方式，或者进行生产关系变革等制度创新活动	自然科学、人文社科知识的创新

来源：《马克思恩格斯文集》（第8卷），人民出版社2009年版，第505~506页。刘红玉、彭福扬：《创新理论的拓荒者》，人民出版社2013年版，第23页。

综上，结合心理学、经济学和哲学领域的创新阐释，创新既是一种思维品质，也是一种性格特征，或是一种新方式的组合。因此，本书将创新定义为：创新主体在创造时产生的认知或思维过程，其结果是产生新思想、新理论、新事物、新行为等。

二、创新的测量研究

心理学领域对创新的测量主要针对的是个体，涉及个体创新能力测量；经济学领域对创新的测量主要是企业经济活动中涉及的管理、制度、产品技术等方面体现的创新水平，两者测量的对象不一致。

心理学领域的创新测量，主要体现在对创造力或创造能力的测量和评价。刘燕华、李孟刚在《创新方法学》（第2版）（2013年）中讨论创新方法意义时，指出创新时不分层面，五个层面都很重要，但在解决具体问题时，不同层面的创新会产生不同的结果。五个层面分别是思维的跨越、创新方式的改变、工艺改革、发明与革新[1]。虽然作者是在讨论创新方法时划分的五个层面，但对创新测量仍有启发作用。

随着经济学领域创新理论的不断发展，创新的内涵逐渐扩大，包括技术创新、知识创新、制度创新、社会创新等。对创新数据的收集、统计测量主要以企业为主体、经济学角度开展。OECD和Eurostat著的《奥斯陆手册》是

---

[1] 刘燕华、李孟刚主编：《创新方法学》（第2版），高等教育出版社2013年版，第5~6页。

按照经济活动中的不同环节发生的创新进行分类的。1992 年第一版技术创新分为过程创新和产品创新。过程创新分为技术创新和组织过程创新；产品创新分为物品创新和服务创新。根据 1997 年第二版对企业层次的创新划分，创新可分为技术创新和非技术创新。2005 年第三版则是不再强调技术与否的创新，直接从产品创新、过程（工艺）创新、市场（营销）创新、组织创新四个方面对创新进行测度。

三、创新人才特征与构成要素

创新人才主要指具有很强的创造能力和习惯于创造思维的人才[1]。也有研究者认为勇于探索、善于创造的人才统称为创新人才[2]。创新人才敢于挑战并不断尝试进行改进的方法和途径；其最突出的特征是行动，而不仅是素质体现；创新人才是以创新探求为人生志向且行为品质稳定并作出突出贡献的人才[3]。关于创新人才的特征与构成要素，研究者对其具体的描述不尽相同，不同研究者从不同角度分析了创新人才的内涵、特征及构成，整理如表 1-2 所示。

表 1-2　创新人才特征相关成果列表

创新人才特征	来　源
批判思考能力、顽强的意志力、沟通协调能力、把握时机能力	王洪才等（2008 年）[4]
价值观、预测力、思维与精神、知识储备、素养、人文关怀心理品质与成果转化能力	彭坤明（2000 年）[5]

〔1〕　中华人民共和国教育部：《面向 21 世纪教育振兴行动计划学习参考资料》，北京师范大学出版社 1999 年版，第 147 页。
〔2〕　王洪才：《大学创新教育研究——关于创造性人格建构路径的探索》，天马图书出版公司 2002 年版。
〔3〕　王洪才、高馨：《论创新人才素质特征与高校办学定位》，载《现代大学教育》2008 年第 5 期，第 81~86 页。
〔4〕　王洪才、高馨：《论创新人才素质特征与高校办学定位》，载《现代大学教育》2008 年第 5 期，第 81~86 页。
〔5〕　彭坤明：《论创新人才素质的基本特征》，载《江苏教育学院学报（社会科学版）》2000 年第 2 期，第 1~7 页。

续表

创新人才特征	来　源
品德好、知识博、才智高、胆魄大和毅力强，富有创新精神、创新意识和创新能力	李世海等（2005 年）〔1〕
独立性强、知识面广，具有丰富的想象力、旺盛的求知欲、良好的思维习惯和系统的方法，意志品质强，实践能力强	周玉等（2006 年）〔2〕
人格独立、精神自由、敏锐好奇、兴趣浓厚、坚韧专注等重要内容	李维平（2006 年）〔3〕〔4〕
强烈的求知欲望和创新动机、活跃敏锐的思维、独特的学习方式与认知方式、善于提出问题并有新颖、独到的观点，较强的实践能力，鲜明的个体独立性与强烈的自主意识，良好的人际交往能力和协调能力、熟练地掌握外语的能力、崇高的价值观	李志仁等（2005 年）〔5〕
人类社会服务的价值观、科学精神和其独特的个性特征	王茜（2010 年）〔6〕
创新人格、创新行为与创新业绩	徐小洲等（2012 年）〔7〕
善于发现问题，惯用理性思维，专注重点、注意细节，不断学习，人格健全，在发现问题与优势发挥方面表现突出	任飏（2017 年）〔8〕
创新意识、创新心理品质、创新能力、创新知识结构	杨曼英（2009 年）〔9〕
具有丰富的知识、不受习惯的束缚、坚持独立思考、提高联系能力、把握直觉和灵感	经观荣（2016 年）〔10〕

〔1〕 李世海、高兆宏、张晓宜：《创新教育新探》，社会科学文献出版社 2005 年版，第 49 页。

〔2〕 周玉等：《重点理工科大学本科生与研究生创新能力培养一体化研究》，载谢桂华主编：《学位与研究生教育研究新进展》，高等教育出版社 2006 年版，第 119~144 页。

〔3〕 李维平：《创新型人才的基本素质及培养（上）》，载《中国人事报》2006 年 8 月 28 日。

〔4〕 李维平：《创新型人才的基本素质及培养（下）》，载《中国人事报》2006 年 9 月 4 日。

〔5〕 李志仁、方勇、杨雅文：《高等教育与国家创新体系建设》，大象出版社 2005 年版，第 167~172 页。

〔6〕 王茜：《试析高校创新型人才应具备的基本素质及特征》，载《科技促进发展》2010 年第 S1 期，第 165 页。

〔7〕 徐小洲、叶映华：《创新型人才的素质结构与生成转化机制》，载《高等工程教育研究》2012 年第 1 期，第 70~74，96 页。

〔8〕 任飏、陈安：《论创新型人才及其行为特征》，载《教育研究》2017 年第 1 期，第 149~153 页。

〔9〕 杨曼英：《创新教育导论》，湖南师范大学出版社 2009 年版，第 28~29 页。

〔10〕 经观荣、王兴芳编著：《创造学：理论与应用》（第 3 版），新文京开发出版有限公司 2016 年版，第 24~31 页。

续表

创新人才特征	来　源
好奇心和兴趣、直觉和洞察力、勤奋刻苦和集中注意的能力、善于抓住机遇和创造机遇	朱清时（2006 年）〔1〕

根据各研究者关于创新人才特征及构成要素的认识，本书将这些特征归类为创新准备、创新意识、创新人格、创新思维、创新行为。

创新思维在创新人才特征中具有重要地位，故本书将此特征从创新人格的心理品质中分离出来作为单独考量的一个维度。结合已有研究成果及创新的内涵、创新人才构成要素的分析，创新人才不仅须有创新的一些基本特征，还重在行动和贡献。创新行为是达到价值实现结果的最终保障，因此也应该纳入创新人才的构成要素予以考核。同时，增加了"创新准备"，作为解释创新者所具有的已有知识结构、经验、心理准备等。最终创新人才的构成要素共由五个特征组成，分别是创新准备、创新意识、创新人格、创新思维、创新行为。创新意识主要包括创造意愿和动机；创新思维主要包括人才需要的思维特征；创新人格主要包括人才的心理品质、个性特征；创新行为主要包括人才的行为及其转化能力；创新准备主要包括社会人应具备的基本知识与素质。

尽管在学生的不同发展阶段，影响创新人才培养的因素不断变动，但创新人才的特征一旦在个体身上形成则具有相对固定性，且社会对人才的需求特征也相对确定，因此本书将创新人才的构成要素作为测评创新人才的参考维度，如表 1-3 所示。结合不同领域的创新概念，本书将创新人才定义为：具有创新准备、创新意识、创新人格和创新思维特征，且能将意识转化成行动达到价值实现或产生新思想、新理论等新生事物的人才。

表 1-3　创新人才的特征与构成要素

构成要素	表现形式（特征）
创新准备	知识结构、进取意识、竞争意识、有追求、事业心、承受挫折压力等、不怕失败、勇于冒险、不迷信权威、勇于献身、对目标的坚持、不断学习

---

〔1〕 朱清时：《注重创新素质 培养成功的创新型人才》，载《中国高等教育》2006 年第 1 期，第 12~14 页。

构成要素	表现形式（特征）
创新意识	强烈的创造意愿、追求创新、敏锐的自觉意识、有创新动机、有需要动机
创新人格	意志品质强，实践能力强、人格独立、有独创性、具有幽默感、一丝不苟、能善用直觉、寻根问底或强烈的好奇心、强烈求知欲、激情、对发现的纯粹热爱、人格健全、顽强的意志力
创新思维	丰富想象力、良好的思维习惯、敏锐好奇、兴趣浓厚、坚韧专注、具有想象或幻想能力、求异性、联想性、发散性、综合性、逆向性、独创性、变通性、求异思维、批判思维、逆向思维、多重思维、理性思维
创新行为	善于抓住机遇和创造机遇、具有勤奋刻苦和集中注意的能力、预测力、批判思考能力、沟通协调能力、把握时机能力、成果转化能力

四、研究生创新人才及其培养

根据创新、创新人才特征与构成要素、创新人才的定义，研究生创新人才可以理解为：研究生个体具有创新准备、创新意识、创新人格和创新思维特征，且能将意识转化成行动达到更高层次的价值实现或产生更高层次的新思想、新理论等新生事物的人才。研究生创新人才培养则是为培养研究生创新人才而提供的各项制度保障、政策环境、校园文化、软硬件设施等，基于本书主要从产教融合方面探讨研究生创新人才培养问题，因此本书中的研究生创新人才培养主要指为有助于产教融合培养具有研究生创新人才特征及构成要素而做出的各项有效保障。

由于研究生教育是高等教育最高范畴的教育层次，是建立在本科教育基础上的教育，对研究生须在基本学术能力与知识结构、学科专业能力要求下进行创新素养与创新能力的培养。研究生研究活动的目的是培养研究生具备在专业工作中进行科学研究和知识创新与创造的能力。研究生在获取知识的同时，更为重要的任务是在不断构建和完善自身知识体系的过程中进行知识的创新，因此研究生创新人才具有其他教育层次不同的特征和构成要素。研究生创新人才具有哪些与众不同的特征和构成要素是本书研究的问题之一，这部分研究内容拟通过已有文献研究及访谈、制度文本等质性资料分析研究获取，将在第四章中详细阐述。

第四节　知识生产模式相关概念剖析

一、知识的本质

对知识本质的认识与每个时代的政治、经济、社会发展密切相关，不同时代的知识观与科学进步、人类发展有关。有研究者通过对知识本质与变化的考察，认为当前我国知识教育存在与知识社会对人的要求的矛盾、与道德脱节、与技术不协调等问题。[1]

学界从不同层面对知识的本质及其意义进行剖析，在信息哲学、认知心理学、哲学等方面提出了自己的观点和看法。例如，有研究者从信息哲学角度，将知识分为物性知识（Physical Knowledge）、臆想知识（Artificial Knowledge，也可称之为人工知识）和理性知识（Rational Knowledge）等三大类别，认为知识的本质是信息，"是信息的子集（｛知识｝⊂｛信息｝）"[2]。在认知心理学上，丁家永（1998年）认为，知识的本质是陈述性知识和程序性知识相互关系构成的知识网络[3]。但认知心理学上对知识的概念认识来源于对信息的类比，易造成理论内部矛盾和教育困惑。颜士刚等（2019年）认为，造成认知心理学上"知识"概念困境的原因在于哲学观照的缺失。[4]心理学家皮亚杰创立了"知识何以可能"的发生认识论，揭示了知识与逻辑的内在一致性，也体现了对知识主体的人文关怀。知识的本质，"它是不简单但是有组织的信息，它本身便蕴含了其赖以生成的逻辑（动作）并携带与其共生的肯定、认同意味的情感"。也就是说，知识的本质具有逻辑性、情感性。从哲学上来看，祁润兴（2000年）认为知识政治、知识经济是知识本质的历史形

---

〔1〕　杨旸、祝文芳：《知识祛魅的教育学反思——对知识本质的再认识》，载《湖北大学学报（哲学社会科学版）》2017年第3期，第154~159页。

〔2〕　张承伟、刘凡儒、郝绪彤：《论知识的本质和知识创造》，载《情报学报》2016年第4期，第369~379页。

〔3〕　丁家永：《知识的本质新论——一种认知心理学的观点》，载《南京师大学报（社会科学版）》1998年第2期，第65~68页。

〔4〕　颜士刚、冯友梅、李艺：《"知识"及其把握方式再论——缘于对认知心理学之理论困境的思考》，载《电化教育研究》2019年第5期，第18~24页。

态，知识道德是知识的本质形态。[1]知识与权力、金钱的互动属于知识的工具理性，需要知识道德的防范和制约、消解。知识道德体现了知识本质的深层结构即真假知识的真假二值性（认识论上的真理性问题）与善恶二象性（伦理学中的价值问题）。可见，无论是知识政治还是知识经济，知识的本质意义可回溯到苏格拉底的"美德即知识"，爱智慧、向善、追求真理，使人达到在伦理学和认识论上的内在一致性。

综合已有研究，可以看出，不同认识论对知识的概念具有不同的理解，且随着各种具象与抽象知识的不断发展，各类知识形成不同的知识网络，知识的边界逐渐扩大。知识的本质不是简单的信息加工和组织，其具有内在逻辑性和情感性，因此须由知识道德来约束和消解由"知识即权力""知识即金钱"等带来的危机。反映在产教融合研究生人才培养过程中，高校须将知识道德、研究伦理等融入教学、科学研究训练中，重视研究生对知识的逻辑、情感、伦理道德意识与能力的培养。

二、知识生产模式

学界不同研究者对知识生产的方式进行了诸多探讨。英国社会学家迈克尔·吉本斯（Michael Gibbons）等人于 1994 年在其著作《知识生产的新模式：当代社会科学与研究的动力学》中，将知识生产方式发生的变化概念化为知识生产模式 1 向模式 2 转变。该书指出，随着社会的变迁，自然科学与技术及社会人文学科知识生产的方式正在发生变化，这种变化可概念化为传统的知识生产模式 1 向模式 2 的转变。模式 1 是基于学科的、且将所谓"基础"和"应用"明确区分开来的一种传统的知识生产方式，主要在一种学科的、认知的语境中进行。模式 2 是跨学科的，主要在社会适应性、应用情境中进行，知识的有效性由更广泛的共同体决定。[2]关于"知识生产模式 1 到模式 2 的转向"相关内容将在第二章详细论述。

随着 21 世纪全球化、本土化等的发展，美国华盛顿大学教授卡拉雅尼斯等人根据知识生产、利用和更新的方式与手段，在模式 1 和模式 2 的基础上

---

〔1〕 祁润兴：《论知识的本质：从知识政治到知识经济》，载《内蒙古大学学报（人文社会科学版）》2000 年第 4 期，第 73~77 页。

〔2〕 Nowotny H, Scott P, "Gibbons M. Re-Thinking Science：Mode 2 in Societal Context", https://www. helganowotny. at/documents/Nowotny_ Gibbons_ Scott_ Mode2（2011-03-11）［2015-04-06］.

提出了"分形创新生态系统",即知识生产模式 3。知识生产模式 3 强调社会经济的社会生态转型,知识生产形态具有自上而下和自下而上的复杂性进展。

国际上,普遍认为知识生产方式经历了三种模式的转变,即"为知识而知识"的纯粹科学的模式 1,关注知识应用和基于知识问题解决的模式 2 及分形的研究、教育和创新生态系统的模式 3。模式 1、模式 2、模式 3 是相互联系的,不是断层的,具有拓展、延伸之意,与知识经济、知识社会发展关系密切。随着知识社会的发展,知识生产方式正由传统的模式 1 转向模式 2、模式 3,产教融合动力机制也从单双螺旋发展到三螺旋、四螺旋和五螺旋,未来还有可能进一步发展。关于知识生产模式产教融合动力机制演变将在第二章详细论述。

知识生产需要同时观照知识逻辑、情感的一致性及伦理道德的引导。这种观照同样体现了管理者的责任。邵明路在为"彼得·德鲁克全集"作序之《功能正常的社会和博雅管理》[1]一文中指出,在知识社会和知识型组织里,每个工作者可以凭借自己的专门知识对他人和组织产生权威性的影响——知识就是权力,但是,权力必须和责任捆绑在一起。管理者是否负责任,要以绩效和成果做检验,但同时须纳入伦理道德诉求。可见,责任文化也是知识生产的基本逻辑之一。

大学是知识的集散地,也是知识向外迁移、扩散的重要场所。英国社会学教授杰勒德·德兰迪(Gerard Delanty)在《知识社会中的大学》一书中将大学视为知识、文化和社会相互联系的场所,认为现代大学是科学知识与文化知识的生产者和革命者,是使学术知识与文化中原有的认知结构相融合的重要机构。在知识社会中,知识已经融入了"处于社会深层的认知联合体、概念结构以及权力与利益的认知结构中"[2],大学的特性与知识生产方式正在发生变化。

我国研究者王骥在《大学知识生产方式研究》[3]一书中指出,大学知识生产方式的组织演变受社会制度、物质和文化性制约。他从生产方式视角认为大学知识生产方式经历了书斋型、实验室型、企业型的演变和转换。"书斋

---

〔1〕　参见［美］彼得·德鲁克:《知识社会》,赵巍译,机械工业出版社 2021 年版。

〔2〕　［英］杰勒德·德兰迪:《知识社会中的大学》,黄建如译,北京大学出版社 2019 年版,前言及致谢。

〔3〕　参见王骥:《大学知识生产方式研究》,中国社会科学出版社 2014 年版。

型"是哲学思辨模式,以个体为主,教研方法主要以辩证等逻辑推理为主;"实验室型"是"纯科学"的模式,其知识生产方式与科学发展相伴而生,此时,"大学的知识生产方式不再出于个人信仰,也成为国家的事业"[1]。20世纪中后期,"企业型"知识生产方式逐渐产生并确立起来,基础研究与应用研究结合、教与产相结合,大学知识生产开始面向实际应用,大学中创业文化逐渐兴起、形成学校新的文化形式。

大学知识生产方式的演变影响了产教关系的发展,"产""教"之间越来越认识到彼此紧密联结的重要性。产教融合成了大学知识生产方式、知识生产模式转变后的最直接的反映,在此情境下的研究生人才培养本质是知识生产优化的过程。"知识生产的价值在于创新",创新通过比较意义呈现,"学术创新是通过与既有研究的差异性和超越性体现出来的"。[2]由此可以认为,研究生创新人才产教融合培养过程即为研究生知识生产优化过程,研究生在遵循知识的逻辑、情感的一致性及伦理、责任文化等条件下,开启差异性比较与超越性的学术创新等知识生产优化的受教育旅程。

---

〔1〕 王骥:《论大学知识生产方式的演变:理想类型的方法》,载《科学学研究》2011年第9期,第1299~1303,1317页。

〔2〕 张兆曙、高远欣:《知识生产与文献回顾——从技术指引到意义指引》,载《天津社会科学》2019年第1期,第48~53页。

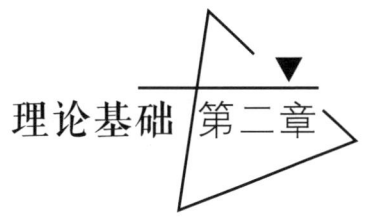

理论基础 第二章

本章主要介绍与研究主题相关的人才培养模式相关理论、知识生产模式理论及知识生产模式3——五螺旋理论对本书的适切性。

第一节　人才培养模式相关理论

人才培养模式的相关理论基础涉及不同的学科领域，与产教融合人才培养模式相关的研究主要有依据创新理论、三螺旋理论、协同论、复杂性理论、耗散结构、企业竞争优势与价值链理论、资源依赖理论、交易成本理论、博弈理论等方面的理论，涉及利益分配、知识生产、知识选择、知识创造、协同创新、绩效评价、指标构建与模型建立等问题。以下主要介绍研究中使用频次相对较多的国家创新系统、三螺旋理论、协同论。

在国家创新系统理论方面，有研究者认为，首先使用了"国家创新系统"（national innovation system，NIS）表述的是丹麦经济学家本特-奥克·伦德瓦尔（Bengt-Ake Lundvall）。[1]也有研究者认为最早提出国家创新系统理论的是英国经济学家 C. 弗里曼（C. Freeman）[2]。国家创新系统理论来源于熊彼特创新理论，可分为宏观学派和微观学派。20 世纪 90 年代中期，国家创新系

---

〔1〕　任锦鸾、顾培亮：《基于复杂理论的创新系统研究》，载《科学学研究》2002 年第 4 期，第 437~440 页。

〔2〕　韩振海、李国平：《国家创新系统理论的演变评述》，载《科学管理研究》2004 年第 2 期，第 24~26，71 页。

统思想引入中国，但政策用词一般采用"国家创新体系"。[1]我国研究者丁厚德认为国家创新体系的基本模式是产学研合作，产学研合作是实现国家创新的基本途径，产学研合作的运行是国家创新体系运行的基础。[2]培养创新人才是创新型国家的重要战略与发展需求，产教融合是国家创新体系的重要形式，产业与大学的相互融合在人才培养质量、成果转化效果及科技、产品创新等方面起着不可忽视的作用。

三螺旋（Triple Helix）理论讨论的是大学、产业、政府的关系，英文对应的是"university-industry-government"，指"大学、产业、政府三方在创新过程中密切合作、相互作用，同时每一方都保持自己的独立身份"[3]的三螺旋关系。三螺旋理论被认为是动态环境下的非稳定系统[4]，其本质含义在于它分析了学术界、产业界、政府界三方不同却相互作用机制中的整合力[5]。这一理论最早产生于1995年美国纽约州哥伦比亚大学计算机科学系的埃茨科威兹与荷兰阿姆斯特丹的劳德斯多夫联名发表的《官产学关系的三重螺旋：一个知识经济发展的实验室》。此后，成立三螺旋协会、举办三螺旋国际研讨会，研讨会吸引了各国研究者、政策制定者和实践者，产生了大量研究成果。我国出版有关埃茨科威兹撰写的著作有东方出版社出版的《三螺旋——大学·产业·政府三元一体的创新战略》（周春彦译，2005年版）、《国家创新模式：大学、产业、政府"三螺旋"创新战略》（周春彦译，2014年版）及由清华大学出版社出版的《三螺旋创新模式：亨利·埃茨科维兹文选》（陈劲译，2016年版）等。

协同论，也称协同学、系统协同论，是系统科学理论的重要分支。创立者是德国斯图加特大学教授、物理学家赫尔曼·哈肯（Hermann Haken），其于1971年提出协同概念，1976年系统论述协同理论，著有《协同学导论》《高等协同学》等。研究自然环境中各个系统间存在的相互影响又相互合作竞

〔1〕 樊春良、樊天：《国家创新系统观的产生与发展——思想演进与政策应用》，载《科学学与科学技术管理》2020年第5期，第89~115页。

〔2〕 丁厚德：《产学研合作是建设国家创新体系的基本国策》，载《清华大学学报（哲学社会科学版）》1998年第3期，第52~56页。

〔3〕 ［美］亨利·埃茨科威兹：《三螺旋——大学·产业·政府三元一体的创新战略》，周春彦译，东方出版社2005年版。

〔4〕 王成军：《官产学三重螺旋研究：知识与选择》，社会科学文献出版社2005年版。

〔5〕 刘力：《产学研合作的历史考察及比较研究》，浙江大学2001年博士学位论文。

争和制约的关系。产教融合由产业界、教育界及其他中介机制如政府等融合在一起，研究者对协同学的理论解释大多与创新人才培养一并讨论，协同与创新常并称为协同创新，成为创新理论解释之一。

其他相关理论基础至少包括教育学、心理学、哲学等方面的理论要点。随着世界科技的进步，学校教育要素中的教师、学生、知识、学习场所等也发生了变化，学校教育的社会功能面临适应与超越的新挑战、新机遇。从教育学层面看，产教融合培养创新人才聚集了政治、经济、文化、公众社会等内外环境作用于教育对象，体现了学校教育目的及教育功能。从心理学层面看，产教融合创新人才培养体现了自我实现的需要。在马斯洛五层次需要（Maslow's Hierarchy of Needs）中，教育是自我实现需要的首要条件，要满足人的高层次需求则需要人类在实践中不断创新。有研究者运用马克思的本质观，进行了"创新人"的人性假设[1]，体现了人的"现实性"需要及"人的本质力量公开展示"的理论回应。从哲学层面看，产教融合创新人才培养体现了人的活动的本质。德国现代哲学家恩斯特·卡西尔（Ernst Cassirer）在讨论人性时说"人只有在创造文化中才能成为真正意义上的人，真正的人……无限的创造性活动"[2]。人是创造性活动的人，创新是人的存在方式[3]。创新是人的自我发展与自我完善的常态，正如林惠春在其书中所说"创新是生命中的常态……能做的只是选择被动还是主动创新"[4]。

第二节　知识生产模式3——五螺旋理论

随着知识的创造、扩散及使用的日益复杂性，知识经济与知识社会背景下的知识生产模式逐渐发生变化，知识生产方式正由传统的模式1转向模式2、模式3。产教融合动力机制也相应发生了转变，即从单/双螺旋发展到三螺旋、四螺旋和五螺旋。

---

[1]　胡雨晗：《"创新人"假设的生成依据及其内涵》，载《理论导刊》2018年第9期，第81~85页。

[2]　[德]恩斯特·卡西尔：《人论》，甘阳译，上海译文出版社1985年版，第5页。

[3]　孙璟涛：《对"创新"的哲学思考》，载《南京政治学院学报》2003年第4期，第36~40页。

[4]　林惠春：《资源有限　创新无限》，新华出版社2006年版。

一、知识生产模式 1 到模式 2 的转向

在知识生产模式 1 中，大学是知识生产的唯一场所，政府是经费的唯一提供者，公共部门和私人部门界限明显。[1]在知识生产模式 2 中，知识生产是在应用情境中的知识生产，具有跨学科、异质性与组织多样性、社会问责与反思性和质量控制的特征。模式 2 的知识探究受认知实践、社会实践及共识等影响，且共识受应用情境影响并随之发展。[2]模式 2 是跨学科的，在基础和应用、理论和实践之间不断跨学科交互，这种跨学科是动态的。吉本斯等认为模式 1 主要以大学制度化的学科知识研究为特点，遵循所谓的"良好的科学实践"；模式 2 则以跨学科和异质性、灵活性的社会弥散体系为特点，各个参与者的利益都被兼顾，这就促使国家机构（政府等部门）去中心化，使之更具有渗透性。

针对学术界对模式 2 的一些争议和辩论，海尔格·诺沃特尼（Helga Nowntny）等在合著的《反思科学：不确定性时代的知识与公众》[3]中，对模式 2 进行了更理论化的解释。研究认为，科学和社会之间的关系越来越"越界"，社会和科学之间呈现出四个关键特征：产生不确定性；出现了与反身性增长密切相关的自我组织发展趋势；科学潜力由其内在价值而不是工具价值衡量的新形式的"经济理性"决定；新的时空类别的出现使得时间空间重新构成、颠覆了传统关系类别。

吉本斯等在《反思科学：社会情境中的模式 2》[4]中通过分析科学与社会之间的协同演化过程，进一步阐释了知识模式的产生情境和适应情境。吉本斯等认为，旧的科学发现范式（模式 1）以学科科学领导权为特征，具有很强的学科之间的内部等级意识，由科学家及其主体机构——大学的自主性驱动，正在演化为一种新的知识生产范式（模式 2）。模式 2 具有社会分布、应用导向、跨学科和多重责任特征。具体来说，有以下五个特点：①知识是

---

〔1〕 卓泽林：《大学知识生产范式的转向》，载《教育学报》2016 年第 2 期，第 9~17 页。

〔2〕 ［英］迈克尔·吉本斯等：《知识生产的新模式：当代社会科学与研究的动力学》，陈洪捷等译，北京大学出版社 2011 年版，第 4 页。

〔3〕 ［瑞士］海尔格·诺沃特尼、［英］彼得·斯科特、［英］迈克尔·吉本斯：《反思科学：不确定性时代的知识与公众》，冷民等译，上海交通大学出版社 2011 年版。

〔4〕 Nowotny H, Scott P, Gibbons M., "Re-Thinking Science: Mode 2 in Societal Context", https://www. helga-nowotny. at/documents/Nowotny_ Gibbons_ Scott_ Mode2 (2011-03-11) [2015-04-06].

在应用环境中产生的；②跨学科性，即调动一系列理论视角和实践方法来解决问题；③知识生产类型的异质性日益增强，不同种类的知识生产场所的社会分布成为可能；④高度自反性（highly reflexive），单一的认识论理想的中立观点已经被多种观点所取代，研究过程变成一个对话过程，在研究系统的组织一级，从自治文化转变为问责文化；⑤新的质量控制形式正在出现。之所以会出现知识生产模式2这五个特点，是因为知识生产具体语境发生了变化，即模式2是在以下六个具体语境中发展起来的：研究的商业化；大众高等教育系统的发展；人文学科在知识生产中发挥的特殊作用；全球化；由知识生产的更广泛分布和更强的自反性产生的知识机构的潜在重新配置；与模式2相匹配的新的知识管理形式。同时研究重点的引导、研究的商业化和科学的问责制是模式2不断变化的研究环境转变的三个因素。模式2知识的"应用语境"，是在弱情境化、中等幅度情境化和强情境化三种不同形式的语境化中接受检查的。在知识的不确定性情景下，知识生产可能会超越可知的应用语境，进入不可知的隐含语境，因此知识生产者必须主动接触和反身性地预测研究过程可能带来的影响。可靠的知识须具有社会稳健性，因为知识的有效性不再由狭隘的科学共同体单独或主要决定，而是由更广泛的共同体决定，包括知识生产者、传播者、商人和用户的参与社区。知识生产模式1和模式2的特征比较，如表2-1所示。

德兰迪在《知识社会中的大学》中指出，模式1主要为大学组织化的现代性的知识模式；模式2则指包括大学在内的其他组织成员的、很多知识生产者在需要解决的问题明确的环境中工作，并最终使成果增值；模式2的学科界限逐渐模糊。他认为知识生产模式的变化主要有四个方面的因素：国家与知识间形成的历史契约变得松散；现代社会对知识的依赖越来越大；知识比以往任何时候更广泛地在社会中传播；知识向民主化发展，知识发现的竞争越来越大。[1]这些因素影响了知识生产模式的演化，从而使大学不得不进行内部变革以应对知识生产模式转变带来的挑战，例如全球化迫使高校参与到市场中来，由此也进一步影响了大学理念的发展与变迁。

---

〔1〕 ［英］杰勒德·德兰迪：《知识社会中的大学》，黄建如译，北京大学出版社2019年版，第6~8页。

表 2-1　模式 1 和模式 2 之特征比较

类别	模式 1	模式 2
知识生产方式	以学科为基础，"为知识而知识"	以研究为基础的应用
知识传播	体制传播；主要在大学内传播	参与到生产过程中的人传播，随后转移到新的问题情境中；新研究场所的出现（大学之外传播）
适应情境	学科的、主要是认知的语境	更广阔的、跨学科的不同形式的语境
知识生产形式	分学科的，具有等级性	跨学科的，流动的
知识生产组织	同质的，相对自治	异质的，自发的，更富有社会责任和自反性
知识生产人员	基本固定，学术共同体内部人员；人员范围主要为大学	问题参与者和利益相关者；人员包括大学在内的其他组织成员
认知识别	认知规范和社会规范互相适应的学科知识	出现了适合于跨学科的新规范
创造力呈现	具有个体性；集体的位置（包括质量控制）隐藏在科学共同体的共识之下	以集体现象出现，个人贡献是进程的一部分；质量控制是一个含多方利益的群体的程序
知识积累	主要在大学中制度化了的学术分工的职业化中进行	在新的适应性且情境化的质量控制形式中进行
探索取向	对研究取向的基本原则的探索	对情境化的成果的探索
质量评估	从根本上依靠同行评议	评议体系由更广泛的社会构成（多元评价）

二、知识生产模式 2 的产教融合动力机制

（一）产教融合动力机制三螺旋

19 世纪初，威廉·冯·洪堡（Wilhelm von Humboldt）创建柏林大学，科学研究纳入大学体系，"纯粹的科学研究"范式、"象牙塔"成为知识生产的主体，吉本斯等将其称之为模式 1。模式 1 知识生产的驱动力表现为教会或城市当局把控的单/双螺旋的线性创新模式。

19 世纪中后期，随着美国《莫雷尔法案》的颁布，大学服务社会的功能转向受到关注，知识生产的社会价值凸显出来[1]。进入 20 世纪后，大学知识生产的场域发生变化的趋势更加明显。知识的生产成为更大范围的多种因素作用的结果，这种知识希望对工业、政府或社会有用；知识供应的来源分化了，需求指向了分化了的多种专家知识，知识生产已开始向整个社会扩散，成为社会弥散的知识。受知识生产场域的变化，知识生产模式发生变革，吉本斯等适时提出知识生产模式 2 理论。模式 2 是模式 1 的延展和补充，是从模式 1 的学科矩阵中衍生的，并"将继续与之共存"[2]。模式 2 是指"在应用的情境中进行的知识生产，其特征包括：跨学科性；异质性；有组织的分层结构和短暂性；社会问责与反思性；强调情境与使用依赖的质量控制"[3]。美国学者埃茨科威兹和荷兰学者劳德斯多夫将知识生产模式 2 的动力机制模型描绘成大学—产业—政府（University-Industry-Government，UIG）的关系网。这是在总结美国的波士顿 128 公路和硅谷经验等基础上提出的三螺旋理论，也是分析产教关系诸如产学合作、产学研合作等运用的经典理论之一。

知识生产转变为模式 2 后，政府角色发生变化，政府不再是知识生产模式的唯一经费提供者，而是逐渐转化为管理者角色；大学也不再是唯一的知识生产提供者，而是多元主体共同参与。UIG 三螺旋体现了这种变化。"向三螺旋转变往往都是基于过去已经存在的政府—大学和大学—产业双螺旋关系"，三螺旋创新体制一般起始于 UIG 各方努力形成互惠关系的时候。此时，每个参与创新相关的机构范畴都试图增强彼此的性能和功绩。[4]UIG 三螺旋是指"大学、产业、政府三方主体在创新过程中相互作用，密切合作，同时

---

〔1〕 郅海霞、李欣旖、王世斌：《四螺旋创新生态：研究型大学引导区域协同创新机制探析——以苏黎世联邦理工学院为例》，载《高等工程教育研究》2020 年第 2 期，第 190~196，200 页。

〔2〕 ［英］迈克尔·吉本斯等：《知识生产的新模式：当代社会科学与研究的动力学》，陈洪捷等译，北京大学出版社 2011 年版，第 18 页。

〔3〕 ［英］迈克尔·吉本斯等：《知识生产的新模式：当代社会科学与研究的动力学》，陈洪捷等译，北京大学出版社 2011 年版，第 148 页。

〔4〕 ［美］亨利·埃茨科威兹：《国家创新模式：大学、产业、政府"三螺旋"创新战略》，周春彦译，东方出版社 2014 年版，第 6、45 页。

每一方都保持自己的独特身份"[1]。创新与科技的发展对经济与社会发展、人与自然环境协调等带来机遇和挑战。为解决未来可持续发展问题，有必要将创新和可持续发展纳入经济与社会发展框架中，引入公众作为一个基本主体。为此，埃茨科威兹提出了创新—可持续发展的阴阳双三螺旋。在创新三螺旋（阳螺旋）中大学、产业、政府三个机构相互作用，目标是实现创新，获得应得利益；在可持续发展三螺旋（阴螺旋）中，公众作为主体推动螺旋的形成和进化，目的是推动治理或预防科技创新争议与负面影响。因此，阳螺旋指向推进创新，其价值取向为生产利益最大化；阴螺旋指向抑制创新，价值取向则在于抑制单纯地追求利益最大化。[2]阴阳双三螺旋之间存在一定程度的价值冲突与张力，互为补充、共同作用。

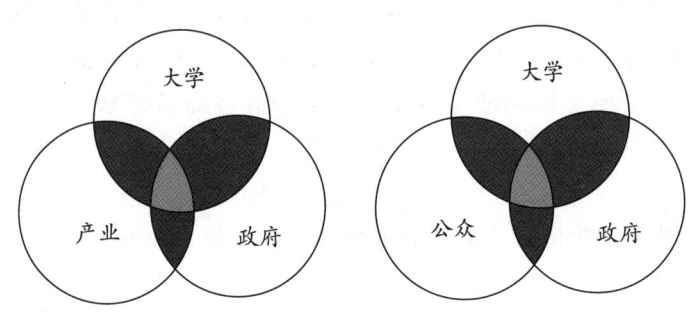

图 2-1 阴阳双三螺旋[3]

三螺旋是非线性网状创新模型，大学、产业、政府被抽象为彼此有着不同联系的相互缠绕的螺旋线，任何一方都可能成为创新的领导机构范畴。由 UIG 关系网络共同构成的区域创新三螺旋的相互作用，可归结为发生在一系列空间内，即知识空间、共识空间和创新空间中的协同创新活动。知识空间（Knowledge Space）以区域内的大学、科研机构密度及其研究成果溢出的强度为基础，当知识性资源达到"临界质量"时，区域空间的知识才可能成为生

---

〔1〕［美］亨利·埃茨科威兹：《国家创新模式：大学、产业、政府"三螺旋"创新战略》，周春彦译，东方出版社 2014 年版，第 3 页。

〔2〕［美］亨利·埃茨科威兹：《双三螺旋：创新与可持续发展》，周春彦译，载《东北大学学报（社会科学版）》2006 年第 3 期，第 170~174 页。

〔3〕［美］亨利·埃茨科威兹：《国家创新模式：大学、产业、政府"三螺旋"创新战略》，周春彦译，东方出版社 2014 年版，第 19 页。

产要素。共识空间（Consensus Space，也翻译为"趋同空间"）意味着 UIG 关系网络牵涉的具有不同组织背景与思想观念的各方创新主体或参与者在一起工作的空间。在此空间，大家共同研讨，经反复论证形成共识，形成新思想、新战略。创新空间（Innovation Space）指努力为实现共识空间创建或改进新的组织，以弥补共识空间的缺口或不足。

（二）模式 2 的优势与困境

综上，知识生产模式 2 建立在适应性应用情境下，打破了学科边界的界限，大学与社会、市场相互关联并良性互动。模式 2 具有的跨学科研究、社会问责文化与自反（反思）、知识生产动态开放等特征，意味着模式 2 知识生产的多学科视角、多元方法论等成为趋势。模式 2 动力机制可用 UIG 三螺旋理论进行解释。根据三螺旋区域创新空间理论，要使产业界与学界（教育界）的关系相互渗透、相互融合，很有必要创造适合各界主体参与者的知识空间、共识空间和创新空间，以促进"产""教"真正的深度融合。

模式 2 着重强调市场的介入作用及大学、政府、市场的互动，三螺旋尽管引入了公众这一基本主体，但对公众在知识生产中的作用仍然没有予以体现甚至忽略了。UIG 三螺旋模型在互动中很容易出现自然、社会问题，我国学者黄瑶等将之总结为"合作模式单一，内部利益失衡，角色转换趋同，耦合能力缺乏[1]"四个影响知识生产的正向效应的发展困境。英国学者德兰迪在《知识社会中的大学》中预测将会出现一种超越知识生产模式 2 的现象。他把模式 2 看作市场价值观逐步向知识形成过程渗透的一部分。大学为科研提供了基础，而工业提供了与市场相联系的流通环境，大学与工业积极合作，使工业—政府—学术知识生产的三角组合成为可能。[2]同时，他认为模式 1 的确是范式和学科驱动，但大学从未完全被模式 1 垄断过，大学也许正处于可以抵制模式 2 中知识的工具化的方面，因为"技术，特别是信息技术……的人性化是公民身份进步的一种表现"。[3]2003 年，卡拉雅尼斯

〔1〕 黄瑶、王铭：《"三螺旋"到"四螺旋"：知识生产模式的动力机制演变》，载《教育发展研究》2018 年第 1 期，第 69~75 页。

〔2〕 ［英］杰勒德·德兰迪：《知识社会中的大学》，黄建如译，北京大学出版社 2019 年版，第 170~171 页。

〔3〕 ［英］杰勒德·德兰迪：《知识社会中的大学》，黄建如译，北京大学出版社 2019 年版，第 155~157 页。

等人认识到这一点，将超越模式 2 的现象演变成模式 3 理论。在模式 3 中，公众社会、自然环境与大学、产业、政府成为具有同等地位的重要动力系统。

三、知识生产模式 3 的产教融合四/五螺旋动力机制

从 UIG 三螺旋模型可知，三螺旋强调由大学、产业、政府构成的三边网络和混成组织，且三个螺旋相互交织、重叠。三螺旋模型已被许多研究人员和政策制定者用于理解创新系统中关键参与者之间的相互作用。但事实上，很多领域的可持续发展需要关注社会和自然环境，因此在学术辩论中出现了知识生产模式 3 适应性情境的四螺旋模型（the Quadruple Helix Model）和五螺旋创新模型（the Quintuple Helix innovation model）。四螺旋通过将基于媒体和文化的公众和公民社会作为第四个螺旋来嵌入三螺旋，五螺旋通过增加社会自然环境作为第五个螺旋。五螺旋创新模型更加广泛和全面，强调了 21 世纪社会经济的必要社会生态转型，五螺旋具有生态敏感性。

（一）产教融合动力机制四螺旋

随着全球本土化、全球化和本地化的发展，知识的创造、扩散和使用呈现日益复杂的非线性的、动态的特征，卡拉雅尼斯等认为须重新概念化知识经济与知识社会背景下发生的知识生产、利用和更新的方式与手段，提出 21 世纪的"分形创新生态系统"（fractal innovation ecosystem）即模式 3。卡拉雅尼斯和坎贝尔称之为由"创新网络"和"知识集群"组成的"模式 3"系统知识的创造、扩散（传播）和使用。[1]模式 3 在 UIG 三螺旋基础上，将"基于媒体和文化基础的公众"纳入创新体系中，作为第四个螺旋，演进为模式 3 的知识生产创新生态系统，如图 2-2 所示。

从图 2-2 可看出，第四个螺旋"基于媒体和文化基础的公众"与"媒体""创意产业""文化""价值观""生活方式""艺术"等有关，受文化价值影响。第四个螺旋体现了达成创新目标过程中公众角色的重要性，且公众在现实中通过媒介系统建构和交流。模式 3 系统通过由社会资本塑造、

---

[1] Elias G. Carayannis, David, F. J., Campbell, "'Mode 3' and 'Quadruple Helix': toward a 21st century fractal innovation ecosystem", *International Journal of Technology Management*, 2009 (3/4).

金融资本支撑的人力资本和智力资本组成的创新网络和知识集群相互补充、相互促进。[1]

从卡拉雅尼斯等对知识集群的阐释可知，知识集群包括"知识存量"（knowledge stocks）和"知识流动"（knowledge flows）两种形式。这两种形式将共同专业化（co-specialization）、相互补充和加强的知识资产聚集在一起，在开放系统视角下展示自组织、学习驱动、动态适应能力。其中，集群分成三种类型：地理空间集群（Geographic /spatial clusters）、产业集群（Sectoral clusters）、知识集群（Knowledge clusters）。在知识集群中，对一种知识来说，最重要的表达是创新能力，如创造出优秀的知识。

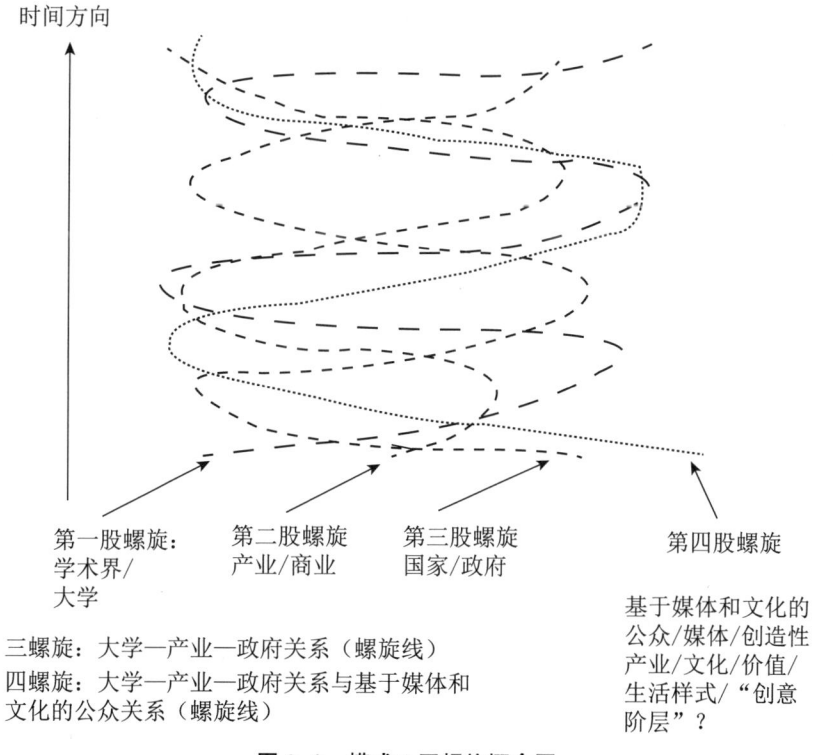

图 2-2　模式 3 四螺旋概念图

〔1〕　Elias G. Carayannis, David, F. J., Campbell, "'Mode 3' and 'Quadruple Helix': toward a 21st century fractal innovation ecosystem", *International Journal of Technology Management*, 2009（3/4）.

网络强调互动、链接、互补和加强。创新网络是在公共或私人领域环境下，服务于培养创造力、引起发明和催化创新的现实与虚拟的基础设施和基础技术。例如，政府—大学—企业—公共—私人研究和技术开发合作竞争伙伴关系[1][2]。

模式 3 创新生态系统是一个多层次（multi-layered/multi-level）、多形态（multi-modal）、多节点（multi-nodal）、多主体、多边（multi-lateral）的系统，在此系统中的多元主体为共同创新目标努力，属于多赢的多维协同创新系统运行机制。模式 3 系统具有 3C 特征，即共同演进（co-evolution），共同专属化（co-specialisation）和共同竞合（co-opetition）。该系统由涉及政府、学术界、工业界和公民社会的实体，以多边、多节点、多形态和多层次的方式，推动合作竞争、协同专业化，共同演进资源生成、分配，最终使创新网络和知识集群等模式得以形成。[3]如图 2-3 所示。

模式 3 系统方法强调了以下五个关键要素：全球本土化多层次知识创新体系；元素/集群和原理/网络（集群的系统元素和网络的理性体系）；知识集群、创新网络与"合作竞争"；知识分形（Knowledge fractals）；不同知识创新模式的适应性整合与共同演进。[4]其中，知识分形强调的是连续的自下而上和自上而下的复杂性进展。

---

〔1〕 Carayannis, E. G. , Alexander, J. , "Winning by co-opeting in strategic government-university-industry R&D partnerships: the power of complex, dynamic knowledge networks", *Journal of Technology Transfer*, 1999, 24（2）, pp. 197~210.

〔2〕 Carayannis, E. G. , Alexander, J. , "Strategy, structure and performance issues of pre-competitive R&D consortia: insights and lessons learned", *IEEE Transactions of Engineering Management*, 2004, 51（2）, pp. 135~139.

〔3〕 Carayannis, E. G. , Hens L. , Nicolopoulou-Stamati P. , "Trans-Disciplinarity and Growth: Nature and Characteristics of Trans-disciplinary Training Programs on the Human-Environment Interphase", *Journal of the Knowledge Economy*, 2017, 8（1）, pp. 1~22.

〔4〕 Carayannis, E. G. , Campbell, D. F. J. , "'Mode3' and 'Quadruple Helix': Toward a 21st Century Fractal Innovation Ecosystem", *International Journal of Technology Management*, 2009, 46（3/4）, pp. 201~234.

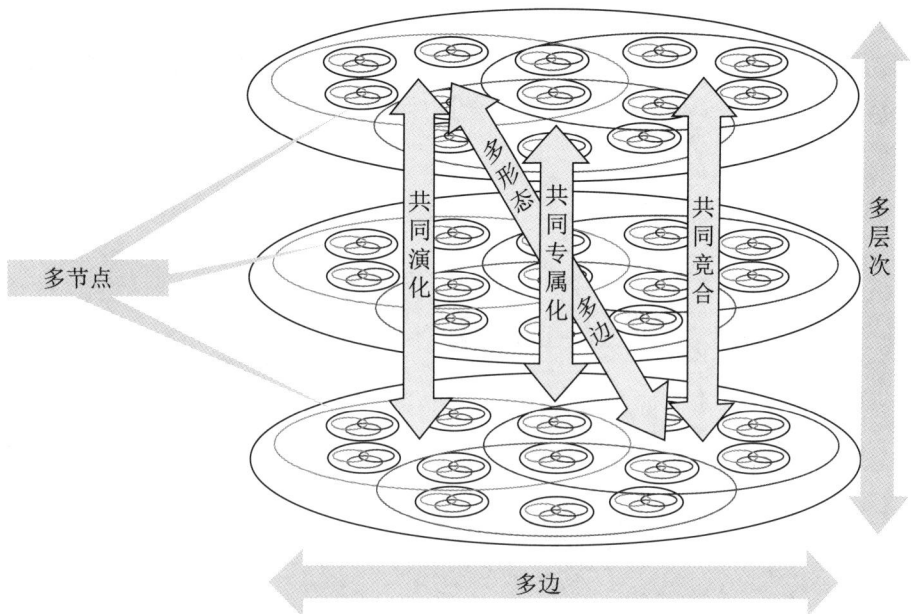

图 2-3 知识生产模式 3 流程图

(二) 产教融合动力机制五螺旋

卡拉雅尼斯等建立了一个跨学科（inter-disciplinary）和超学科（trans-disciplinary）的分析框架，将知识、创新和环境（社会自然环境）相互联系起来，提出了五螺旋结构模型[1]，即嵌入三螺旋和四螺旋的五螺旋模型。卡拉雅尼斯等认为，新兴的全球本土化、全球化和本地化不断发展，促使在全球本土化知识经济和社会情境下进行知识生产、利用和更新的方式、手段重新概念化。[2]因此，卡拉雅尼斯等将自然环境下的五元螺旋扩张描述为知识和创新模型的一个新的子系统，从而使"自然"成为知识生产和创新的

〔1〕 Carayannis, E. G., Campbell, D. F. J., "Triple Helix, Quadruple Helix and Quintuple Helix and How Do Knowledge, Innovation and the Environment Relate To Each Other?, A Proposed Framework for a Trans-disciplinary Analysis of Sustainable Development and Social Ecology", *International Journal of Social Ecology and Sustainable Development*, 2010, 1 (1), pp. 41~69.

〔2〕 Carayannis E. G., Campbell D. F. J., "Open Innovation Diplomacy and a 21st Century Fractal Research, Education and Innovation (FREIE) Ecosystem: Building on the Quadruple and Quintuple Helix Innovation Concepts and the 'Mode 3' Knowledge Production System", *Journal of the Knowledge Economy*, 2011, 2 (3), pp. 327~372.

中心和等效组件，社会和经济的自然环境被视为知识生产和创新的驱动力，知识生产与创新五螺旋如图 2-4 所示。[1]此处的知识生产与创新即在知识经济、知识社会（知识民主）和社会自然环境的知识情境下的知识生产与创新。

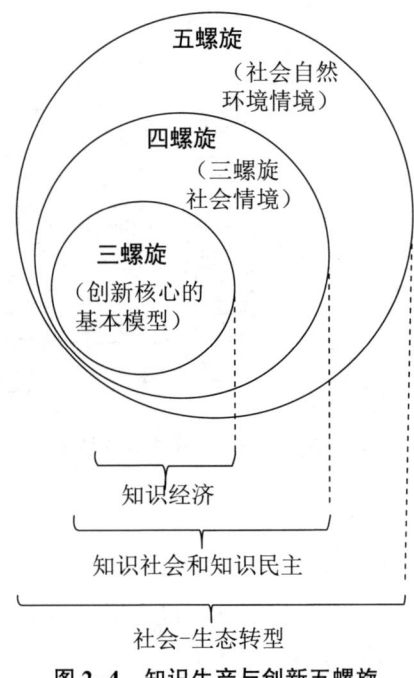

图 2-4　知识生产与创新五螺旋

卡拉雅尼斯等在四螺旋基础上，将第五个螺旋"社会自然环境"（也翻译为自然环境）增加到四元螺旋设计中，为解决 21 世纪社会经济的社会生态转型问题提供了参考。五螺旋非线性创新模型，将知识、专有技术和自然环境系统结合到一个框架中，提供了一个循序渐进的模型，以理解有效发展的质量管理，恢复与自然的平衡[2]，综合了可持续发展所需的社会生态转型要

〔1〕 Carayannis, E. G., Barth, T. D., Campbell, D. F. J., "The Quintuple Helix innovation model: global warming as a challenge and driver for innovation", *Journal of Innovation and Entrepreneurship*, 2012, 1 (1), p. 2.

〔2〕 Carayannis E. G. et al., "Sustainable Development of the Russian Arctic zone energy shelf: the Role of the Quintuple Innovation Helix Model", *Journal of the Knowledge Economy*, 2017, 8 (2), pp. 1~15.

求[1]。五螺旋创新模型将社会生态与知识生产和创新联系起来，社会自然环境被认为是进一步推动并超越知识经济、知识社会和知识民主可持续发展和共同演进的系统。五螺旋的一个主要目标是通过知识资源提高社会价值，五螺旋所有系统的五螺旋是一个知识资源交换的理论和实践模型，其可持续发展运行系统包括政治系统、教育系统、经济系统、公众社会系统、自然环境五个子系统。

五个子系统通过知识相互影响。[2]五螺旋各子系统知识创造的输出有两条路径：第一条路径使创新知识生产可持续输出；第二条路径将新技术或专门技术输出回归至知识循环中。通过知识的循环，一个子系统新创造的知识的新输出变成了五螺旋结构中另一个子系统的知识输入。知识资源从一个子系统到另一个子系统的循环移动，使知识同时具有输入和输出的性质，知识在循环过程中不断创造或产生新的知识并可持续循环发展。在知识循环过程中，五螺旋结构的各子系统相互作用、相互影响。

第三节　五螺旋理论对本书的适切性

知识生产模式3下产教融合动力机制从三螺旋发展到五螺旋，反映了不同行为者和其中所包含的其他领域如社会、文化、生态等的参与和影响。五螺旋理论承认创新在以知识为基础的社会中的作用，并强调多个社会子系统相互交织对创新生态系统的重要性。

一、螺旋理论的发展与应用

螺旋理论作为分析模型和规范工具，已经在各个领域及邻近学科的理论与方法和相关创新研究方面得到广泛运用。作为分析模型，每个螺旋体都描述并解释当代社会生产、传播及知识市场化的具体方面；作为规范性工具，

---

[1] König et al.，"Helix Models of Innovation and Sustainable Development Goals"，in Leal Filho et al.，*Industry，Innovation and Infrastructure. Encyclopedia of the UN Sustainable Development Goals*，Springer，Berlin，Heidelberg，2020，pp. 1~15.

[2] Carayannis E. G.，Barth T. D.，Campbell D. F. J.，"The Quintuple Helix innovation model：global warming as a challenge and driver for innovation"，*Journal of Innovation & Entrepreneurship*，2012，1（1），p. 2.

螺旋理论已被用于向学术界、政府和社会等领域的从地方到跨国层面的决策者提供信息。[1]

四螺旋、五螺旋的起点是埃茨科威兹和劳德斯多夫的三螺旋模型。三螺旋模型关注的是由大学、产业、政府组成的系统，其中，大学代表教育系统，产业代表经济系统，政府代表政治系统，三螺旋关注由这三个系统组成的社会合作系统开展的创新知识创造和知识交流。卡拉雅尼斯和坎贝尔在三螺旋基础上增加了"以媒体和文化为基础的公众社会"，从而发展成为四螺旋；后又增加"社会自然环境"来加强创新模型，形成五螺旋结构。随着社会自然环境的螺旋变化，可持续发展以及社会生态领域成为社会创新和知识生产的一个组成部分。"除了'人'之外，五螺旋最重要的部分是知识，它通过子系统之间的循环（例如，知识的循环），促进社会情境中创新和专门技术（know-how）的创造。"[2]

从创新系统到创新生态系统的过渡，体现了人、社会、环境的创新网络交互关系。与创新系统相比，创新生态系统的概念强调了跨地理环境下的生态层面、可持续维度及共同创造过程和共同创新网络。[3][4]在埃茨科威兹和劳德斯多夫首创的大学—产业—政府创新创业三螺旋模型基础上，卡拉雅尼斯等将公共或公民社会作为第四个螺旋，由此发展成四螺旋模型。卡拉雅尼斯和坎贝尔适时提出的四螺旋创新模型，作为一种概念工具来分析创新生态系统中的行动者及其相互作用。三螺旋结构代表了知识经济创新的基本核心模式，而四螺旋结构则描述了知识社会和知识民主，增加了对"人"的理解及其组成的公众社会文化、价值观等对创新生态系统的影响。五螺旋兼顾了

〔1〕 König et al.，"Helix Models of Innovation and Sustainable Development Goals"，in Leal Filho et al.，*Industry*，*Innovation and Infrastructure. Encyclopedia of the UN Sustainable Development Goals*，Springer，Berlin，Heidelberg，2020，pp. 1~15.

〔2〕 Carayannis，EG，Campbell，DFJ.，"Triple Helix，Quadruple Helix and Quintuple Helix and How Do Knowledge，Innovation and the Environment Relate To Each Other?，A Proposed Framework for a Trans-disciplinary Analysis of Sustainable Development and Social Ecology"，*International Journal of Social Ecology and Sustainable Development*，2010，1（1），pp. 41~69.

〔3〕 Cai，Y.，Ferrer，B. R.，Lastra，J.，"Building university-industry co-innovation networks in transnational innovation ecosystems：Towards a transdisciplinary approach of integrating social sciences and artifificial intelligence"，*Sustainability*，2019，11（17），pp. 1~23.

〔4〕 Cai，Y.，Etzkowitz，H.，"Theorizing the triple helix model：Past，present，and future，Triple Helix"，2020（6），pp. 1~38.

人与自然和谐共生的生态考虑，知识生产和创新的聚合促使五螺旋模型能够综合可持续发展所需的社会-生态转型。

不少研究者运用四/五螺旋框架对不同领域的知识生产、创造、扩散等进行研究。例如，克里斯特尔（Kristel）[1]运用四螺旋生态系统对大学知识转移进行研究，认为四螺旋模型认识到学术界、企业、政府和社会这些主要参与者在创新体系中所扮演的独特角色，强调了将公众融入研发和创新项目的重要性。米尔斯（Mehari）等[2]利用四螺旋理论研究芬兰坦佩雷地区（Tampere region）能源部门创新生态系统的社会创新过程。不过，研究者通过研究，发现受访者都承认，四螺旋中公民和整个社会构成了一个视角，很难将其作为互动的一部分。[3]与四螺旋模型相比，五螺旋中"社会自然环境"的涉及面较为宽广，柯尼希（König）等认为"可能是因为环境螺旋与其他四螺旋的连接在五螺旋的概念化中是一个挑战"[4]。因此，本书拟从研究生个体对五螺旋组成的产教融合力等的自我感知视角开展问卷调查，将第四股螺旋公众社会、第五股螺旋自然环境投射到个体感知层面进行测量。

二、五螺旋理论对本书的适切性

模式1是一种基于学科的、以学科为本、主要在认知语境下进行的传统知识生产方式，大学等公共部门与产业界等私人部门界限鲜明，是一种线性的创新模式。模式1遵循"良好的科学实践"。模式2的知识生产是在社会应用情景中产生的，具有跨学科性、异质性与组织多样化、社会问责与反思性、

〔1〕 Kristel, M. et al., "Knowledge transfer in university quadruple helix ecosystems: An absorptive capacity perspective", *R&D Management*, 2016, 46 (2), pp. 383~399.

〔2〕 Yohannes Mehari et al., "Defining 'Responsible' in Responsible Research and Innovation: The Case of Quadruple Helix Innovation in the Energy Sector in the Tampere Region, Innovation, Technology, and Knowledge Management", in Carmen Păunescu, Katri-Liis Lepik, Nicholas Spencer (ed.), *Social Innovation in Higher Education*, Springer, 2022, chapter 10, pp. 199~225.

〔3〕 Yohannes Mehari et al., "Defining 'Responsible' in Responsible Research and Innovation: The Case of Quadruple Helix Innovation in the Energy Sector in the Tampere Region, Innovation, Technology, and Knowledge Management", in Carmen Păunescu, Katri-Liis Lepik, Nicholas Spencer (ed.), *Social Innovation in Higher Education*, Springer, 2022, chapter 10, pp. 199~225.

〔4〕 König et al., "Helix Models of Innovation and Sustainable Development Goals", in Leal Filho et al. (ed.), *Industry, Innovation and Infrastructure. Encyclopedia of the UN Sustainable Development Goals*, Springer, Berlin, Heidelberg, 2020.

多维质量控制形式[1]。模式 2 动力机制可用大学—产业—政府（UIG）三螺旋理论进行解释。根据三螺旋区域创新空间理论，要使产业界与学界（教育界）的关系相互渗透、相互融合，很有必要创造适合各界主体参与者的知识空间、共识空间和创新空间，以促进"产""教"真正的深度融合。模式 3 的知识生产新模式是对模式 1 和模式 2 的逻辑拓展，是卡拉雅尼斯等重新概念化了知识经济与知识社会背景下发生的知识生产、利用和更新的方式与手段等提出的"分形创新生态系统（fractal innovation ecosystem）"。知识分形强调复杂系统的连续性自下而上和自上而下的复杂性进展的知识形态。卡拉雅尼斯和坎贝尔等在三螺旋基础上嵌入"基于媒体和文化"的第四股螺旋和社会自然环境的第五股螺旋。

作为承载知识生产模式及其运行机制的组织，大学的科学研究、评价方式、学科组织结构等也发生重大变革[2]。"为知识而知识"的知识生产方式已不能完全满足大学自身发展需要，逐渐走向多种知识生产方式。随着知识经济、知识社会的发展，知识生产方式经历了模式 1 向模式 2 和模式 3 的演化进程，教育与社会之间的联系也越来越紧密，人们对教育产出的极大期望也越来越与社会生产密切相关。大学作为知识生产中心，其知识生产的能力与水平影响着国家能否站在人才创新高地。在 2021 年 9 月召开的中央人才工作会议上，习近平总书记发表题为《深入实施新时代人才强国战略 加快建设世界重要人才中心和创新高地》的重要讲话，强调要加快建设世界重要人才中心和创新高地，坚持面向世界科技前沿、面向经济主战场、面向国家重大需求、面向人民生命健康的人才战略理念，向用人主体充分授权，"发挥用人主体在人才培养、引进、使用中的积极作用"。从中可以看出，人才强国战略实施受到政治、经济（产业发展、用人主体、国家需求）、教育（研发机构）、社会和自然生态（生命健康）等多个社会动力系统的制约和影响。研究生教育处于学校高等教育的最高层次，全面提高高校人才培养能力、提升研究生人才的知识生产能力和水平是建设国家创新体系、深入实施人才强国战略的重要任务之一。

---

〔1〕［英］迈克尔·吉本斯等：《知识生产的新模式：当代社会科学与研究的动力学》，陈洪捷等译，北京大学出版社 2011 年版，第 3~8 页。

〔2〕霍丽娟：《基于知识生产新模式的产教融合创新生态系统构建研究》，载《国家教育行政学院学报》2019 年第 10 期，第 38~44 页。

　　根据第三章对我国研究生教育功能发展的产教关系变迁的考察，可以发现，尽管我国研究生教育领域的大学知识生产模式具有移植性，但在吸收外来教育管理、制度文化基础上，逐渐融入中国文化，使之本土化。我国研究生教育在产教关系演变中，其知识生产模式展现出突变性、渐变性特点，但最终发展走向与知识生产模式3具有相似特征。同时，在对高校、行业企业、研究生、政府等行为参与主体的访谈（第四章）及对"兴国号"磁浮空轨车辆研发所属高校J校研究生创新人才产教融合培养的案例分析（第七章）中，可以看出，研究生教育要不断培养创新人才，则须不断适应并引领产业发展、促进社会进步，推动知识生产模式逐渐转变为多层次、多形态、多节点、多主体、多边的创新生态系统。社会公众利益、绿色发展及生态文明建设、人类命运共同体、人与自然命运共同体理念融入教育界、产业界等不同子系统中，社会文化、伦理道德、价值观、生态观对知识生产学术场域、生产场域、知识领域等产生影响。知识生产模式3中引入基于文化和媒体的公众社会、自然环境构成四螺旋、五螺旋创新生态系统能较好地解释我国研究生教育当前发展状态和趋势。模式3创新生态系统中的多元主体为共同创新目标努力，属于多赢的多维协同创新系统运行机制。

　　本书正是基于已有研究及现实应用情境，以模式3知识生产五螺旋为研究生教育产教融合动力机制的理论研究基础，构建研究生创新人才产教融合培养模式生态系统运行模型。由于四螺旋中公民和整个社会构成了一个视角，五螺旋中"社会自然环境"的涉及面较为宽广，第四和第五股螺旋与其他子系统的互动更为隐形，难以准确观测和判断。因此，本书从高校研究生个体感知的角度，将研究生个体感知到的由五螺旋共同构成的产教融合力对自身创新人才特质各要素产生的影响等展开研究。

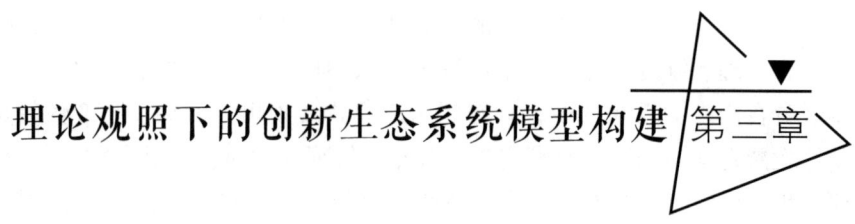

理论观照下的创新生态系统模型构建 第三章

　　本章将在知识生产模式相关理论观照下，考察我国研究生教育功能发展过程中的产教关系变迁，结合我国研究生教育特点，研究理论上的研究生创新人才培养产教融合模式之生态运行机制与理论构念模型。

第一节　我国研究生教育功能发展的产教关系变迁

　　我国高层次人才培养的机构，在古代的历代书院、太学、国子监中即有所体现，培养机构肩负着教育和学术研究或某个学派的研究与传播功能。追溯研究生教育发展的早期起源及其教育功能的发展演变进程，不仅可以揭示我国研究生教育发展的开端，而且对揭示我国高校、行业企业等与研究生教育之间共生关系呈现的知识生产模式具有重要意义。研究生教育功能发展进程体现了研究生教育系统与社会其他子系统相互关系的变迁，变迁的背后是知识生产逻辑的转向与发展。

　　华中师范大学教授余子侠主编的《中国研究生教育史》[1]一书将我国研究生教育发展史从清朝末年的制度初订（清末至 1917 年）到提速推进（1999年至今）共分八个阶段。全书以时间为经，分成：制度初订（清末至 1917年）、实践初探（1917 年至 1927 年）、制度定型（1927 年至 1937 年）、逆势推进（1937 年至 1949 年）、新径初辙（1949 年至 1966 年）、恢复发展（1977年至 1985 年）、改革调整（1986 年至 1998 年）、提速推进（1999 年至今）等八

---

　　〔1〕余子侠主编：《中国研究生教育史》，福建人民出版社 2021 年版，第 3 页。

个历史时段。朱晓闻[1]从学制角度出发，将1949年前中国研究生教育的历史发展过程分为三个阶段：一是1912年前研究生教育形式上的开端；二是1912年至1929年的实际性开端；三是1929年至1949年的逐渐正规化阶段，1949年之后的新发展阶段。由此，将我国研究生教育发展阶段划分为四个时期。

本书通过对研究生教育功能发展的追溯，将我国研究生教育发展阶段分为中华人民共和国成立前的研究生教育（1949年之前）、中华人民共和国成立至改革开放前的研究生教育（1949年至1976年）、改革开放后至今的研究生教育（1977年至今）三个历史时期。在研究生教育不断发展过程中，研究生教育功能发展经历了"学术本位—科研人才与高校师资培养—服务于国家需求与发展战略"的转变过程，从中可以管窥研究生教育与产业界的结合程度及知识生产模式的演化特征。

一、高等教育学术研究功能的开端与设想

中华人民共和国成立前的研究生教育（1949年之前）体现了我国高等教育学术研究功能的开端与设想。中华人民共和国成立前的研究生教育可从"壬寅学制"到"壬子学制"、20世纪30年代颁布的相关文件探究当时研究生教育的相关设想和培养要求。

通过考察清政府《钦定学堂章程》（又称"壬寅学制"）、《奏定学堂章程》（又称"癸卯学制"），1912年前的研究生教育出现了形式上的开端，具有研究性与功利性、学徒式培养、毕业奖励出身的特点[2]。这时的学制主要仿制日本，而日本培养模式主要来源于德国。根据《钦定学堂章程》，有研究者绘制出"壬寅学制"图[3]，将学制从纵向分为三段七级。其中，高等学堂（含大学预备科，3年）、仕学馆（3年）、师范馆（4年）并列为一级，大学堂（2年至3年）及建立在大学堂之上的具有研究院性质的大学院（不设置年限）共三级属于高等教育阶段[4]。大学院"主研究不主讲授""不立课程"，追求"学问极则"。梁启超在1902年设计的《教育制度表》中的"三级三类"的学制蓝图中也同样对学制进行了划分。根据此学制划分，最后一

---

〔1〕　朱晓闻：《研究生教育与培养研究》，西南交通大学出版社2018年版，第1页。
〔2〕　朱晓闻：《研究生教育与培养研究》，西南交通大学出版社2018年版，第2页。
〔3〕　孙培青主编：《中国教育史》（修订版），华东师范大学出版社2000年版，第344页。
〔4〕　余子侠主编：《中国研究生教育史》，福建人民出版社2021年版，第27页。

层级的"大学院"属于培养研究生的专门场所[1]。

"壬寅学制"之后，清政府对学制进行了修订，于 1904 年 1 月公布了《奏定学堂章程》（又称"癸卯学制"）。"癸卯学制"将研究生教育层次的"大学院"改为"通儒院"，以学术日有进步、发明新理以著成书、制造新器以利民用为成效[2]。"通儒院"以五年为限，其培养目标为"为研究各科学精深意蕴"，目的在于"备著书、制器之所"，"在斋舍研究，随时请业请益，无讲堂功课"。这表明研究生是在导师指导下的学徒式培养模式，且是自由研究。"癸卯学制"单列了"通儒院章程"，章程要求通儒生（相当于现在的研究生）须"以能发明新理、著有成书、能制造新器、足资利用为毕业"，从中可看出通儒生的毕业要求严格，对研究生人才培养体现了学术研究与实际应用相结合的教育目标。作为《奏定学堂章程》的配套制度，随后的《奏定各学堂奖励章程》参照西方学位等级，对新式学堂的毕业生给予毕业奖励出身，分别以进士、举人、贡生、学员予以奖励，对通儒院毕业生则予以特别规定，其毕业奖励远优于其他级别学堂。然而，清末通儒院最终未能实施，研究生教育停留在设想倡导和制度设计层面。

1912 年，蔡元培作为教育总长主持制定的《学校系统令》是中华民国颁布的第一个学制，又称"壬子学制"。其后出台的《大学令》规定大学以"教授高深学术、养成硕学闳材，应国家之需要"[3]为宗旨，内设大学院，科学研究与国家使命相结合。1913 年 1 月颁布的《大学规程》对大学院内容单列，并对大学院生毕业条件定为"有新发明之学理，或重要之著述[4]"，"得由大学评议会议决，遵照学位令授以学位"。从中可看出，去除了实用性的教育目标，废除奖励出身制度，有研究者称之为"学术本位"的现代观[5]。大学院的培养方式与通儒院类似，学徒式、无课程、导师指导下的独立自主

---

〔1〕 王战军等：《中国研究生教育 70 年》，中国科学技术出版社 2019 年版，第 2 页。

〔2〕 璩鑫圭、唐良炎编：《中国近代教育史资料汇编（学制演变）》，上海教育出版社 2007 年版，第 348 页。

〔3〕 璩鑫圭、唐良炎编：《中国近代教育史资料汇编（学制演变）》，上海教育出版社 2007 年版，第 673 页。

〔4〕 璩鑫圭、唐良炎编：《中国近代教育史资料汇编（学制演变）》，上海教育出版社 2007 年版，第 723 页。

〔5〕 鲁幽、周安平：《民国初期"学术本位"现代大学观——基于〈大学令〉的法律表达》，载《复旦教育论坛》2017 年第 6 期，第 46~52 页。

研究，定期讲演讨论，体现了中国古代书院精神的继承与德国研究生培养模式的效仿并存的特点。但由于各方面影响，最终研究生教育未能开展。直到1918年1月，北京大学文、理、法三科九个研究所成立，我国研究生教育才开始了真正意义的教育实践，也是中国现代大学研究所的最早雏形[1]。此后，各高校逐渐开始研究生教育相关的研究院所筹办，相应的学位条例或学位授予法处于构建之中。

表 3-1　清末民初研究生教育设想与要求

制度/事件	培养机构	培养要求/毕业条件	培养方式/培养模式
壬寅学制	大学院	自由研究，不拘年限	
癸卯学制	通儒院	为研究各科学精深意蕴，以备著书、制器之所；能发明新理、著有成书、能制造新器、足资利用	学徒式，导师指导、自由研究
壬子学制、大学规程	大学院	有新发明之学理，或重要之著述，得由大学评议会议决，遵照学位令授以学位	学徒式、无课程、导师指导下的独立自主研究，定期讲演讨论

1934年后颁布了《大学研究院暂行组织规程》及《学位授予法》，规定大学得设研究院，下分研究所，为教员研究高深学术、科学研究提供了制度支持。由此，进入20世纪30年代，研究院所、研究生招生人数、研究生教育规模均有所增加[2]，大学逐渐成为学术共同体的重要组织形式。

国人对研究高深学问、发展学术等与研究生教育人才培养有关的问题也相应提出了各自的主张。科学文化传播的先驱者任鸿隽在《科学研究——如何才能使他实现》《大学研究所与留学政策》等文中认为只有创办大学研究院所才能形成完整的现代大学制度，才是"造就人才的完全组织"，才能"使他成为独立的学者"[3]；冯友兰先生在《怎样办现在中国的大学》中指出发展学术必须办好大学，建议在大学中设置研究部，"此大学又有研究部。则此大学教员可兼研究部研究生"，教员可以一面教学，一面做自己的研究，体现了

---

〔1〕　王战军等：《中国研究生教育70年》，中国科学技术出版社2019年版，第5页。

〔2〕　余子侠主编：《中国研究生教育史》，福建人民出版社2021年版，第147~148页。

〔3〕　余子侠主编：《中国研究生教育史》，福建人民出版社2021年版，第72页。

冯友兰为"学术独立"而"办现在中国的大学"的高等教育思想〔1〕。

根据王战军等在《中国研究生教育70年》中的论述，中华人民共和国成立前我国研究生教育经历了两种形式：早期主要是效仿德国，实行纯粹的个人培养制即学徒式，重在学生的独立研究；后期选择美国的课程型培养制即专业式培养，对课程教学有相关要求，建立学士、硕士、博士的学位结构（现代学位制度）。我国现代研究生教育制度得以不断探索、思想不断完善，与学术研究的大学功能需求密切相关，学术研究是研究生教育的首要功能，研究能力是基本培养目标〔2〕。无论是纯粹个人培养还是专业式培养，对近代中国的研究生教育的分析都不能脱离中国的国情，大学肩负教育救国、科学救国、民族复兴重任，研究生教育功能之救国责任与学术独立共同激励大学的知识生产。可惜因之国情，"为学术而学术"的知识生产模式1未能真正全面铺开。

二、科研人才与高校师资培养

中华人民共和国成立至改革开放前的研究生教育（1949年至1976年）的主要功能为科研人才与高校师资培养。

我国研究生教育在中华人民共和国成立前发展规模小、招生人数少。据统计，1935年至1949年，一共只颁授了232个硕士学位〔3〕。中华人民共和国成立后，社会意识形态发生转变，党的工作重心开始由农村向城市转移，工业化发展需求高层次人才，教育方针是为人民服务，工科建设成为高等教育机构学科建设的核心任务。据1949年至1980年全国研究生分科数量统计，我国自1965年始，工程学科研究生便多于其他学科〔4〕。

1949年前后研究生教育尚处于探索尝试阶段，主要目标强调为中国革命和社会主义建设培养高素质的管理干部、师资力量和各种专业技术人才〔5〕。随后，研究生教育与社会的关系逐步紧密。1950年5月26日教育部发布的

---

〔1〕 谢广宽：《为"学术独立"而"办现在中国的大学"——冯友兰高等教育思想研究》，载《清华大学教育研究》2011年第1期，第68~73、107页。

〔2〕 周泉兴、王琪：《研究生教育的本质：历史、现实和哲学的考察》，载《中国高教研究》2009年第2期，第38~40页。

〔3〕 王战军等：《中国研究生教育70年》，中国科学技术出版社2019年版，第7~8页。

〔4〕 王战军等：《中国研究生教育70年》，中国科学技术出版社2019年版，第14页。

〔5〕 余子侠主编：《中国研究生教育史》，福建人民出版社2021年版，第341页。

《高等学校一九五零年度暑期招考新生的规定》指出要"与国家建设之密切联系";为满足国家建设对科学研究人才及高校师资需求,1951 年 10 月 1 日原政务院公布的《关于改革学制的决定》要求各大学和专门学院设置研究部,研究生教育以培养高等学校师资和科研人才为目标。原政务院于 1953 年 10 月 11 日公布的《关于修订高等学校领导关系的决定》即在为使高等教育密切联系实际、有计划地培养各类高级建设人才、以适应国家大规模经济建设的需要的条件下制定的。该文件进一步理顺了原高等教育部领导全国高等学校的体制,为研究生教育统筹管理奠定了基础。1953 年 11 月 27 日,原高等教育部颁布了中华人民共和国成立以来的第一部专门针对研究生教育的文件《高等学校培养研究生暂行办法(草案)》,对研究生教育的目的、师资、学习年限、招生条件、培养形式、毕业要求及教学组织等进行了规定,此后与研究生教育相关的规章制度逐步发展,并以苏联为学习对象,在研究生教育学位制度方面进行了一系列探索和尝试。

　　1956 年社会主义改造基本完成、社会主义制度基本确立后,中国进入了社会主义建设初步探索时期。20 世纪 60 年代,研究生教育受中苏关系破裂及国际环境影响,逐步由"以苏为师"进入独立自主探索阶段,强调自力更生培养研究生人才。例如,1960 年 8 月 2 日教育部发布的《关于一九六零年全国高校招收研究生工作的通知》指出,研究生培养中理工科以新科学技术和基础理论方面专业为重点,文科则以以毛泽东思想为指导的政治理论方面的专业为重点。但在 1958 年至 1960 年间,在"鼓足干劲,力争上游、多快好省地建设社会主义"的总路线推动下,教育战线开展了"教育大革命",研究生教育也深受政治氛围的影响。为恢复正常教育秩序,根据"调整、巩固、充实、提高"的八字方针,研究生教育制度也做了相应的调整。1961 年 9 月 15 日《中华人民共和国教育部直属高等学校暂行工作条例(草案)》(即"高教六十条")指出要贯彻执行教育为无产阶级的政治服务、教育与生产劳动相结合的方针,"使受教育者在德育、智育、体育几方面都得到发展,成为有社会主义觉悟的有文化的劳动者"。"高教六十条"以我国社会主义的基本国情及教育活动为实践依据,以党在特定历史时期的基本路线为政策依据[1],对我国研究生培养单列一章,指出高校招收研究生,"培养科学研究人才和高

---

〔1〕　翟博:《党的教育方针百年演进及其思想光辉》,载《人民教育》2021 年第 6 期,第 6~12 页。

等学校师资"，"严格保证质量，宁缺毋滥"。受"文革"影响，1966 年至
1977 年研究生停止招收，研究生制度废除达 12 年之久。

综上，中华人民共和国成立至改革开放前的研究生教育是在自上而下的
国家计划下的人才培养，主要目标在于培养国家建设需要的科研人才及高校
师资人才。此时，学术界与产业界的联结与创新主要是自上而下、计划性的
线性模式。

三、服务于国家需求与发展战略

改革开放后至今研究生教育（1977 年至今）的功能体现为服务国家需求
与发展战略。这一时期的研究生教育可以划分为两个时期：一是改革开放后
至 21 世纪前的研究生教育（1977 年至 1999 年），服务国家转型发展，培养专
业性研究人才；二是 21 世纪的研究生教育肩负教育强国重任（1999 年至今），
服务中华民族复兴，培养引领经济社会发展的高质量的拔尖创新人才。产教关
系经历了合作松散、不紧密，尝试产教联合培养研究生，产教联结密切的过程。

我国于 1978 年恢复研究生招生，1981 年实施学位制度，自此研究生教育
事业有了很大发展。从某种意义上来说，我国研究生教育的发展与国家的发
展是同步的[1]。截至 2019 年，全国现有研究生培养机构总数为 828 个，研
究生导师总数为 462 099 人，研究生招生总数为 916 503 人[2]。研究生每年
招生人数均有所增长，《中华人民共和国 2021 年国民经济和社会发展统计公
报》显示，2021 年研究生教育招生 117.7 万人，在学研究生 333.2 万人，毕
业生 77.3 万人。

（一）服务于国家转型发展

改革开放后至 21 世纪前研究生教育（1977 年至 1999 年）的功能主要体
现为服务国家转型发展。

随着我国现代化建设的发展，各行各业对人才需求的不断高涨，纯学术
型的单一培养模式已无法适应多元社会发展要求，复合型应用型人才需求逐
渐增多，研究生教育功能、培养目标发生了变化。1984 年，部分高校和科研

---

[1] 洪大用：《为新时代研究生教育发展提供更好的智力支撑》，载《学位与研究生教育》2020
年第 1 期，第 1~5 页。
[2] 王战军主编：《新时代研究生教育研究资料汇编（2010—2020）》，中国科学技术出版社 2021
年版，第 795~796 页。

院所开始尝试联合培养研究生，以培养研究生的实际应用能力。例如，中国科学院上海光机所（光学精密机械研究所）与复旦大学、浙江大学联合培养研究生，所校双方联合制定和实施培养计划，联合指导学习和论文写作，共同编写教材并共同教学，充分利用双方实验条件，拓展了生源结构，研究生的科研能力和适应能力得到了提高[1]。为更好适应经济社会发展和改革开放步伐，原国家教育委员会于 1986 年 12 月发布了《关于改进和加强研究生工作的通知》，指出研究生教育存在"研究生的培养规格单一，对实际能力的培养重视不够"等问题。该通知还指出研究生教育要贯彻三个面向，即"面向现代化，面向世界，面向未来"，研究生培养要根据不同岗位高层次人才的不同需求，在博硕士每个培养层次中注意培养多种规格特别是应用学科的研究生，扩大在职人员申请学位的试点工作，使注重培养大学教师和科研人员与培养应用部门的高层次人才相结合。

1992 年党的十四大提出建立社会主义市场经济体制，我国研究生教育事业也进入了新的发展阶段。1992 年 12 月，原国家教育委员会、国务院学位委员会联合发布《关于学位与研究生教育改革和发展的若干意见》，明确指出研究生教育要"适应加快改革开放和现代化建设的步伐，实现高层次专门人才培养立足于国内的目标"。同时指出，研究生教育教学改革紧密联系经济建设与社会发展实践需要，促进新兴学科和交叉学科成长；鼓励高校与科研机构和大中型企事业单位联合培养、联合开展科学研究，加强研究生教育与科研、生产与社会实践相结合。在学位类型方面，开始以培养应用型人才为目标的专业学位研究生教育，如工商管理硕士、法律硕士、教育硕士等。

改革开放之初，我国高等教育属于精英化教育，研究生教育的主要功能仍然聚焦于高层次的科研人才培养，以满足国家创新系统科技创新与知识生产、创造的需求。因此，研究生培养目标定位为培养具有从事科学研究或独立承担专门技术工作的能力，研究生学位授予制度为单轨制。此时，研究生教育功能，无论是对硕士研究生还是博士研究生，主要定位为（学术学位）专业性研究人才培养[2]；应用型人才培养为目标的专业学位研究生教育仍处于探

---

〔1〕 周桂清：《所校联合培养研究生初探》，载《学位与研究生教育》1986 年第 4 期，第 3 页。

〔2〕 田贤鹏：《解构与重构：高校研究生教育制度变革 40 年回顾》，载《现代教育管理》2018 年第 11 期，第 26~32 页。

索阶段；产教合作还不紧密、较为松散，产教联合培养研究生也尚处于尝试阶段。

（二）服务于中华民族伟大复兴

21 世纪的研究生教育肩负教育强国重任（1999 年至今）的功能主要体现为服务中华民族复兴。1999 年以来，我国研究生教育进入提速推进阶段。高等教育由精英化逐渐转向大众化，培养高层次专门人才的任务从本科教育转移到研究生教育，博士研究生教育和硕士研究生教育承担着培养国家所需要的各种拔尖创新人才的任务。

进入 21 世纪后，随着市场经济体制改革的不断深入，研究生教育功能的边界更加广泛，研究生层次的多样化人才培养市场需求增加，促进技术创新、服务地方和区域经济可持续发展成为其重要功能之一，学术界与产业界、教育链与产业链的积极配合成为必然选择。[1]我国研究生教育相关政策、制度等根据经济社会发展要求，进行了适时调整和改革。

2000 年教育部《关于加强和改进研究生培养工作的几点意见》明确指出，研究生培养在培养规模、质量意识、培养条件、导师队伍及教学方式方法等与社会需求有差距，为此研究生教育应"加大应用性人才培养的比重"，"突出对研究生创新能力、实践能力、创业精神的培养"，"建立健全研究生教育评估制度"等。2004 年教育部《2003—2007 年教育振兴行动计划》提出推进"研究生教育创新计划"，鼓励促进研究生教育与生产劳动和社会实践紧密结合，促进拔尖创新人才培养。2006 年，教育部学位管理与研究生教育司对研究生教育创新计划进一步提出了区域合作要求，出台了《关于加强研究生教育创新计划区域合作的意见》。2009 年，国家进一步对研究生培养机制改革试点工作，提出贯彻研究生培养科研研究导向原则。21 世纪的第一个十年，研究生教育实施在政府宏观调控下的"积极发展"战略，服务国家转型发展，是对社会需求的积极适应[2]。

2010 年，我国成为世界第二大经济体，创新型国家建设、民族复兴使命赋予研究生教育特殊功能。随着《国家中长期教育改革和发展规划纲要（2010—

---

〔1〕 郭月兰、汪霞：《研究生教育高质量发展：内涵、逻辑与实践取向》，载《研究生教育研究》2019 年第 2 期，第 6~11 页。

〔2〕 王战军等：《中国研究生教育 70 年》，中国科学技术出版社 2019 年版，第 101 页。

2020 年）》的扎实推进，研究生教育质量提升、内涵发展进入重要发展阶段。2011 年，原国务委员刘延东提出研究生教育的几个关键词如"坚持质量第一""提高质量"增强研究生"责任意识"等表明了国家对研究生教育质量的充分重视。2012 年教育部出台的《关于全面提高高等教育质量的若干意见》及 2013 年教育部、国家发展和改革委员会、财政部联合发布的《关于深化研究生教育改革的意见》、2014 年国务院学位委员会、教育部颁布的《关于加强学位与研究生教育质量保证和监督体系建设的意见》等均对研究生教育质量提出要求，以"服务需求、提高质量"为主线，构建了质量保障、监督和评价、合格评估、学位动态调整等社会各界多元参与的质量文化评估体系。党的十九大、二十大报告均提出了"强国"任务，研究生教育强国肩负着教育强国的责任与使命担当，关系着我国各领域从跟跑到并行、再领跑的发展进程。

近年来，研究生教育综合改革与体制机制"放、管、服"改革不断深化，以及研究生教育治理方式改革等，研究生教育的人才竞争力、国际影响力加强，研究生教育在国家创新体系建设中的战略意义更加凸显。研究生教育产教联结更加紧密，研究生教育改革方针政策也强调产教供需适切性问题，例如 2020 年教育部、国家发展和改革委员会、财政部《关于加快新时代研究生教育改革发展的意见》提出的"对接高层次人才需求，优化规模结构"。研究生教育逐渐经历由外延式规模扩张转向高质量提升、内涵式发展转向卓越化构建的历史性转折时期[1]。王战军等将这一时期研究生教育的变化归纳为五个方面的发展特点：立德树人与培根铸魂、体量持续扩大与结构调整优化、服务科学选才与招生模式创新、满足多元需求与人才分类培养、适应社会发展与学位动态调整。[2]

（三）改革开放后的研究生教育发展总体变化

改革开放后，我国研究生教育的管理体制、培养体系、分类培养模式相应发生了变化。例如，在管理体制方面，2004 年，教育部正式设立学位管理与研究生教育司；研究生院制度确立并成为研究生教育管理的重要机构；"教育部学位与研究生教育发展中心"成立，2022 年将功能聚焦于研究生培养过

---

〔1〕 黄宝印、黄海军：《加快发展高质量研究生教育战略意义的认识与思考》，载《中国高教研究》2020 年第 4 期，第 37~43 页。

〔2〕 王战军等：《中国研究生教育 70 年》，中国科学技术出版社 2019 年版，第 143~156 页。

程管理服务和促进学科建设发展；于 1994 年成立的学术性社会组织"中国学位与研究生教育学会"的功能也逐步拓展。这些制度的产生为研究生教育更好服务社会发展培养高质量高层次人才提供了组织和制度保障。在培养体系方面，确立了全日制与非全日制双轨培养模式。例如，2013 年教育部、国家发展和改革委员会、财政部联合发布的《关于深化研究生教育改革的意见》指出，对全日制和非全日制研究生招生计划实行统一管理，进一步调整了研究生的培养形式和教学方式，"有利于满足社会对高层次人才的多样化需求"[1]。在分类培养模式方面，确立了学术学位与专业学位两种学位类型分类培养的模式，加大专业学位研究生培养比重，更加注重专业学位研究生培养质量。例如，为加快推进新时代专业学位研究生教育高质量发展，国务院学位委员会、教育部于 2020 年结合经济社会发展需求，以"立德树人、服务需求、提高质量、追求卓越"为主线，对专业学位发展进行了规划并印发了《专业学位研究生教育发展方案（2020—2025）》。

随着研究生知识生产与知识创新产生的科技转化、研究应用等经济、社会效益，人才竞争日益激烈，研究生教育的政治、经济、社会功能进一步凸显[2]，研究生教育发展从规模扩张转向高质量发展。与此同时，研究生教育国际交流合作不断深入，如中外合作办学、中外联合培养博硕士研究生、中外联合攻关某个研究项目及我国《推进共建"一带一路"教育行动》（2016 年教育部印发）等跨国跨学科领域合作、学历学位互认。党的十八大以来，我国研究生教育"以服务需求为导向，结构类型更加优化"，学科结构、人才培养结构与国民经济社会发展需求尤其是国家急需领域密切相连；专业学位研究生人数大幅增长，覆盖了国民经济社会发展的主要领域；交叉学科发展迅速，制定了交叉学科设置与管理办法，"200 多个学位授予单位自主设置了……700 多个交叉学科点"。[3]

综上，中国现代化进程与政府—市场关系的动态调整相伴随[4]。我国改

---

〔1〕 余子侠主编：《中国研究生教育史》，福建人民出版社 2021 年版，第 541 页。

〔2〕 王战军、常琅：《研究生教育强国：概念、内涵、特征和方略》，载《中国高教研究》2020 年第 11 期，第 13~18 页。

〔3〕 中华人民共和国教育部：《"教育这十年""1+1"系列发布会④介绍党的十八大以来研究生教育改革发展成效》，载 http://www.moe.gov.cn/fbh/live/2022/54521/，2023 年 10 月 8 日访问。

〔4〕 高帆：《新型政府–市场关系与中国共同富裕目标的实现机制》，载《西北大学学报（哲学社会科学版）》2021 年第 6 期，第 5~17 页。

革开放四十多年来，党和国家对市场在资源配置中的作用的认识经历了三次飞跃："调节作用（1978 年至 1992 年）—基础性作用（1992 年至 2013 年）—决定作用（2013 年至今）"，"每一次重大突破的改革取向都是调整和优化政府和市场的关系[1]"。我国改革开放后研究生教育功能的演进也深受政府—市场关系变迁的影响。中国现代化进程离不开高层次人才尤其是研究生层次人才的输入。改革开放后，研究生教育引入市场，即市场开始逐渐介入研究生教育的人才培养，产教关系越来越紧密。随着经济全球化及市场经济的发展，研究生人才培养目标和发展趋势不断深化，研究生人才培养的国际竞争力、社会教育力、国际科研创新能力进一步突出。研究生教育已转向知识生产模式 3，产教融合动力机制中政治系统的政府功能转为宏观调控而非完全自上而下的计划部署，经济系统、社会系统、自然环境系统已对研究生教育系统的知识生产产生深刻而广泛的影响。

四、研究生教育功能发展中的知识生产模式演化特征

我国研究生教育领域的知识生产模式具有历史特殊性，是在中华民族内忧外患、生死存亡之际展开的，模式 1、2、3 之间的转向没有明显的继承与超越的关系。近代中国研究生教育的开端移植于德国、美国等国家，模式 1 "为科学而科学""为学术而学术"等纯科学研究尚未定型或者未完全铺展。1949 年中华人民共和国成立后，全面学习苏联模式，实行计划经济体制，大学事务被纳入政府计划之中，知识生产部门主要在中国科学院、研究院所等，一般大学的研究生教育的主要目的在于培养师资，专门的人才培养是其主要的功能，开展的科学研究主要源于国家计划性的、服务国家建设需求的研究。大学为政府机关、企事业单位提供知识，知识的传播、扩散相对属于单向的线性流动模式，大学—政府或大学—工业关系的联结纽带主要是自上而下的计划性质。

中国大学"企业型"知识生产方式的真正确立是在 20 世纪 90 年代[2]。改革开放以后，随着市场经济体制的改革，知识生产所需资源、经费、项目

---

〔1〕 洪银兴：《市场化导向的政府和市场关系改革 40 年》，载《政治经济学评论》2018 年第 6 期，第 28~38 页。

〔2〕 王骥：《大学知识生产方式研究》，中国社会科学出版社 2014 年版，第 216 页。

等须通过市场竞争获得。研究生教育人才培养定位很快确立了教学、科研以服务社会功能和为经济社会发展服务的模式，呈现出知识生产模式2的一些特征如异质性、跨学科性、社会责任与反思性，大学—产业—政府（UIG）的互动关系网络链接越来越紧密。但我国教育界与产业界在常见的低技术含量的合作或解决具体生产实践问题的低层次合作等方面的合作较多，教师投入不少精力于"短、平、快"性质的企业合作项目，高新技术较少。由此，出现了殷朝晖在其博士学位论文《论国家科研体制建设与研究型大学发展》中所提到的诸如博硕士研究生从事低水平廉价劳动力工作，宝贵时间用于毫无创造性的工作，"而不能从事本学科前沿研究"[1]。这一时期的研究生教育产学研结合不紧密，产教融合知识生产力亟待加强。

进入21世纪后，社会主义市场经济体制逐渐建立，研究生教育功能与知识生产流动走向悄然发生变化。原来由大学向社会传递知识、大学牵引社会前进，如今不少重大技术攻关发展在企业而不是大学。产教之间的关系不再是教育系统（研究生教育）到经济系统（产业/企业）的单向的线性流动，而是呈现双向、多向度的非线性流动。跨学科、交叉学科、绿色理念、生态发展及由研究生人才生产的知识公益化、知识社会效益化更加受重视。产教关系越来越紧密，产教融合理念深入高等教育各个层次，例如各省域拟打造产教融合型城市、产教融合型企业、产教融合型导师，创设产业大学、培养产业教授等，致力于基础研究、应用研究成果转化与产业化发展等。

综合以上对我国研究生教育功能演变的研究可知，尽管我国研究生教育领域的知识生产模式具有移植性，但在吸收外来教育管理、制度文化基础上，逐渐融入了中国文化开展本土化研究生教育。总体来看，我国研究生教育领域的知识生产动力系统中各子系统的参与力度与进程不一致。我国研究生教育在产教关系演变中，其知识生产模式展现出突变性、渐变性特点，但最终发展走向与知识生产模式3相似。例如，以知识为基础的产业学院兴起、发展，交叉学科发展迅速，研究生人才产生的知识创造渗入各个领域，社会公众利益、绿色发展及生态文明建设、人类命运共同体、人与自然命运共同体理念融入教育界、产业界等不同子系统中，社会文化、伦理道德、价值观、生态观等对知识生产学术场域、生产场域、知识领域等方面产生影响。知识

---

〔1〕 殷朝晖：《论国家科研体制建设与研究型大学发展》，华中科技大学 2005 年博士学位论文。

生产模式3中引入基于文化和媒体的公众社会、自然环境构成四螺旋、五螺旋创新生态系统能较好解释我国研究生教育当前发展状态与发展趋势。

根据前文对大学知识生产模式下产教融合动力机制演变的研究，结合我国研究生教育功能演变中产教关系变迁所显示的知识生产模式演化进程，本书据此绘制出研究生教育知识生产模式演化路径图。如图3-1所示，以五螺旋理论为研究基础，将研究生教育产教融合的知识生产模式演化路径纳入五螺旋创新生态系统视野，通过跨专业、跨学科、跨领域等跨界融合培养创新人才，构成研究生层次的产教融合创新人才培养模式。基于产教融合的研究生创新人才具有哪些特征、影响产教融合培养研究生创新人才的五螺旋主要因素有哪些等是后续研究需解决的问题。

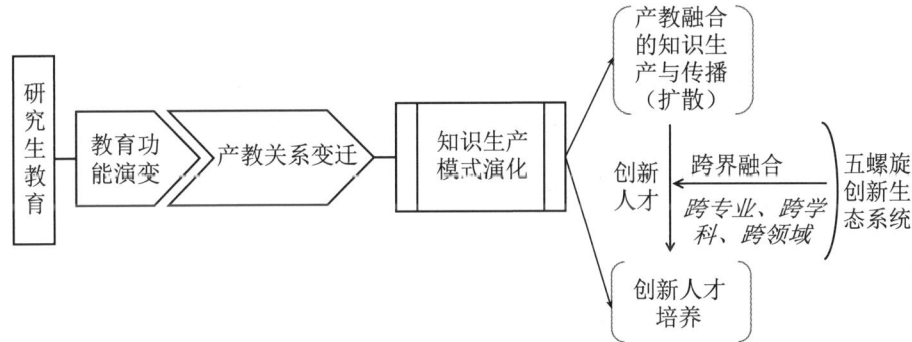

图3-1 研究生教育功能演进中产教关系变迁路径图

第二节 研究生创新人才培养产教融合模式特征

随着知识生产的社会弥散性、迭代性加速，知识生产主体更加异质化，大学以外的机构或组织在研究生创新能力的培养中扮演着越来越重要的角色。知识生产模式1到模式3的转向，学科边界模糊、各学科跨界与交叉协作成为知识生产的常态。

知识生产模式的变化影响大学人才培养理念的变迁，教育界与产业界的关系备受关注，产教关系与知识生产具有相互融合性。马廷奇等研究认为，产学研合作的可行性在于人才培养与知识生产具有场景一致性、主体一致性和目标重叠性的特点，知识生产模式与人才培养模式互通融合的体现在于知识与人才的生活化、生活智能化。[1]在知识生产情境下，研究生创新人才培养要求发生了变化。据此，我国已有研究者将知识生产模式下研究生创新能力的结构分为跨学科能力、协作创新能力、知识运用、多元沟通能力，认为研究生创新能力评价的主体、内容、范式也发生了变化，即从单一走向多元、由遮蔽走向全面、由同行走向跨界。[2]可见，知识生产模式的转变促使产教融合人才培养的内在要求发生了变化，研究生教育的创新人才培养结构也应相应发生变化。在模式3的知识生产情境下，产教之间的联系越来越紧密，彼此之间的边界越来越呈现交融性。有研究者从新工科视角探究知识生产与产教融合耦合的内在逻辑，发现在新工科知识生产模式转型下，产教关系存在交互性、边界交融性，产教融合知识生产的组织方式、组织主体存在协同性、自反性。[3]这进一步验证了前文对知识的本质、知识生产基本逻辑分析所得出的结论，即产教融合是大学知识生产模式转变后的最直接反映。

根据前文分析可知，基于产教融合的研究生创新人才培养过程即为知识生产优化过程，研究生在遵循知识的逻辑、情感的一致性及伦理、责任文化等条件下，开启差异性比较与超越性的学术创新等知识生产优化的研究生教育旅程。知识生产模式下产教融合动力机制历经"大学—产业—政府"三螺旋关系互动、"大学—产业—政府—公众社会"四螺旋联动和"大学—产业—政府—公众社会—自然环境"五螺旋循环机制的演化和发展。据此，本节将结合研究生教育的特点、目标、培养要求及研究生人才培养影响要素，以知识生产模式3产教融合动力机制五螺旋为理论构建框架，分析研究生创新人才培养的产教融合模式特征即五螺旋产教融合力，为下一步构建五螺旋模式下的产教融合研究生人才培养创新生态系统模型奠定基础。

一、研究生教育内涵与特点

学界对研究生教育的理解大致相同。例如，薛天祥在《研究生教育学》

---

[1] 马廷奇、李蓉芳：《知识生产模式转型与人才培养模式创新》，载《高教发展与评估》2019年第5期，第8~16、113~114页。

[2] 彭术连、肖国芳、刘佳奇：《知识生产模式转型下的研究生创新能力评价变革》，载《科学管理研究》2022年第1期，第146~152页。

[3] 魏春艳、方益权、衡孝庆：《基于知识形态的新工科产教融合机理探究》，载《中国高教研究》2022年第2期，第89~94页。

中将研究生教育定义为本科后以研究为主要特征的高层次的专业教育；潘懋元在《高等教育学讲座》中指出，研究生教育是建立在本科教育基础上的高层次教育；张楚廷在《高等教育学导论》中将研究生教育定义为大学里培养更高层次人才、进行科学研究的教育等。由此，本书将研究生教育定义为高等教育最高范畴的教育层次，是建立在本科教育基础上、培养高层次人才的教育。

根据国务院学位委员会第六届学科评议组编写的《一级学科博士、硕士学位基本要求》（2014年版），博硕士研究生应具有基本的学术素养和学术道德；硕士研究生基本能力特征为具有获取知识、科学研究、学术交流及实践能力等，博士研究生还需有学术鉴别、学术创新等能力；在学科专业方面要求研究生具有坚实的基础理论和系统的专门知识、学科前沿发展等知识结构和专门学科的科学研究方法等。从能力要求与知识要求等方面可看出，研究生教育具有高层次性、专门性、研究性和开放性等特点，科学研究活动和人才培养活动是研究生教育的基本活动，"出人才，出成果是研究教育的双重任务"[1]。正是因为研究生教育具有这些素质要求和学术能力与知识要求，才凸显出研究生教育在教育任务、培养目标、要求、方式方法等方面具有与本科教育不同的特点。

作为受教育者的研究生一般已是成年人，具有一定社会经验或工作经历，或在学术上已有一定成就，心理、生理相对成熟，已掌握一定的学科专业知识，具备一定的学习能力，自主意识强，对所在学科的前沿发展趋势具有一定敏感性。研究生教育的目标在于培养研究生在基本学术能力与知识结构、学科专业能力要求下的创新素养与创新能力。研究生研究活动的目的是培养其具备在专业工作中进行科学研究和知识创新与创造的能力。研究生教育的本质是育人，知识创新是其育人途径之一。研究生在获取知识的同时，更为重要的是在不断构建和完善自身知识体系的过程中进行知识的创新；"培养有德行修养、高深学问或高级能力的拔尖创新人才"，拔尖创新人才包括理论性、实践性和复合型拔尖创新人才[2]，这也是研究生教育与其他层次教育的不同之处所在。

---

〔1〕　薛天祥主编：《研究生教育学》，广西师范大学出版社2001年版，第69页。
〔2〕　耿有权：《研究生教育学导论》，中国科学技术出版社2021年版，第91页。

二、研究生创新人才培养产教融合模式特征

根据知识生产模式 3 产教融合动力机制五螺旋模型，五螺旋的一个主要目标是通过知识资源提高社会价值，五螺旋系统是一个知识资源交换的理论和实践模型，其可持续发展运行系统包括政治系统、教育系统、经济系统、公众社会系统、自然环境五个子系统。因此，研究生创新人才培养产教融合模式至少具有五螺旋产教融合力特征，即主要从教育系统、经济系统、政治系统、公众社会、自然环境五个子系统产生的产教融合力进行探讨，为后续创新生态系统构建及量表结构与题项编制奠定基础。

（一）政治系统：政府产教融合力

中华人民共和国成立以来，逐渐形成了切合本土化特征的党—政府—市场三位一体的新型政府—市场关系[1]，跳出了政府和市场的两分板块模式，使有效的市场与有为的政府相互结合，互相增强的同时发挥各自作用。政治系统中政府产教融合力指政治系统发挥政府宏观调控优势，根据市场发展趋势，为促进并保护产业界与教育界相结合的国家意志、法律法规及研究生教育产教融合的相关政策、制度和优惠措施等做出的有效努力。政治系统产教融合力影响高校产教融合研究生创新人才培养能力及研究生人才竞争力，在研究生教育场域中的政治系统产教融合力至少包括三部分内容：一是促进产教融合的国家意识范围的法律法规、思想政治、教育发展战略与规划等；二是促进研究生教育产教融合建立的各类平台、基地及相关改革意见、政策、制度文本、管理制度等；三是社会文化价值观、生态环境理念与教育治理理念等融合构成的相互影响力，如学习环境、社会氛围营造、目标设定、研究生人才培养质量评价等。

（二）教育系统：高校产教融合力

教育系统的高校产教融合力主要考察高校产教融合的努力程度、支持力度，即主要指研究生培养单位内部大学组织、各学科所在院系及教师为促进适合本校及本院系（学科领域）研究生教育产教融合做出的努力而形成的合力。包括具体管理制度、措施等，在大学场域中对研究生产生直接或间接影

---

[1] 洪银兴：《市场化导向的政府和市场关系改革 40 年》，载《政治经济学评论》2018 年第 6 期，第 28~38 页。

响的产教融合学术环境、学术氛围，促进研究生参与产教融合的奖助评等相关的制度文件及与研究生有直接关系往来的导师、专任教师等产教融合的合力等。

在研究生教育系统中，主要有科学研究活动和人才培养活动。本书主要通过人才培养活动，考察产教融合促进研究生创新人才培养的动力机制与效果，因此人才培养活动中涉及的关系体均需放入该活动场域中。研究生教育体系可分为培养目标体系、培养方案体系、课程教学体系、科研项目资助与训练体系四部分[1]。由于导师是研究生培养的第一责任人，故导师指导体系应纳入研究生教育体系中。研究生教育体系与大学及院系组织管理制度、激励政策等共同构成了高校产教融合力的发力点和着力点。

根据已有研究及访谈数据、研究生教育相关政策制度等，高校产教融合力主要从以下六方面考虑：

（1）大学与学科院系组织管理，主要指大学对产教融合在组织管理方面的投入，即研究生教育管理部门或管理岗位提供的管理服务、政策制定、评价体系等的投入。包括研究生院、系、学科团队为产教融合营造的学术环境、学术氛围及相应的学科建设、师资建设、制度建设等。

（2）培养目标体系，主要指大学为产教融合培养研究生创新人才制定的系列培养目标。培养目标体系一般包括国家层次、高校层次和学科专业层次的研究生培养目标。研究生教育的产教融合即产业界（经济、社会）与教育界或学术界（教育）的融合过程体现了研究生教育与社会的融合衔接过程。因此，高校和学科层次的研究生培养目标体系需从多方面考虑。东南大学耿有权教授认为考虑和建构研究生培养目标体系需从全球视角认识国家层次目标，需考虑经济社会科技发展和高等教育发展对研究生培养目标的要求，同时考虑研究生教育质量发展对人才培养的要求。[2]

（3）培养方案体系，主要包括培养目标、培养方式、学习年限、课程设置、科学研究和学术报告、学位论文、学位要求等要素。培养方案是高校、学科与各类各专业导师聚集具有丰富研究生培养经验的学科专业领域行业企业专家根据本校学科专业发展要求与前沿趋势，在符合国家意志、体现国家

---

〔1〕　耿有权：《研究生教育学导论》，中国科学技术出版社 2021 年版，第 170 页。

〔2〕　耿有权：《研究生教育学导论》，中国科学技术出版社 2021 年版，第 172～173 页。

教育方针政策条件下制定的。产教融合人才培养反映到培养方案上，主要体现在行业企业参与培养方案制定的投入程度；运用学科理论知识研究当下或未来社会已出现或可能出现的问题等，研究生知识生产与创造的过程体现研究生人才培养与产业界的有机结合。

（4）课程教学体系，主要指为实现人才培养目标而设定的教学计划、教学安排、教学内容、课程设置、课程教学等。包括基础课程、专业课程、人文素养提升课程等教学体系，专业学位研究生还需有社会化的专业实践课程。课程体系体现多学科交叉，避免"拼盘化"。课程建设和课程教学须将行业企业人员纳入研究生课程体系规划中。例如，行业企业参与课程教学大纲讨论、课程教学内容的研讨，课程建设或教学内容包含了行业企业最新前沿科学研究与技术及理论与实际应用的转化成果。担任研究生课程教学的教师能将学科中专业相关科学研究理论观点与前沿发展与应用融入课程教学中。专任教师的产教融合力在课程教学体系中发挥重要作用，如专任教师的教学方式、教材或教学内容选取是否与生产生活实际及前沿发展联系、课程教学过程中是否做到理论与实践的结合等对研究生课程教学的学术与人类生活、课程教学与产业的衔接产生影响。

（5）科研项目资助与训练体系，主要指支持研究生从事科学研究而提供的各级各类项目支持，包括国家为鼓励和支持研究生产教融合的科研课题和各级各类企事业单位提供的科研项目。研究生主要是在导师指导下开展研究，在参与科研项目中培养知识创新能力，形成知识生产力。由于"拔尖创新人才培养的一个很重要方面就是大学如何提供高水平的科研支撑"[1]，高质量高水平科研项目支撑着优势学科发展，影响高质量研究生人才培养。因此，研究生在科研项目中将自身所学的学科理论知识、专业技能、个人兴趣与特长等结合起来，有利于提升研究生个体的学术研究及科研实践、专业实践能力等。研究显示，研究生参与科研项目的数量和学术质量对研究生人才培养有显著影响。[2]

（6）导师指导体系，主要指为研究生进行思想品德教育、学术道德培养

〔1〕 卢晓中：《基于系统思维的高质量教育体系构建与教育评价改革——兼论拔尖创新人才培养的系统思维》，载《国家教育行政学院学报》2021年第7期，第9~16，37页。

〔2〕 荣利颖、邓峰：《研究生教育质量保障与创新能力培养的实证分析——基于2017年全国研究生教育满意度调查》，载《教育研究》2018年第9期，第95~102页。

及知识生产和知识创新等提供指导的支持体系，包括导师管理与建设、导师指导模式等。导师管理与建设包括导师遴选与动态管理、导师培训、导师指导能力提升等；导师指导模式包括单/双导师指导、校内外导师、指导小组或指导团队指导，或者校方与企方导师结合、多学科多专业导师合作指导；或由导师、导师组、导师委员会和导师指导工作室等组成的多元指导体系等。不同学位类型实行分类指导模式。另外，导师指导体系还涉及导师与研究生关系即导生关系的良性互动。

（三）经济系统：行业企业产教融合力

经济系统的行业企业产教融合力主要指为经济社会发展作出贡献的行业企业为促进与教育界长期稳定的合作与发展而做出的努力。这种努力既有自上而下的大学、政府、行业企业政策促进，又有自下而上的公民社会的需求与基层倡议。随着知识经济、知识社会的发展，大学和工业、科学和技术联系越来越紧密，大学知识生产的经济、社会环境发生巨大变化，研究生人才培养的研究环境和应用环境随之发生变化。知识生产由模式 1 转向模式 3，大学与行业企业关系由线性转向非线性关系，且大学与行业企业之间的人员流动越来越频繁。学术界与商业界为了共同的创新目标，签订框架合作协议，克服彼此之间的各种障碍，进行直接合作。大学的基础研究、应用研究和实验研究同时进行，这为行业企业提供了竞争优势资源。当基础研究直接与市场应用联系在一起时，研发的周期缩短，同时使研究增强了市场敏感性，大学与行业企业能及时针对当前研究给予反馈。研究生教育系统输出的人力资本与经济系统的经济资本、研究成果的学术化与商业化（成果转化）相结合构成的产教融合力成为研究生创新人才产教融合培养绩效的重要组成部分。行业企业产教融合力的呈现形式多种多样，有联合培养模式、基地建设、平台共建共享、问题导向的项目式合作、专利转让与现场指导等以综合各具体学科领域需求开展的内容合作型，也有以科技园区、企业孵化器、研究中心等为产教融合助推剂的规模合作型。多元化的行业企业产教融合模式体现了"大学—政府—产业—公众社会—自然环境"五个子系统之间的积极互动与良性循环。

（四）社会系统的融合力

经济系统的行业企业产教融合力受社会系统制约和影响，是在公众社会的监督与督促下进行的。社会系统的融合力（以下简称"社会融合力"）主要涉及社会问责文化对产教融合培养研究生创新人才的影响，即研究生人才输出的知识生产受社会文化价值观念、社会责任、知识公益化等影响和制约。产教融合培养研究生的过程就是不断培养研究生社会责任与担当意识的过程。研究生人才的知识生产需考虑社会效益、为社会主义社会发展服务，明白研究生教育为谁培养人的问题。研究生创新人才产教融合培养过程即为知识生产优化过程，这种优化过程离不开研究生对社会情感、责任、伦理、道德规范的思考与内化甚至超越的教育提升。

（五）自然环境系统的融合力

自然环境系统的融合力（以下简称"自然环境融合力"）主要指自然环境对产教融合培养研究生创新人才的影响即为促进人与自然和谐共生所倡导的生态文明建设、可持续发展理念等绿色发展生态文明理念对人才培养理念与行动产生的影响。自然生态思想促使人类的生产生活方式、思维方式发生改变，产教融合培养研究生人才过程中的创新生态理念是自然环境系统确保五螺旋系统可持续发展的有力保障。例如，产业界与教育界的科研合作及研究生的学科专业实践、科研训练等都受自然环境可持续发展的约束。

第三节　创新生态系统模型

本书立足我国研究生教育功能产教关系演变实际，以五螺旋为理论基础，构建作为研究生创新人才培养的产教融合创新生态系统模型，即研究生创新人才培养产教融合模式五螺旋生态系统的运行机制，为后期研究提供理论分析框架。

一、五螺旋模式运行机制及理论构念模型

本书以知识生产模式3——五螺旋动力机制为理论基础，以产教融合研究生人才培养为创新系统的核心，构建研究生创新人才培养产教融合模式的生态系统运行机制。为行文方便，"基于产教融合的研究生创新人才培养"简称为"产教融合研究生创新人才培养"（Integration of Industry‐University Post-graduate Innovative Talents Cultivation），本书将其英文简化为 IIU‐PITC（下同），研究生创新人才培养产教融合模式简称为 M‐PITC‐IIU（The Model of Postgraduate Innovative Talents Cultivation of Integration of Industry‐University）。

　　五螺旋创新生态系统明确了高等教育机构在创新系统中的作用，改变了大学—产业—政府三螺旋传统合作关系，使产业经济利益转向经济利益和社会效益共同发展，该系统是由知识集群和创新网络组成的知识生产模式 3 的知识循环（知识输入与输出循环）过程。五螺旋创新生态系统运行机制可看作"具有某种资本的五大子系统间的知识流动"，当知识输入某一个子系统时，引发该知识生产环节的螺旋系统的创新，产生新的知识"输出"。新的知识输出形成的专门技能（know-how）进入知识循环流程中，在知识循环过程中将会进一步转化为其他子系统的知识资源的"输入"，由此不断进行知识循环。

　　在研究生创新人才培养环节，各子系统的产教融合力共同促进五螺旋动力机制运行。以下以研究生教育系统产教融合为逻辑起点，阐释研究生创新人才产教融合培养的五螺旋运行机理。

　　以大学代表的研究生教育系统的产教融合激励制度、措施、设备、教学、培训等资源"输入"，为系统中的科研人员、教师、研究生获得更大的科研产出或为知识生产创造新的动力，使教育有效性增强，形成高校产教融合力，从而实现教育系统人力资本的可持续产出。人力资本产出的新知识转变为经济系统螺旋结构中的新输入，经济系统中行业企业积极提供科研训练场所、实践基地及科研项目经费资助及相应投入政策、制度等为促进学术界与产业界的结合，激发大学—产业合作系统内人员的创新动力，形成行业企业产教融合力。通过高校与行业企业产教融合力共同促进经济系统中知识经济增长或先进知识经济的价值增加，从而刺激基于知识创造的面向未来的可持续经济发展。经由经济系统所产生出的可持续性价值观（如企业社会责任）转变为自然环境系统的知识输入，通过与自然环境互动、绿色友好，从而使"经济系统现在所包含的特殊知识，可能是人与自然的一种新的和谐"[1]。新的和谐组成自然环境融合力，使自然环境螺旋通过自我再生增强自然资本。对自然环境螺旋而言，自然科学学科扮演重要角色，这种"专门技术/专门技能（know-how）"的产出为人类提供更好的绿色生活方式，绿色意识、新的人类生活方式即自然环境新知识的产出转为公众社会系统的知识输入。以媒介

---

　　〔1〕　Barth, TD, "The idea of a green new deal in a Quintuple Helix Model of knowledge, know-how and innovation", *International Journal of Social Ecology and Sustainable Development*, 2011, 1 (2), pp. 1~14.

为基础的公众通过媒体对信息的传播获得信息资本，激励并促进新知识生产和知识创造，生成以文化为基础的公众的必要社会资本。由此产生的信息和社会资本作为一种产出组成社会融合力，将公众意愿、需求、问题、社会满意度等信息传递给政治系统。"向政治系统输入的知识是基于媒介和文化的公众的专门知识"，也代表了图 3-2 中五螺旋创新生态运行网络"投入于可持续发展教育的效果"。政治系统知识创造的目标即"政治和法律资本"所产出的新知识和新思想等"专门技能"组成政府产教融合力，经由知识循环重新回归至其他四个子系统，开始新的螺旋循环。产教融合研究生创新人才培养（IIU-PITC）运行机制的网络图即研究生创新人才培养产教融合模式（M-PITC-IIU）运行的理论构念模型，如图 3-2 所示。

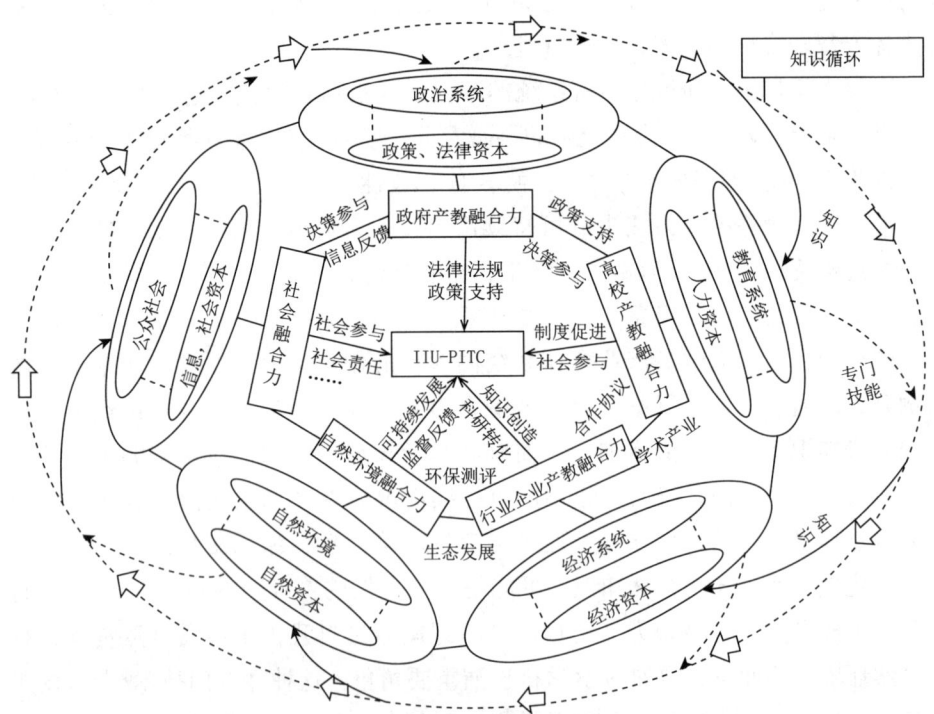

图 3-2 研究生创新人才培养产教融合模式五螺旋运行的理论构念模型

来源：根据本书研究目的和研究构念改编。See Carayannis E. G., Barth T. D., Campbell D. F. J., "The Quintuple Helix innovation model: global warming as a challenge and driver for innovation", *Journal of Innovation & Entrepreneurship*, 2012.

二、五螺旋模式运行机制内容构成

根据 M-PITC-IIU（研究生创新人才培养产教融合模式）五螺旋运行机制（如图 3-2 所示），知识流动可持续进行、知识资源的输入离不开各子系统各自的融合力，同时知识资源的输出又是子系统产教融合力共同组成的合力形成的新的知识资源，新的知识资源成为下一个子系统的知识资源输入。因此在该运行网络中，每个子系统的参与投入程度即融合力是影响 M-PITC-IIU 网络松散或紧密的关键要素。根据五螺旋运行机制及研究生人才培养影响要素，可以整理归纳出各系统的资本构成、运行介质、角色功能、知识资源的循环的大致内容，如表 3-2 所示。

表 3-2　五螺旋模式各子系统的运行构成与知识循环列表

子系统	资本组成	运行介质	融合力	角色功能	知识资源输入	知识资源输出
教育系统（研究生教育）	人力资本	学术界、科研机构、大学等	高校产教融合力	知识生产、传播；促进与产业衔接等；抑制知识市场化等带来的可能不利影响	教育系统资源投入	高技能人力资本
经济系统	经济资本	产业、工业及公司、服务、银行等	行业企业产教融合力	产业发展；提供产品、服务及生产场地等	可持续性价值观、可持续发展思想等	高质量经济发展、新型市场、新工作、新增长等
自然环境系统	自然资本	资源、植物、动物种类等	自然环境融合力	绿色生产、环境保护、自我再生等	环境保护等	绿色知识技能等
公众社会	信息和社会资本	电视网络报纸等和公共传统、价值观	社会融合力	社会责任；平衡各螺旋目标、抑制利益局限及负面效应等；	绿色生活方式等	新的生活质量、社会责任等

续表

子系统	资本组成	运行介质	融合力	角色功能	知识资源输入	知识资源输出
政治系统	政治和法律资本	国家现在与未来发展意志（思想、计划、法律法规等）	政府产教融合力	服务、指导/监督知识的社会公益化等	公民文化价值观、社会满意度、社会参与等	新思想、新的解决路径、法律法规等

注：根据文献资料及本书构念整理。主要来源：Carayannis E. G. , Barth T. D. , Campbell D. F. J. , "The Quintuple Helix innovation model：global warming as a challenge and driver for in-novation", *Journal of Innovation & Entrepreneurship*, 2012, etc.

三、五螺旋模式运行总体特征

研究生创新人才培养产教融合模式（M-PITC-IIU）运行机制中各螺旋模型都具有知识生产模式 3 演化过程呈现的复杂系统特征。

（一）学科边界越来越模糊，呈现跨学科与超学科思维

各螺旋模型内部是不同利益主体从不同学科视角、不同思维方式围绕某个共同的创新目标共同发力，各自是独立的主体且各系统之间是异质性的。此时，M-PITC-IIU 螺旋模型各子系统的输入来自自然科学和社会科学，而不是某单一学科思维下的输入，学科边界在运行网络中不再清晰。为解决问题而提出的各类解决方案、实现路径呈现学科间的交叉融合，跨越学科界限甚至超越了学科界限。可持续发展、包容性增长是全球经济社会发展的必要条件，这种发展与增长的引擎核心是超学科（trans-disciplinarity, TD）和超越思维（beyond-the-box thinking, TB2），而不仅仅是非常规思维（outside-the-box thinking）。[1]超学科和超越思维强调知识循环中通过不断重组以解决问题，可表征为"以实现公共利益为导向的跨界融合"[2]，通过跨界合作及五螺旋各子系统协同创新，实现新的知识循环与知识生产。

---

〔1〕 Carayannis E, Hens L, Nicolopoulou-Stamati P. , "Trans-Disciplinarity and Growth：Nature and Characteristics of Trans-disciplinary Training Programs on the Human-Environment Interphase", *Journal of the Knowledge Economy*, 2017, 8 (1), pp. 1~22.

〔2〕 王小栋、苑大勇：《跨越学科认知边界：超学科的理念表征与现实适用》，载《比较教育学报》2022 年第 2 期，第 131~146 页。

（二）呈现多元价值评价的质量评估和社会问责与反思性

M-PITC-IIU 运行机制网络中各子系统具有各自独立的特征和运行机制，因此各子系统是异质性的。由于涉及不同利益相关者和不同学科领域，质量评估不只是同行评价，还包括不同场域主体及利益相关者运用不同学科理论知识进行评价，体现了多元评价的发展趋势。跨学科和超学科的出现要求科学具有社会责任感。问责文化包括对环境保护、资源利用等绿色发展与科研伦理、社会责任、知识公益化等方面的问责与反思，显示出公众社会对知识生产与创新所带来的不利影响的抑制和监督。M-PITC-IIU 运行机制对知识生产过程、结果、使用等的自反性促进知识创新朝向有利于人类社会与经济健康发展。

（三）多系统间相互作用且相互之间存在张力

创新在以知识为基础的社会中具有重要作用，强调相互交织的多个社会子系统的重要性。M-PITC-IIU 运行的子系统之间存在内在张力，是动态发展的。M-PITC-IIU 五螺旋创新生态系统是建立在一系列社会子系统的基础上运行的，这些子系统本身是动态的和永久发展的，它们之间具有内在的张力，通过知识系列循环与流动等形成新的社会、制度、组织和空间环境，并使特定的创新过程成为可能或阻碍。[1]M-PITC-IIU 五螺旋模型是由不同行为主体与所处社会领域共同参与的，彼此之间存在的张力扩大了对创新过程性质和范围的理解，超越了单纯的技术和经济领域，反映了不同行为者和其中所包含的社会领域（如社会、文化、生态）的参与和影响。

---

〔1〕 Alhassan E et al. , "Research Outputs as Vehicles of Knowledge Exchange in a Quintuple Helix Context: The Case of Biofuels Research Outputs", *Journal of the Knowledge Economy*, 2019, p. 10.

工具编制与假设模型 / 第四章

本章主要以知识生产模式 3——五螺旋理论为研究基础，在已构建的 M-PITC-IIU 五螺旋运行机制及理论构念模型基础上，结合已有研究、相关资料及五个子系统的行为主体深度访谈数据，探索并确定模型基本维度和关键变量。从研究生个体自我感知视角编制量表题项，经专家审核，形成最终量表；构建研究生创新人才产教融合培养影响因素作用机制的理论假设模型。

第一节　量表维度的建构

一、量表维度建构的思路

如前所述，本书是以知识生产模式 3 产教融合动力机制五螺旋为理论基础，构建了研究生创新人才培养产教融合模式（M-PITC-IIU）生态系统。在 M-PITC-IIU 运行机制中，政治系统政府产教融合力、教育系统高校产教融合力、经济系统行业企业产教融合力、公众社会系统社会融合力和自然环境系统自然环境融合力对生态系统相互交叉重叠、相互作用，五股产教融合力对生态系统运行共同产生影响，同时各子系统又是相互独立的。对这五股产教融合力从研究生个体自我感知视角进行测量，通过研究、开发组成分量表《创新人才培养产教融合力自我感知问卷》。作为处于创新生态系统核心的研究生创新人才，其具有哪些可测量的特征要素与结构的研究流程为：查阅已有文献资料，研读研究生教育相关政策、制度文本，对五个子系统的行为主体展开访谈，经手工编码后提取特征要素，通过研究、开发组成分量表《研

究生创新人才特征自我感知问卷》。产教融合研究生人才培养绩效主要参考已
发表的成熟量表。总体而言,本书探索形成的创新人才培养产教融合力自我
感知及研究生创新人才特征自我感知两个分量表的基本思路主要经过以下
步骤:

第一步:根据已有研究理论,初步确定影响研究生创新人才产教融合培
养的构成要素,构建 M-PITC-IIU 生态系统运行机制。①通过知识生产模式
产教融合动力机制的理论研究,初步确定研究生创新人才培养产教融合模式
特征的构成要素即五螺旋产教融合力,探索研究生人才培养产教融合模式的
创新生态系统运行机制,绘制 M-PITC-IIU 生态系统运行网络图;②厘清各子
系统在运行网络中的资本组成、角色功能、知识资源的输入与输出等 M-PITC-
IIU 运行过程中知识生产与知识循环的流动过程。本步骤在前面章节已完成。

第二步:初步确定产教融合研究生创新人才特征要素,量表维度初步确
定。①通过已有研究及政策、制度文本,对五个子系统的行为主体进行开放
式访谈与半结构化访谈;②通过对研究生教育有关的政策、制度文本及访谈
资料的分析,初步确定产教融合研究生创新人才特征及产教融合力的维度结
构与关键变量,形成研究生创新人才特征自我感知和创新人才培养产教融合
力自我感知两个分量表的维度结构与关键变量。

第三步:各维度结构的确定与初始题项的编制。①依据研究生创新人才
特征自我感知和创新人才培养产教融合力自我感知两个分量表的初始维度,
检索相关研究和公开发表的相关量表或部分问卷;②以已有研究、相关量表
或部分问卷为依据,结合访谈及我国研究生教育国情,确定各维度相关变量
的初始题项,并结合研究生群体特点对项目内容进行情境化处理;③对产教
融合力等没有现成量表或问卷发表的结构维度则结合已有研究理论、文献资
料及访谈和研究生教育情境,通过演绎模拟、推理形成测量项目;④运用专
家咨询、专家小组讨论等形式,从高等教育学、研究生教育学、心理学、教
育管理学等视角对整理的测量项目进行分条讨论分析,结合相关意见和建议,
形成初始测量量表。

第四步:测量项目净化与测量量表的形成。①在初始量表与测量对象基
本信息问卷组合形成初始问卷后,进行小范围试测,对项目进行初步筛选;
②通过探索性因子分析,对两个分量表的维度结构与题项进行验证,删除不
符合要求的题项并确定测量因子个数;③通过验证性因子分析,确定各维度

结构，形成最终测量量表。本步骤在下一章节中进行论述。

二、量表初始维度构建

量表初始维度的构建主要包括对政策、制度文本资料的收集、整理、研读，根据研究目的设计访谈提纲、预约访谈及访谈资料整理、转录、分析等，最后对质性数据进行编码，在综合分析基础上确定产教融合创新人才培养各测量要素的维度构成。

（一）梳理并研读研究生教育有关的政策、制度文本等

研究生教育有关的政策、制度文本数据研读起止时间主要为 2010 年至 2020 年。

1. 研究生教育改革与发展相关意见

研究生教育改革与发展相关文件包括改革意见、质量保证与监督、发展规划、学位调整、培养管理、导师管理、质量管理等 15 个文件。整理如表 4-1 所示。

表 4-1   研究生教育有关的政策、制度文本等

序号	文件名	发文部门	发文日期（年）
1	关于深化研究生教育改革的意见	教育部、国家发展和改革委员会、财政部	2013
2	关于加强学位与研究生教育质量保证和监督体系建设的意见	国务院学位委员会、教育部	2014
3	学位与研究生教育发展"十三五"规划	教育部、国务院学位委员会	2017
4	博士、硕士学位授权学科和专业学位授权类别动态调整办法	国务院学位委员会	2015、2020
5	博士硕士学位授权审核办法	国务院学位委员会	2017
6	学位授予和人才培养学科目录	教育部	2018、2020
7	关于进一步规范和加强研究生培养管理的通知	教育部办公厅	2019

序号	文件名	发文部门	发文日期（年）
8	关于加快新时代研究生教育改革发展的意见	教育部、国家发展和改革委员会、财政部	2020
9	关于加强博士生导师岗位管理的若干意见	教育部	2020
10	关于进一步严格规范学位与研究生教育质量管理的若干意见	国务院学位委员会、教育部	2020
11	专业学位研究生教育发展方案（2020—2025）	国务院学位委员会、教育部	2020
12	研究生导师指导行为准则	教育部	2020
13	学位授权点合格评估办法	国务院学位委员会、教育部	2014、2020
14	关于开展 2020—2025 年学位授权点周期性合格评估工作的通知	国务院学位委员会、教育部	2020
15	博士、硕士学位授权学科和专业学位授权类别动态调整办法	国务院学位委员会	2020

2. 国家发展战略规划方案

国家发展战略规划相关文件主要包括国家发展"十三五"规划、区域发展规划、创新发展规划等 11 个相关发展规划方案。针对区域发展规划主要整理研读《粤港澳大湾区发展规划纲要》《中国（海南）自由贸易试验区总体方案》《长江三角洲区域一体化发展规划纲要》《中共中央、国务院关于新时代推进西部大开发形成新格局的指导意见》《乡村振兴战略规划（2018—2022年）》。针对创新发展规划主要整理研读《中国制造 2025》《国务院关于推动创新创业高质量发展打造"双创"升级版的意见》《数字乡村发展战略纲要》《中共中央、国务院关于促进中医药传承创新发展的意见》等。

3. 国家双一流建设相关意见

国家双一流建设相关文件主要包括双一流建设、项目管理、教育经费、国家知识产权试点示范高校建设、技术转移建设发展意见等 10 个方案或意见。整理如表 4-2 所示。

表 4-2　国家双一流建设相关意见

序号	文件名	发文部门	发文日期（年）
1	统筹推进世界一流大学和一流学科建设总体方案	国务院	2015
2	关于进一步完善中央财政科研项目资金管理等政策的若干意见	中共中央办公厅、国务院办公厅	2016
3	统筹推进世界一流大学和一流学科建设实施办法（暂行）	教育部、财政部、国家发展和改革委员会	2017
4	关于公布世界一流大学和一流学科建设高校及建设学科名单的通知	教育部、财政部、国家发展和改革委员会	2017
5	关于进一步调整优化结构提高教育经费使用效益的意见	国务院办公厅	2018
6	关于高等学校加快"双一流"建设的指导意见	教育部、财政部、国家发展和改革委员会	2018
7	关于"双一流"建设高校促进学科融合加快人工智能领域研究生培养的若干意见	教育部、国家发展和改革委员会、财政部	2020
8	国家知识产权试点示范高校建设工作方案（试行）	国家知识产权局办公室、教育部办公厅	2020
9	关于进一步推进高等学校专业化技术转移机构建设发展的实施意见	科学技术部、教育部	2020
10	关于开展 2016—2020 年"双一流"建设周期总结工作的通知	教育部办公厅	2020

4. 党和国家教育政策与发展规划

党和国家教育政策与发展规划包括国家中长期规划纲要、人才发展改革、"一带一路"教育行动、科研诚信、网络学习空间建设、项目评审等改革、教育现代化、基础学科拔尖培养基地建设、专利转化、评价导向、区块链技术创新行动计划、教育评价改革等 16 个行动/意见。整理如表 4-3 所示。

表 4-3　党和国家教育政策与发展规划文件

序号	文件名	发文部门	发文日期（年）
1	国家中长期教育改革和发展规划纲要（2010—2020 年）	中共中央、国务院	2010
2	关于深化人才发展体制机制改革的意见	中共中央	2016
3	推进共建"一带一路"教育行动	教育部	2016
4	关于进一步加强科研诚信建设的若干意见	中共中央办公厅、国务院办公厅	2018
5	关于加强网络学习空间建设与应用的指导意见	教育部	2018
6	关于深化项目评审、人才评价、机构评估改革的意见	中共中央办公厅、国务院办公厅	2018
7	中国教育现代化 2035	中共中央、国务院	2019
8	关于 2019—2021 年基础学科拔尖学生培养基地建设工作的通知	教育部	2019
9	前沿科学中心建设管理办法	教育部	2019
10	加快推进教育现代化实施方案（2018—2022 年）	中共中央办公厅、国务院办公厅	2019
11	储能技术专业学科发展行动计划（2020—2024 年）	教育部、国家发展和改革委员会、国家能源局	2020
12	关于提升高等学校专利质量促进转化运用的若干意见	教育部、国家知识产权局、科学技术部	2020
13	关于规范高等学校 SCI 论文相关指标使用树立正确评价导向的若干意见	教育部、科学技术部	2020
14	未来技术学院建设指南（试行）	教育部办公厅	2020
15	高等学校区块链技术创新行动计划	教育部	2020
16	深化新时代教育评价改革总体方案	中共中央、国务院	2020

5. 国家产教融合相关意见

国家产教融合相关文件主要包括国务院办公厅印发的《关于深化产教融合的若干意见》（2017年12月），国家发展和改革委员会、教育部、工业和信息化部、财政部、人力资源和社会保障部、国务院国有资产监督管理委员会共6部委联合下发《国家产教融合建设试点实施方案》（2019年9月）及国家发展和改革委员会和教育部印发、主要针对职业教育体系的《建设产教融合型企业实施办法（试行）》（2019年3月）等与产教融合相关的意见或方案。

6. 学位基本要求、培养方案

学位基本要求主要包括学术学位和专业学位基本要求。针对学术学位基本要求主要参考研读2014年版由国务院学位委员会第六届学科评议组编写的《一级学科博士、硕士学位基本要求》，包括哲学、经济学、法学、教育学、文学、历史学、理学、工学8个学科门类。针对专业学位基本要求主要参考2015年全国专业学位研究生教育指导委员会编写的《专业学位类别（领域）博士、硕士学位基本要求》。同时，整理研读《中华人民共和国学位条例》中对硕士学位的相关要求等。

针对培养方案主要参考研读各高校公开的硕士研究生培养方案，侧重关注课程设置和培养方式、毕业要求等。

（二）访谈设计与过程

1. 访谈设计

访谈主要采取半结构性访谈方式。访谈内容与提纲主要围绕以下内容展开：①产教融合的成功经验（学校经验及个人经验）；②产教融合的理想形态；③当前产教融合存在的问题及解决办法；④高校应如何做才能更好促进产教融合；⑤企业对产教融合的需求与态度；⑥产教融合的参与主体和政策支持；⑦产教融合中的商业价值与学术价值如何平衡；⑧政府、高校、企业及学生、社会等各自扮演的角色（定位）。具体访谈提纲详见附录1。

访谈对象选取六类与产教融合研究生人才培养密切相关者即政府管理人员、大学校长、研究生管理部门、导师、行业企业领导者/管理者、研究生，分别从政府官方、管理者、导师、研究生视角对产教融合人才培养进行各种的阐释和理解。

（1）政府人员访谈，主要侧重本省高校产教融合方面的现状、政策、要求与建议，存在问题、对产教融合的理解及未来规划。

（2）校领导访谈，主要侧重从大学的领导者及导师双重身份视角，理解高校校级领导是如何看待产教融合问题的。访谈提纲增加了兄弟院校产教融合做法以及本校经验和存在问题、追问问题如本校今后发展规划等。

（3）研究生管理部门（管理者）访谈，主要侧重研究生管理部门、导师双重身份对研究生产教融合人才培养的理解、制度制定、管理与实施、经验等。

（4）导师访谈，主要侧重从导师视角，从导师指导研究生、与行业产业部门、企业合作经验着手，理解其产教融合培养研究生的个人经验及对产教融合的理解、产教融合的理想类型、困境、改进建议，价值平衡等内容。

（5）行业企业领导者/管理者访谈，主要侧重从行业企业视角，理解其对产教融合的态度、看法及实际体会等。主要涉及企业人才需求，岗位胜任、能力要求，产教合作形式，融合方式，存在问题与障碍，政府支持力度、产教融合对企方的利弊，对高校产教融合的期待等。

（6）研究生访谈，借鉴关键事件访谈法，回忆印象最深的产教合作经历以获取有研究价值的细节信息。借鉴关键事件访谈中的 STAR 工具，邀请受访的研究生对从事产教融合相关工作的事件进行详细描述，包括事件发生的具体情境、研究生在该情境事件中充当什么角色、以什么样的方式参与、在事件中采取什么方式、有什么表现、导致事件的什么结果。对研究生的访谈主要获取两个研究问题的信息：①研究生如何感知产教融合经验对其在接受研究生教育阶段的价值；②基于这些经验，研究生如何看待产教融合对其带来的个人成长方面的潜力。

2. 访谈过程[1]

由于访谈人员协调与对象寻找、工作岗位调整等原因，本书访谈资料的收集整理历时近两年。访谈形式运用了直接访谈和间接访谈相结合的方式。其中，直接访谈指研究者与受访者一起坐下来，直接进行面对面的交谈，本书也称为"面访"，受访时间约 30 分钟至 100 分钟不等。间接访谈指研究者

---

〔1〕　关于访谈的相关介绍，参考了陈向明所著的《质的研究方法与社会科学研究》（教育科学出版社 2000 年版）及［美］罗伯特·K. 殷所著的《案例研究：设计与方法》（周海涛等译，重庆大学出版社 2004 年版）。

与受访者事先约定好时间、联络方式等，通过网络、电话、书面问卷等形式对受访者进行的访问，本书也称为"间访"。本书间访主要采取的是网络微信电话和书面问卷形式。书面问卷形式主要是通过发放开放式问题给对方，对方在一定时限内回答问题并发送返回给研究者。在实际研究中，访谈顺序根据访谈进展及资料收集需要会随时调整，本书的访谈顺序为高校教师（含校领导、研究生管理部门、导师）、行业企业人员、政府官员、研究生。具体访谈信息与访谈过程如下：

（1）高校教师（含校领导、管理者、导师）。本书研究选取了东部地区原 985 高校、中部地区原 211 高校、西部地区普通地方高校共三类大学为受访高校，13 位教师参与了访谈。从职务上看，2 位为校领导，3 位为管理者，8 位为普通教师；从学科上看，10 位为自然科学教师，3 位为人文社会科学教师；从职称上看，教授 8 位，副教授 5 位；从导师资格看，博士研究生导师 6 位，硕士研究生导师 7 位；从教师的行业企业背景看，有 3 位是由行业企业领导转至大学工作的，他们与行业企业的联系最为紧密，对行业企业与高校之间的联系有深切的感受。受访高校教师中，7 位教师以面访形式进行，他们有些是因为来作者所工作高校交流考察或是因为参加学术会议而接受邀约的教师；6 位教师以微信、电话等间访形式进行。由于作者在研究生院工作，与其他高校导师尤其是管理者的接触具有工作上的便利，个别访谈是通过类似"闲聊"式访谈与网络电话相结合的方式完成的。具体访谈信息如表 4-4 所示。

经受访者同意，访谈全程录音。访谈结束后 24 小时内转录成文字，最长的访谈数据为 13 122 字，最短的访谈数据为 5769 字。最终形成 98 651 字的访谈数据。

表 4-4　受访高校教师信息一览表

编号	性别	年龄（岁）	职称	学科背景	导师资格	职务	地区	行业企业背景	访谈形式
U1	男	57	教授	自然科学	博导	校领导	东部		间访
U2	男	58	教授	自然科学	博导	校领导	西部		面访
U3	男	58	教授	自然科学	博导	管理者	东部		间访
U4	男	54	教授	自然科学	博导	管理者	中部		间访

编号	性别	年龄（岁）	职称	学科背景	导师资格	职务	地区	行业企业背景	访谈形式
U5	男	39	副教授	自然科学	硕导	管理者	西部	由企业领导转为高校教师	面访
U6	男	41	副教授	自然科学	硕导	院系主任	东部	与广东十多家企业联系紧密	面访
U7	男	40	副教授	人文社会科学	硕导	院系主任	东部		面访
U8	男	42	副教授	自然科学	硕导	无	中部		间访
U9	女	45	教授	人文社会科学	硕导	原院级领导	中部		间访
U10	男	55	教授	自然科学	博导	无	中部		间访
U11	男	53	教授	自然科学	博导	原院级领导	西部	由企业领导转为高校教师	面访
U12	男	50	教授	自然科学	硕导	原院级领导	西部	由企业领导转为高校教师	面访
U13	女	46	副教授	人文社会科学	硕导	无	西部		面访

（2）行业企业人员。由于行业企业人员的时间相对难以确定，且有校友反馈建议将问题发给对方，请对方填写，并表示"直男直女们思考后填写比现场访谈说话更好，思考得更深入"。后来根据来校招聘毕业生的企方反馈，印证了间访的可行性。例如，有一位到校招聘毕业研究生的企业副总，当场接受了访谈邀约，但因为单位临时有事必须赶回去，故他建议将问题发给他，其可以在车上完成。据后来该受访者说"我觉得你直接发开放式问题比现场聊可能更深入些，因为时间问题，我可能不会在现场根据你的问题考虑到位，你的这些问题促进我对与高校合作的进一步思考，且在车上正好打发时间"。接受间访的行业企业大部分来源于熟人推荐或与校友、同事有合作关系，因此他们对提出的问题也能认真作答。由于间访不受时间空间限制，不少受邀约人员都对本书的请求给予了大力支持，因此本书中行业企业接受间访的人

数较多，他们从不同角度对产教融合提出了自己的看法，作者也同样感受到了他们对与高校合作的热情和重视。整理间访文本存有疑问时还可以电话或微信咨询，这也为访谈资料的收集、信息整理提供了便利。不过由于间访是非面对面的访谈，研究者对受访者的言语表情、肢体形态等信息无法获取，也不能及时追问一些细节性问题，这也是间访的局限所在。

面访对象选取了与高校和企业同时有关联的管理者，即两位受访者均具有双重身份：企业老总、在读博士研究生。这类人员既懂行业企业需求，又对高校研究生人才培养有直接的体验，对研究生产教融合人才培养有深刻的体悟，有利于把握行业企业产教融合情况。作者是在受访导师（博士研究生导师）的带领下一起进入企业现场的，受到了热情接待，全程访谈进展非常顺利。访谈后还顺便参观了企业，这对研究主题和刚结束的访谈能起到进一步补充的作用。具体访谈信息如表4-5所示。

行业企业受访者29人，其中面访2人，间访27人，2人为全日制在读博士研究生。由于现在行业企业性质分类较多，且企业性质不在本书研究范围之内，故本书将行业企业性质简单分为事业单位、国有企业和民营企业。其中，隶属于国资体系（国有资产监督管理委员会）等有关的企业统称为国有企业，对非国有企业统称为民营企业。受访者行业中属于国有企业的有19人，民营企业6人，事业单位4人。

由于我国东中西部地区的划分是以经济发展水平为依据，东部和西部地区的发展水平相差较大，因此本书选取的受访企业大部分来源于经济欠发达的中部地区，其中东部地区3个，西部地区3个，中部地区23个。

受访者所属行业领域根据《国民经济行业分类》的分类，共有采矿业7人；电力、热力、燃气及水生产和供应业1人；公共管理、社会保障和社会组织2人；建筑业3人；教育1人；科学研究和技术服务业10人；水利、环境和公共设施管理业1人；信息传输、软件和信息技术服务业2人；制造业2人。

2位访谈对象是以面对面访谈（面访）形式进行的，经对方同意语音录音保存。经音频资料转录，形成数据为17 858字的面访文本。收到27份来自各行各业的精英反馈的电子答复。"他们有些在出差途中完成，有些在下班后完成，都是经过认真思考后填写的"，这是一位校友在帮忙收集电子资料时的原话。经整理，形成数据为43 195字的间访文本。

表4-5 受访行业企业信息一览表

编号	性别	年龄 (岁)	性质	职务	行业领域	访谈 形式	经济 地带
I1*	男	39	民营企业	副总经理	制造业	面访	中部
I2	男	38	事业单位	人事部副经理	科学研究和技术服务业	间访	西部
I3	男	36	民营企业	项目经理	水利、环境和公 共设施管理业	间访	西部
I4	男	30	民营企业	结构室主任	建筑业	间访	西部
I5	男	44	国有企业	副总经理	科学研究和技术服务业	间访	东部
I6	男	45	民营企业	副总经理	信息传输、软件和 信息技术服务业	间访	中部
I7	男	48	事业单位	院长	科学研究和技术服务业	间访	中部
I8	男	47	民营企业	总经理	信息传输、软件和 信息技术服务业	间访	东部
I9	男	39	国有企业	项目经理	科学研究和技术服务业	间访	东部
I10	男	48	国有企业	总工程师	科学研究和技术服务业	间访	中部
I11	男	56	国有企业	副总裁	科学研究和技术服务业	间访	中部
I12	男	35	国有企业	副总经理	科学研究和技术服务业	间访	中部
I13*	男	40	国有企业	总工程师兼 工会主席	采矿业	面访	中部
I14	男	53	国有企业	副总工程师	科学研究和技术服务业	间访	中部
I15	男	53	国有企业	企划部长	科学研究和技术服务业	间访	中部
I16	男	44	国有企业	科协秘书长	科学研究和技术服务业	间访	中部
I17	男	38	国有企业	生产运行 部副主任	采矿业	间访	中部
I18	男	33	国有企业	生产运行部 实习主任	采矿业	间访	中部
I19	女	46	国有企业	风控内审 部主任	建筑业	间访	中部
I20	女	30	事业单位	党委组织 部干事	公共管理、社会 保障和社会组织	间访	中部

编号	性别	年龄（岁）	性质	职务	行业领域	访谈形式	经济地带
I21	男	30	事业单位	办公室副主任	公共管理、社会保障和社会组织	间访	中部
I22	男	28	国有企业	车间实习书记	采矿业	间访	中部
I23	男	38	国有企业	车间副主任	采矿业	间访	中部
I24	男	27	国有企业	车间工段长	采矿业	间访	中部
I25	男	28	国有企业	车间书记	电力、热力、燃气及水生产和供应业	间访	中部
I26	男	28	国有企业	技术质量检验部计量主管	建筑业	间访	中部
I27	男	27	国有企业	机关生产支部书记助理	制造业	间访	中部
I28	男	29	民营企业	负责人	教育	间访	中部
I29	男	30	国有企业	生产运行部地质主管	采矿业	间访	中部

注：带有 * 的表示受访者为在读博士研究生。

（3）政府官员。官方数据资料的收集主要通过官方网站、行业企业的访谈等形式获取。因各种原因，政府官员似乎不大情愿接受访谈，故受访人数受限。本次政府受访者 2 人，其中面访 1 人，QQ 电话访谈 1 人。政府人员的选取对象为 2 位面访企业所辖的当地政府，这有利于收集数据的同时验证与行业企业人员访谈时的一些问题。经受访人同意，全程访谈录音保存。音频资料转录，获得了访谈数据为 14 613 字的文本。

（4）研究生。研究生受访者 6 位，东中西部地区各 2 位。受访研究生均为在读硕士研究生，其中研二 4 人，研三 2 人。受访研究生所在高校均为接受本书研究访谈教师所在的高校，以方便资料研读、理解，方便勾勒出受访教师、研究生所在高校产教融合研究生人才培养的轮廓。经受访人同意，全程访谈录音保存。音频资料转录，获得了访谈数据为 31 516 字的文本。

3. 访谈后记与思考

为尽最大可能地使受访对象有一定的覆盖范围，在访谈对象选取、预约与确定过程中经历了较长时间的周转和反复协商。比如在怎么找到关键人物这个问题上走了不少弯路。由于受访者比较忙，时间有限，平常难以找到，但研究又有需要，这个时候比如有企业背景的老师，其本身是从企业中来到高校任教的。在企业工作时担任了一定的领导职务，对企业的事情比较熟悉，有自己的一套做法、思想。来到高校后，对高校又有了一定的切身了解和体会，且和企业联系紧密。因没有时间而拒绝按照原本约定时间访谈的，几经周转、等候，最终研究者果断放弃。后来，再行寻找其他访谈对象。寻找路径主要通过教授们的转介绍或根据之前的工作经验，自己主动寻找。由于受访者常常是在企业和学校来往的出差路上，因此访谈者（研究者）需对拟访谈的提纲滚瓜烂熟，能一个问题接着一个问题聊，在 5 分钟、10 分钟之内问出一些关键问题，获取关键信息。

在面对熟悉的访谈对象时，研究者则要善于控制现场，尽量将自己的研究思路纳入访谈中而不被带偏。问题设计要有科学性、策略性，且做好个性化的问题准备。根据研究目标，设计不同研究问题。针对不同对象（此处指不同的访谈个体）设计的具体问题应有差别。比如，健谈者可能不等询问，便已经把研究者想要了解的情况自己说出来了；而对不健谈者，诸如内向者，研究者要心中有数，通过一个个具体的问题引起对方的关注。问题要具体，要不停地问，并针对对方说的情况延伸问题。设计的问题要睿智，简单易懂，提出的问题要有用，是有用的问题。通过具体的问题来表现研究问题。提出的问题不能太学术化，要用对方能听得懂的语言，访谈结束后，要能对提出的具体问题再用学术话语建构，进行问题的转化，尤其是专业性的问题转化。

由于新冠疫情原因或者企业负责人觉得时间不够，可以通过网络电子方式将开放式问题发过去，以便其在出差途中或者晚上静下来时思考问题，后将问题答复以电子版形式返回。通过网络电子回复的访谈问题，属于间访。访谈的特点、访谈对象所处环境的复杂性，若涉及数据的问题，则在其他企业面访即面对面访谈时，不断核对数据的科学性、合理性，或者到相应的部门去核实。

（三）质性资料的分析

质性资料主要包括国家相关政策、制度文本，访谈数据及研究生教育相关新闻报道、中国研究生创新实践系列大赛及各行业举办的各类研究生创新设计大赛资料等。

本章节分析对政策、制度文本、访谈数据及各类创新大赛资料的主要目的在于从资料中获取并提炼出产教融合情境下研究生创新人才的特征要素及验证五螺旋子系统产教融合力、确定关键变量。因此，在对资料进行分析时，本部分并未借用质性数据分析软件，而是采取了手动处理分析与概念化方式。通过对收集的政策、制度文本、访谈数据等初步分类后进行初级编码，然后将资料打散、重新整合。编码是数据的标签，是对数据总结、概括、提炼的过程。由于在选择性编码之前，研究者是带着清晰的理论框架进入研究现场的，这一阶段的资料整理分析中并没有明显的新的研究理论生成，主要目的是对前文论述的已有理论的检验及关键变量的确定。因此，本部分的研究借鉴了三级编码的方法对质性资料进行归纳、整合与分析处理。具体包括一级编码：研究生创新人才特征及政治系统（国家和政府）、教育系统（研究生教育）、经济系统（行业企业）、公众社会系统、自然环境系统五个子系统产教融合力。二级编码：对比前文根据现有理论与实践研究归纳出的创新人才特征五个构成要素即创新准备、创新意识、创新人格、创新思维、创新行为，在分析质性数据基础上建构研究生创新人才特征的各子维度；进一步整合分析政治系统（国家和政府）、教育系统（研究生教育）、经济系统（行业企业）、公众社会系统、自然环境系统五个子系统产教融合力的表现及各子系统的维度结构。

经过对质性资料进行沉浸式研读，结合访谈备忘录，从创新准备、创新意识、创新人格、创新思维、创新行为五个方面对资料编码结果进行整理，可以发现，研究生层次的创新人才培养呈现出与一般的创新人才培养不一样的特征，且各个维度所包含的概念也不完全一致，具有了属于研究生创新人才培养的独特人才特征。例如，受访者更多谈到的是研究生的学术热情、研究兴趣、学术动机，这就同时包含了创新意识和创新思维两个原有维度下的一些特征。因此，资料编码相当于将原有的一般创新人才特征进行了再次整合，并将其命名为"学术激情和动机"。研究生教育也是知识生产和知识创造的过程，因此研究生的知识输出就显得尤为重要，参加学术会议、做学术报告、科研写作等在研究生培养中属于基础性的训练即学术交流与表达，这在原有的一般创新人才培养特征的构成要素中是缺失的。在对资料的分析、整理中，类似的情况常有出现，这就说明产教融合背景下的研究生创新人才培养具有了一般创新人才培养不一样的构成要素。这种变化在后面会具体阐述，产教融合研究生创新人才特征变化如图 4-1 所示。

经过对质性资料的认真仔细归纳、分析、整理，对五子系统产教融合力中高校产教融合力进行了细分，即高校产教融合力包括大学组织产教融合力、学院（系）产教融合力、专任教师和导师产教融合力形成的合力。具体结构内容如表 4-6、表 4-7 所示。

表 4-6 创新人才培养二级编码结果（示例）

原始资料摘录	编码标记
"通过与企业对接，我更能知道企业最关注的是哪些技术问题"（学术洞察）；"在与企业人员或项目组成员交流中……"（学术交流）；"发现问题及时上网查询相关文献资料，对资料和数据的搜集、整理"（专业能力）；"通过查找针对性论文，再结合项目难题，进行实验和写作"（学术表达）；"这一系列流程下来，突然有一天发现我好像思考问题，包括论文资料收集、整理、写作、发现问题等方面很顺畅了"（学术表达）；"我在完成项目过程中，不断调整方案，发现问题，和企业技术人员一起寻找原因，有时花费很长时间才发现问题解决其实很简单，可是就是在发现这个简单的解决方案的路上走了很多弯路。不过，当你回头一看，非常有意思，原来找到解决这个看起来影响生产效益的问题并没有那么难，很有成就感，因为这对企业来说节省了很大一笔支出消耗"（科研实践能力提升）；"通过不断的查询资料，向导师请教、与小组讨论和报告进展等，有时导师、企业负责人、课题组一起讨论，他们尤其是导师的建议给了自己开阔的思路，激发了自己的研究热情和动力"（学术激情、学术动机）；"一个项目完成后，我的毕业论文超前完成，研二就完成了，剩下的时间整理论文、做其他项目特别顺手，而且我发现和两点一线或三点一线的同学相比，我思考问题的角度、方向会更倾向于解决问题"；"遇到突发事件如新冠疫情能及时调整心态"（心理韧性）；（学位基本要求）"获本学科博士/硕士学位应掌握的基本知识和结构"；"学术素养"；"需要在掌握……核心课程的基础上，深入系统地掌握某特定×学科方向的专门知识和研究技能，包括理论体系、合成技术、性质和专门研究方法，了解其现状和发展趋势"（知识体系、前沿）；基本学术能力包括获取知识能力、学术鉴别能力、科学研究能力、学术创新能力、实践能力、学术交流能力，其中学术创新能力是其他能力的综合体现；学术兴趣，知识结构，能力水平，个性化培养计划，创新价值，职业发展，就业创业能力；学术交流；学术训练等。	学术创新能力

原始资料摘录	编码标记
"在企业住了一个多月，不仅要和导师沟通联系，还要根据研究情况，把自己的研究思想理念展示给企业方及与企业合作的其他行业部门，经过与导师、产教课题组讨论研究过后（科研协调、协调行为），需要尽可能说服企业方、其他行业部门认可的研究，这方面也很重要，因为要获得企方团队的反馈意见"（促进目标达成、使节行为）；"这些对今后的工作都有很大帮助，因为真正进入社会后，生产就不再仅仅局限于你自己学的专业领域了，是个综合性的，没有什么学科边界之说了"（边界模糊）；"跨界融合、精准培养"；"强化交叉复合培养"等。	跨界能力
"在企业，开会、商讨，更贴近生产需求"；"与企业圈子打交道，更讲究程序，慢慢地自己也学会怎样与他们沟通了"（社会关系处理）；"一个项目走下来，我感觉自己的沟通能力、社交能力增强了"（沟通、社会交往）；"我自己也更了解自己，知道自己未来朝哪个方向发展，即对自己的未来有了更清晰的规划"（职业发展规划）；"双方有情怀"；"做出来的东西不能完全为了利益，不能把利益放在太前"（家国情怀）等；"觉得自己社交能力提升了，更有自信了"（社会交往）等。	社会能力
"做PPT时，导师要求哪怕引用了一张图片都必须标注，非常严谨，现在都养成了一种习惯，凡引用都要标注，要注意学术不端问题"；学术道德；学术规范；科学道德；职业伦理教育，科研诚信，学术道德建设；科学精神，学术诚信，伦理道德；"加强……学科的科研伦理教育"；科技伦理；社会问责等。	科研伦理

表4-7 五个子系统产教融合力二级编码结果（示例）

原始资料摘录	编码标记
"国外会针对性提出一些减税政策来支持行业企业与大学的合作，可以借鉴"（政策）；"市里非常欢迎企业与大学合作"（氛围）；"在场地、项目申报、人才引进方面倾斜比较大"（平台）；"……还有别的产业也能对接，签订了校地合作框架协议，拓展服务范围"（参与意愿）；"提供项目经费，有配套措施，采购研发设备报销（制度扶持）"；"双方合作的已落地专利有奖励补贴"（补贴）；"当地政府有相应的文件，但大部分是以企业申请项目的形式而不是针对与大学合作而提供的，整体氛围还需要加强"（氛围）；"政府投入"；"各方合力支持的投入机制，奖助政策体系"（投入）；"支持高校、科研院所、产业联盟和骨干企业、新型研发机构等合作建设面向重大	政府产教融合力

原始资料摘录	编码标记
研究方向或重点行业应用的……开放创新平台、应用场景平台、联合实验室（技术研发中心）和实训基地，共建示范性××学院或研究院"（支持、平台、基地等）。	
"研究生院等教学管理部门比较死板，甚至完全按照本科教学管理那一套，课程教学比如我有一门课，要求必须在教室里上课，一旦被督导或管理部门查到不在教室里，那就是教学事故"（理念认同）；"外出现场教学有但很少，涉及学生安全问题，且教学成本大，学校也不支持老师随意带学生出去"（支持度）；"学校会经常邀请行业企业人员来校，让他们了解学校培养哪些人才"，"获取一些行业企业需求"（行业对接），"签订校企合作战略框架协议"，"产业需求较多的地方合作共建研究中心，建立产业学院，形成人才培养产业圈"（促进大学与其他机构的外部联系）；"也会通过与兄弟院校建立产教合作联盟，结合双方各自优势建立对口合作，比如某一项目一起攻关，解决一些关键技术"（大学间的外部合作）；校企合作，校所合作；设立产教融合创新平台；教育投入等。	大学组织产教融合力
"……以至于负责采购的教学设备也不符合本校教学做实验的要求，浪费很大（教学资源对接）"；"……而要引入行业元素到教学中，可能带领学生去行业实践现场或工厂更有效"（课程对接）；"创新管理措施"；"创业、就业、信息服务"；"教育投入"；"院系制定有针对性的产教融合管理机制，在各方面有对接支持服务"；"聘请行业领域专家来校做导师"；"邀请行业企业人员来校定期做系列讲座，并且学院要专列开支"；"（与行业企业）做好对接，建立联合共建共享的学科人才培养体系"等。	学院产教融合力
"要真正做到产教融合，课堂教学首先就要做到理论知识、书本知识与生产一线相结合"；"老师自己要熟悉本学科领域的实验设备、技术前沿、最新研究进展等，才能将这些知识融入课堂"；"因为现成的教材或专著不可能跟上前沿发展，但是理论知识不会过时，老师要做的不仅限于教授理论知识，必须融入最新进展"；"和前沿对话，激发学生学术敏感性和对学科前沿发展的研究兴趣。这对老师要求不低，必须潜心做学问，不急功近利"；"现在有不少年轻老师不愿意往外面跑，不愿意低头去企业推销自己，坐等着项目、经费上门，做的一些研究有点假大空，不切合实际"；"……教师课堂上课往往都是虚设情景、学生在虚拟条件下听，有时云里雾里的理论知识，可能到现场感受一下就会了"；"这个就是行业标准走进课堂"；"现在有一些教材，包括老师上课可能有些标准还用的是比较早的"；"如	专任教师产教融合力

原始资料摘录	编码标记
果他（老师）跟这（行业标准）也没什么接触的话，就不能紧跟行业发展前沿"；"现在这个情况甚至都没有标准，很多高校基本上不提这个东西，不少教材也是较早的，要及时更新"等。	
"自己会有意识地带研究生去专业领域所处行业参观、学习，与他们交流，把一些需求带回来，导师要有这种认识"（导师意识）；"导师加强与学生的日常交流，缓解他们与行业企业联系的一些不适应，与学生聊天、谈心"（导学关系）；"到企业做一些有价值的课题"（项目应用价值）；"人文社科更加要接地气，与行业紧密联系（行业交流），多去走一走，聊一聊，否则比较难出成果，然后你要挖掘新的东西很难，所以导师的带动作用很重要"（促进联系）；导师指导能力，导师责权机制；个性化培养等。	导师产教融合力
"企业希望招来的人才能直接用，而不需要太长适应期"（行业适应）；"如果培养过程中没有让学生与外界接触过，研究生毕业后直面企业，不知人家有什么要求，估计就很难被（就业单位）接受"（对行业的提前熟悉）；"学生要有认同，比如一个学生听老师话，老老实实做，即老师要他做什么才做什么，而另一个学生自己会积极和行业企业联系，寻找解决问题的突破口"（积极认同，主动参与）；"师弟不愿意去（企业），有女朋友"（参与意愿）等。	研究生产教融合力
"企业也愿意接受"（企业支持）；"导师与行业企业合作，研究生参与，对他们来说就是潜在员工（企业支持）"；"企业、产业要有具体的促进措施，企业导师走进高校，比如在人才培养方案的制定过程，企业要加进来，一起进行讨论，你才能够确保你的基础知识没有欠缺"；"实践课程是以企业的需求项目为真实的项目作为学生的教学案例"；行业部门人才培养、需求分析、标准制定、实践训练、专业学位质量认证，外单位外部门同行专家参与学位论文开题、评阅；社会力量参与，联合培养基地；行业产业导师，产教融合育人联盟；科研优势、行业优质与研究生培养结合；行业企业全方位参与（培养标准制定、教改等）等。	行业企业产教融合力
"比如，我会在思考问题时，在研究生创新专项资金项目申请时，我会考虑我的选题是否对社会产生一定的贡献，能解决生产生活中的哪一方面的问题，而且我对问题的解决并不仅限于我的专业领域（跨界/跨学科），相对以前，我的思路更广，其他我对这方面的考虑会更深入一些，这和我与企业生产一线接触有关"（社会责任）；我会无意识地把一些从小接受的价值观念带入课题研究中，之前自己没发现，是企业老总在我的一次报告中很赞赏我对一些问题的改进办	社会融合力

原始资料摘录	编码标记
法，他觉得很有新意，认为符合中国传统文化"（传统文化影响）；"社会理解和支持很重要，比如可能存在部分父母不理解，认为'我的孩子都读研究生了，怎么还往野外跑'，其实越是研究生了，越要与社会、与不同人群多接触，这样你的研究才能产出真成果"（社会支持）等。	
"我考虑研究项目投入实际应用时，……尤其在绿色生态理念这块更加明显"（生态理念）；"企方会适时根据市场最新动态提出一些建议尤其是绿色可持续方面"；"或者国际国内的最新环保要求提出针对性的要求，以使在项目研究中考虑环境保护因素"（融入研究）；"科学研究项目要可持续发展，必须考虑社会生态问题"等（可持续发展）。	自然环境融合力

（四）初始维度确定

在确定产教融合研究生创新人才特征（以下简称"研究生创新人才特征"）分量表的维度上，本书首先结合创新人才概念，根据已有理论研究归纳出一般创新人才特征。在此基础上，自上而下归纳政策、制度文本，自下而上选取各层各类样本进行访谈，参照已有文献及理论基础，对质性资料进行整合、归纳和概念化。同时，结合自己对研究生教育工作"局内人"的了解，初步把研究生创新人才特征的测量维度确定为学术创新能力、跨界能力、社会能力、科研伦理。

在确定创新人才培养产教融合力分量表的维度上，与研究生创新人才特征的程序类似，即自上而下归纳政策、制度文本，自下而上选取各层各类样本进行访谈，根据知识生产产教融合动力机制五螺旋理论构建出的研究生创新人才产教融合培养运行机制的理论模型，对搜集的资料进行整合、归纳和概念化。在此基础上，结合自己对研究生教育工作"局内人"的了解，初步把创新人才培养产教融合力的测量维度确定为高校产教融合力，包括大学组织、学院、专任教师、导师产教融合力，政府产教融合力，行业企业产教融合力，社会融合力，自然环境融合力。维度整合表如表4-8所示。

表 4-8　研究生创新人才产教融合培养模型的维度整合表

内容	构成要素	主要来源
研究生创新人才特征	学术创新能力、跨界能力、社会能力、科研伦理	文献研究；学位基本要求；培养方案；访谈
五子系统产教融合力	高校产教融合力，包括大学组织、学院、专任教师、导师产教融合力，政府产教融合力，行业企业产教融合力，社会融合力，自然环境融合力	文献研究；理论研究；国家政策、制度文本；访谈

　　根据已有研究者对心理学、经济学、哲学领域对"创新"的概念与结构的理解和阐释及前文对创新人才特征与要素的理论梳理，创新人才要素主要由创新准备、创新意识、创新人格、创新思维、创新行为五个方面构成。创新人才不仅需要有创新的一些基本特征，更重在行动和作出的贡献。创新准备主要包括社会人应具备的基本知识与素质；创新意识主要包括创造意愿和动机；创新思维主要包括人才需要的思维特征；创新人格主要包括人才的心理品质、个性特征；创新行为主要包括人才的行为及其转化能力，如图 4-1 中创新人才的表现形式。

　　然而，研究生创新人才培养主要侧重培养能产生出具有独创性、突破性且其研究成果具有一定学术价值的综合型复合型人才。在研究生教育的产教融合过程中，"产""教"之间存在诸多差异，研究生存在一个适应的过程，在目标、文化、价值等方面融合教育系统中的价值理念和政治、经济、社会、自然生态子系统中的理念，在知识生产扩散和转移过程中，其创新行为在不自觉中受大学"象牙塔"内外影响，打上了社会烙印。因此，产教融合中研究生个体的社会性如何是本书评价研究生创新人才特征的指标之一。由此，本书将创新人才特征要素的"创新行为"中涉及社会适应和社会责任、社会关系等相关的特征纳入"社会能力"维度进行测量。"创新准备"中表现出与研究生在产教融合过程须具备的知识基础、知识结构、知识储备及事业心等密切相关的特征，归入为学术创新素养的知识体系内容。研究生从事学术研究、运用理论知识解决产教融合的实践问题不断提高的专业能力，也统一纳入"学术创新准备"维度。

　　由于研究生已是成年人，个人性格特质等不是研究生阶段的主要培养目标，且在其他能力的培养过程中能逐渐塑造，因此属于创新人格中的个人特质暂不纳入研究生创新人才培养的构成要素中。最终初步确定研究生创新人才特征构成要素主要包括学术创新能力、跨界能力、社会能力、科研伦理四个维度。其中，学术创新能力包括学术创新准备、学术激情与动机、学术洞察与科研转化能力三个测量指标；跨界能力包括侦测、使节、协调三种行为活动；社会能力主要涉及人际沟通、社会关系处理等；科研伦理主要涉及研究生掌握的科研伦理知识、技能、态度等。研究生教育领域创新人才特征变化如图4-1所示。

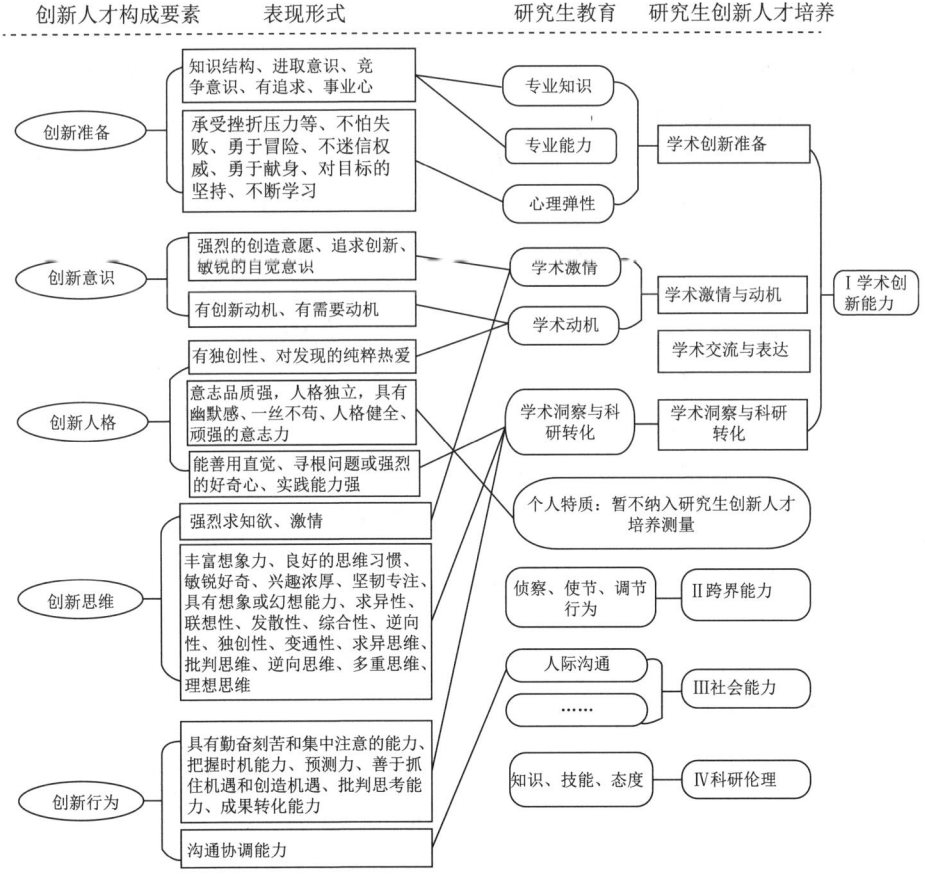

图4-1 研究生创新人才特征

第二节　量表的结构与内容建构

一、量表内容建构的程序

量表，广义上讲，任何可以使事物数量化的值或量的渐进系列都可称为量表[1]，在心理与教育测量中专门指测验量表，由测验项目构成，每道题都是在试测基础上，以统计结果为根据，具有一定的分值。[2]根据美国学者罗伯特·F. 德威利斯（Robert F. Devellis）[3]对量表编制的理解，量表编制步骤主要包括：①清楚地知道测量维度；②建立题项库；③决定测量的模式；④请专家评价最初的题项库；⑤考虑确立题项的包含性；⑥在试测样本中测试题项；⑦求题项的值；⑧优化量表。

参照以上量表编制步骤，本书在明确了研究生创新人才特征及五子系统产教融合力各维度概念基础上，对概念变量进行操作化定义。为使测量题项能较好地反映各维度内涵，题项编制主要参考已公开发表的类似量表或已有文献，结合访谈、学位基本要求、培养目标等研究生教育实际对量表内容即测量题项进行情境化处理。在确定了各维度的初始题项库及李克特7级量表测量之后，邀请5名专家对测量题项进行审核评价。经过几轮的反复研究与讨论，调整和修改一些项目的语言表达方式与度量形式，对模棱两可的句子进行了清晰化表述及对题项空间编排进行了调整等，形成试测量表。本书量表编制的后面三个步骤⑥⑦⑧将在下一章节中论述。

二、产教融合研究生创新人才的结构与内容建构

如前所述，产教融合研究生创新人才特征的测量维度初步确定为学术创新能力、跨界能力、社会能力、科研伦理。

（一）学术创新能力

产教关系对研究生创新能力的培养，既体现基本的创新人才特征，如知

---

〔1〕张敏强：《教育测量学》，人民教育出版社1998年版，第20页。

〔2〕董奇：《心理与教育研究方法》（修订版），北京师范大学出版社2004年版，第229页。

〔3〕［美］罗伯特·F. 德威利斯：《量表编制：理论与应用》（第2版），魏勇刚、龙长权、宋武译，重庆大学出版社2004年版，第66页。

识结构、事业心等创新准备等；同时体现研究生教育阶段创新人才应具备的特征，如具有国际视野，保持持续学术热情，具有学术创新、科研实践能力（自我开展研究能力、科研创新能力）、学术交流和表达能力等，这些人才特征为研究生在毕业后具有持续发展的兴趣和能力即可持续教育力奠定基础。

本书的学术创新能力是指研究生在前人已有研究成果和自身知识体系积累的基础上，遵循科研伦理和法律法规，在产教融合过程中形成逐渐具有学术创新准备的特性，以培养学术交流与表达能力、激发学术激情与动机，形成独特的学术洞察与科研转化能力。

1. 学术创新准备

学术创新准备侧重创新准备的一些特征，主要包括知识体系、专业能力和心理弹性（逆商）在内的培养，指通过培养，研究生掌握基础理论知识、系统的专业知识，具备一定的学科综合知识，能应对风险和调整。

研究生须具有宽广的专业知识，具有专业理论知识与实践结合能力，知识专深与广博结合，为知识生产和知识创造做准备。同时，研究生还必须具有较强的科研心理素养，能应对压力或突发事件如全球疫情带来的挑战，心理弹性（或称心理韧性）能力强。面对全球肆虐的新冠疫情等，研究生能否适应由此带来的教育、科研的变革和挑战，就对研究生的心理适应能力即逆商提出了要求。高层次的创新人才在面对科研与非科研压力与挫折时能继续努力，坚持朝自己的目标迈进。因此，逆商培养在当下显得尤为可贵而必要，陈恒等也将逆商指数作为产学合作培养创新人才效果的测量指标之一。

测量题项参考心理弹性量表及访谈资料、博硕士学位基本要求等。心理弹性量表（Connor-Davidson resilience scale，CD-RISC）是由凯瑟琳·M.康纳（Katherine M. Connor）和乔纳森·R.T.戴维森（Jonathan R. T. Davidson）共同开发的一种评估韧性的方法。基于康纳和戴维森对韧性的操作定义，心理弹性是"在逆境中茁壮成长"的能力。经过情境化处理，题项内容编制后请专家对每个题项的措辞、词汇和句子结构等给出意见，最终形成测量题项。如表4-9中"学术创新准备"所示。

2. 学术交流与表达能力

学术交流与表达能力指研究生能充分运用本学科或跨学科的专业术语表达学术思想、展示学术成果等和交流的能力，包括国内外学术交流能力、学术研究展示、互动与科研写作等。例如，能在国际国内做学术讲座、学术报告，流畅进行学术论文写作等。在学位基本要求中，学术交流能力是获取学位的基本学术能力。结合访谈，题项内容编制后请专家对每个题项的措辞、词汇和句子结构等给出意见，最终形成测量题项。题项内容如表 4-9 中"学术交流与表达能力"所示。

3. 学术激情与动机

学术激情与动机的测量侧重创新意识的一些特征，如强烈的创造意愿、追求创新、敏锐的自觉意识、有创新动机、有需要动机等，包括学术激情和学术动机，其中学术激情（academic passion）也有研究者翻译为学业热情。本书中的学术激情与动机是指研究生在从事学术探究或发现时产生的强烈偏好倾向，在论文撰写的过程中会以从事学术研究为目标，并持续地朝此目标前进。

激情，英文为 passion，也有翻译为热情，该词源于哲学，研究于心理学。激情是个体针对某一活动的强烈偏好倾向[1]，活动估值、时间投入、精力付出及对任务的喜爱等都与人们参与的活动有关。当特定活动为学术探究或发现时，个体产生的激情是学术激情。激情被公认为是达成优异成绩、预防倦怠的有效手段之一[2][3]。有研究者证实，学术热情与动机能预测大学生的学业投入与倦怠[4]，学术热情是研究生获得学位的主要因素[5]，是预测研究生研究能力的关键变量。研究表明，和谐激情和强迫激情正向预测学术繁荣，且和谐激情的作用更强[6]。

瓦勒朗 R. J.（Vallerand R. J.）等根据激情活动内化到个体的核心自我或身份的发展程度与类型，构建了和谐激情和强迫激情（harmonious passion and

---

[1] 王海迪：《学术型博士生学术激情及其影响因素研究——基于我国研究生院高校的实证分析》，载《学位与研究生教育》2018 年第 2 期，第 58~64 页。

[2] Vallerand R. J. et al., "On the Role of Passion in Performance", *Journal of personality*, 2007, 75 (3), pp. 505~534.

[3] Lavigne G L, Forest J, Crevier-Braud L., "Passion at work and burnout: A two-study test of the mediating role of flow experiences", *European Journal of Work & Organizational Psychology*, 2012, 21 (4), pp. 518~546.

[4] 赵祥辉、王洪国：《什么影响了博士生的学术热情变化：读博动机、师生关系还是院系培养？——基于 2019 年 Nature 全球博士生调查的实证分析》，载《当代教育论坛》2021 年第 4 期，第 33~42 页。

[5] Stoebrr J et al., "Passion and Motivation for Studying: Predicting Academic Engagement and Burnout in University Students", *Educational Psychology*, 2011 (4), pp. 513~528.

[6] Zhou, J, "How Does Dualistic Passion Fuel Academic Thriving? A Joint Moderated-Mediating Model", *Frontiers in Psychology*, 2021 (12), pp. 666~830.

obsessive passion）二元模型[1]。他们在对激情活动的研究中，假设某些活动是由自我定义且代表了个体身份的核心特征，身份涉及个体相关特质、性格特征、经历以及它们是如何相互联系并产生社会和自我调节作用的。人们喜欢并经常参与的活动的表征将在某种程度上融入人的身份，这些活动受人们高度重视产生的热情成为个体身份的核心特征。和谐激情产生于对身份认同的活动的自主内化过程，个体心甘情愿地参与活动并产生一种追求活动的意志感和认同感。强迫激情产生于受控的、迫于各种压力不得不参加的活动内化，个体的任务参与带来的内在强迫、冲突往往来源于社会认可和个人尊严等。本书中的学术激情是指研究生在从事学术探究或发现时产生的强烈偏好倾向。学术激情的测度内容以和谐激情为参考进行题项编制。

动机在心理学中使用较多，研究表明学术动机对研究生的学术创新能力发展至关重要[2]。研究者彭月茵将情境特定在学术工作环境中，认为学术动机是指研究生在论文撰写的过程中，会以从事学术研究为目标，并持续地朝此目标前进。学术动机分为价值、期望、情感3个成分分量表，包括工作价值、期望成功、自我效能、正向情感4个维度进行测量。[3]刘爱春等根据彭月茵的量表，编制了《硕士生学术动机问卷》，该问卷共由6项因子和38题组成，包括学术期望、附属动机、知识探究、工作取向、完善自我、文凭与利益。[4]本书中的学术动机操作性定义及题项编制参照以上内容。经情境化处理，题项内容编制后请专家对每个题项的措辞、词汇和句子结构等给出意见，最终形成测量题项。题项内容如表4-9中"学术激情与动机"所示。

4. 学术洞察与科研转化能力

学术洞察与科研转化能力侧重创新人才构成要素中的创新思维和创新行为特征的表现形式，主要包括学术洞察力和科研转化能力。本书中的学术洞察与科研转化能力是指研究生能识别研究问题、研究现象背后隐藏的含义，

---

[1] Vallerand R. J. et al., "Les Passions De L'ame: On Obsessive and Harmonious Passion", *Journal of Personality and Social Psychology*, 2003, 85（4）, pp. 756~767.

[2] 杨红燕：《英语专业硕士研究生学术动机的历时研究》，载《外语界》2022年第1期，第64~72页。

[3] 彭月茵：《研究生学术动机历程模式之建构》，台湾政治大学2007年博士学位论文。

[4] 刘爱春、谭顶良、赵小云：《学术型硕士生学术动机的调查研究》，载《学位与研究生教育》2014年第4期，第54~59页。

判别论文研究的价值及对学术发展具有一定的敏感性，具有内隐、外显的科研转化能力和科研实践能力。

研究生能独立自主地承担科学研究任务，自主开展对前人已有研究信息资料的搜集整理分析，发现其中的问题并提出解决问题的方法，是其在研究生教育阶段必备的发现问题、解决问题技能。但仅有这些不足以具备创新人才特征，还必须了解本学科领域的前沿发展及最新动态。例如，对产教融合课题、项目、技术等有灵敏的把握，能结合企业生产、市场发展，抓住机遇，创造机会，能将思想观点从多角度进行批判性思考，并在主动的科研实践活动中将科研成果予以转化，这也是创新人才学术洞察力的具体展现过程。

学术洞察力是学术创新的基础，指能敏锐感知研究中出现的新现象、新问题或发现研究中的新证据，具有深刻性、穿透性。洞察力，英文有 vision，insight，perspective，perception，discernment。在心理学上，斯腾伯格（Stern-berg）等将洞察力（insight）过程归纳为对信息的选择性编码、整合、比较[1]；《美国传统词典》将洞察力（perspective）定义为"在实际的相互关系中洞察事物，或是权衡事物的相对重要性"，是"视听统合"的体知方式[2]。李琼等认为学术洞察力是人类从外界提取关键信息的能力，并将其分为学术感知、专注、识别能力及多通道协同能力、多视角分析能力[3]，归纳为一种聚合思维能力。格兰特（Grant）等以心理学本科生为研究对象，编制了《自我反思与洞察力量表》（the Self-reflection and Insight Scale，SRIS）[4]，该量表分自我反思和洞察力两个维度。

结合已有研究可知，学术洞察力强调研究者在研究过程中具有对信息敏锐的、异乎寻常的感知能力、预见能力，主动对提取的信息刨根问底，让理论达到"彻底"的效果、直抵问题内核。本书认为，学术洞察力指研究生能识别研究问题、研究现象背后隐藏的含义，判别论文研究的价值及对学术发展具有一定的敏感性的能力。这种敏感指研究生在某个瞬间综合运用自身的专业素养、

---

〔1〕 Davidson，Janet E，Sternberg Robert，J.，"The Role of Insight in Intellectual Giftedness"，*Gifted Child Quarterly*，1984，28（2），pp. 58~64.

〔2〕 赵艳红、徐学福：《论教师洞察力》，载《教育研究与实验》2013 年第 3 期，第 56~61 页。

〔3〕 李琼、吴梦吟：《论大学教师学术创新力的基础：学术洞察想象力》，载《比较教育研究》2011 年第 7 期，第 7~11 页。

〔4〕 Grant AM，Franklin J，Langford P.，"The Self-reflection and Insight Scale：A New Measure of Private Self-consciousness"，*Soc Behav Pers*，2002，30（8），pp. 821~835.

科研训练、经验积累的知识体验，具有专注、识别、动态特征。测量和评估研究生的学术洞察力主要侧重学术感知、关注、识别能力和多角度分析能力四个方面。本书参考格兰特《自我反思与洞察力量表》中部分语言表述及李琼等的研究，结合访谈，编制测量题项，题项内容如表4-9所示。

　　科研转化能力则是创新行为的结果效应，即将研究者的思想、观点、成果等转化为科研实践意愿、动手能力及服务生产生活的能力，主要体现在成果输出方面。科研转化能力的研究多集中于高校、企业等科研成果投入与产出的效率比，主要考察人力、资金投入及科技项目数、论文专利数、发展项目数及科技活动或服务人员数等显性的可见成果数量，鲜有考虑高校培养的人才群体自身的、相对不可见的隐性科研转化能力。陈振斌等认为科研实践能力包括参加实践活动的意愿度、动手实践能力、掌握工具能力[1]，何青[2]提出的研究生创新人才具备的"提升转化能力"当属本书中的科研转化能力目标。本书中的科研转化能力主要指研究生的内隐、外显的科研转化能力和科研实践能力，包括理论知识转化实践知识、科研实践意愿、动手能力及研究生成果转化水平等。测量题项参考已有文献、培养目标及访谈等编制，题项内容编制后请专家对每个题项的措辞、词汇和句子结构等给出意见，最终形成测量题项。题项内容如表4-9所示。

表4-9　学术创新能力测量结构与测量题项

子维度	题　项
学术创新准备	1. 我能不断完善我的专业知识体系。 2. 我能胜任产教融合中的科学研究、项目对接等工作。 3. 我能为解决产教融合中出现的问题不断提高我的专业能力。 4. 应对压力使我感到有力量。 5. 无论学术科研有多难，我都能努力钻研以达到目标。 6. 我不迷信学术权威，喜欢挑战。

---

　　[1]　陈振斌、张万红：《研究生创新能力灰色聚类评价模型研究》，载《辽宁工程技术大学学报（社会科学版）》2007年第3期，第288~290页。

　　[2]　何青：《务实与求真：研究生创新能力培养与评价研究》，华中师范大学出版社2017年版，第71页。

子维度	题　项
学术交流与 表达能力	1. 我经常参加国内外学术论坛或学术会议。 2. 我能将自己或团队合作的研究理念、研究进展等向其他人员陈述。 3. 我经常参与校内外不同课题组的互动与合作。 4. 我能用专业术语完成学术论文写作。
学术激情 与动机	1. 从事科学研究使我感到内心充实。 2. 发现新事物的体验，让我更欣赏研究工作。 3. 研究工作能给我新奇的体验。 4. 我觉得科研训练有助于我日后的生涯发展。 5. 我期望能够达到导师的要求——期望成功。 6. 当研究的问题解决时，我会觉得很振奋。
学术洞察与 科研转化能力	1. 我能发现、解释自己观察或体验到的现象。 2. 我能对发现的现象或问题保持专注。 3. 我能识别事物、现象或学术观点的特征或差异。 4. 我能从多角度分析或研究问题。 5. 我能将学科理论知识转化为科学研究的实践知识。 6. 我能积极主动提高自己科研实践的动手能力。 7. 我自愿参加提高科研实践能力的活动。 8. 我的研究成果预计能带来经济社会效益。

（二）跨界能力

在五螺旋五个不同系统的交互作用下，不同专业、学科、领域及跨不同行业、文化边界跨越等要求越来越高，跨界能力对当下的研究生也提出了更高要求。已有研究者发现跨学科、跨领域、多维度的能力对研究生人才培养的重要性，指出培养卓越的跨学科研究能力和兼具多维度的学术能力是美国顶尖研究型大学对其研究生尤其社科类研究生的培养理念[1]。

跨界行为对创业者、研发团队、企业管理、领导者的创业质量、创新绩效、创新能力等产生影响。奉小斌研究发现，研发团队的使节行为、协调行为和侦测行为三个维度的跨界行为对创新绩效具有显著的正向影响。[2]芮正

---

〔1〕 谢梦、童颖之：《跨学科与博士生培养：美国顶尖研究型大学社科类人才培养研究》，载《清华大学教育研究》2022 年第 1 期，第 96～107 页。

〔2〕 奉小斌：《研发团队跨界行为对创新绩效的影响——任务复杂性的调节作用》，载《研究与发展管理》2012 年第 3 期，第 56～65 页。

云等研究发现，创业者的跨界能力对创业质量具有倒 U 型的影响[1]。

跨界（Boundary-Spanning）是指个人或群体超越组织边界影响或受组织边界任何一方影响的行为，[2]研究者借助搜索和获取外部信息、资源，与组织或团队、个体外部建立联系，通过与外部的交互作用满足自身发展需求。跨界能力（Boundary-spanning ability）主要通过跨界行为（boundary spanning behavior）进行测度。本书参考安科纳 D. G（Ancona D. G）等[3]、马罗内 J. A.（Marrone J. A.）等[4]、法拉杰 S.（Faraj S.）等[5]、布雷斯曼 H.（Bresman H.）等[6]及奉小斌等对团队跨界行为的研究，将跨界能力定义为研究生为了实现目标而与组织中或组织外部相关方的其他个体或团队建立联系并不断交互的行为组成的能力。研究生在产教融合中的跨界行为可概括为三类活动，即侦测行为、使节行为、协调行为。

侦测行为（reconnaissance behavior）主要指研究生向拥有特定知识的组织内外部人员获取信息或专长的过程。这类行为激发个体向外部搜索与研究有关的专业知识、前沿发展趋势，拓宽研究视野，更好地理解研究项目的适应情境等。使节行为（ambassador behavior）主要指研究生开展与外部重要相关方的跨界活动，如说服他人接受研究思想与观点、从学校外部获取资源、控制信息发布并展示自己研究等行为。协调行为（coordination behavior）主要指为了实现目标而需要其他行动者参与的活动，研究生个体能与组织内外部其他个体或团队成员有效沟通协调并获取反馈信息。

结合已有研究及研究生教育要求、学位基本要求及访谈资料等，编制跨

〔1〕 芮正云、马喜芳：《创业者跨界能力与创业质量关系研究》，载《科学学研究》2021 年第 7 期，第 1277~1284 页。

〔2〕 Lucas B. Hill. , "Understanding the Impact of a Multi-Institutional STEM Reform Network through Key Boundary-Spanning Individuals", *The Journal of Higher Education*, 2020, 91（3）, pp. 455~482.

〔3〕 Ancona D. G. , Caldwell D. F. , "Bridging the boundary: External activity and performance in organizational teams", *Administrative Science Quarterly*, 1992, 37（4）, pp. 634~665.

〔4〕 Marrone J. A. , Tesluk P. E. , Carson J. B. , "A multilevel investigation of antecedents and consequences of team member boundary spanning behavior", *Academy of Management Journal*, 2007, 50（6）, pp. 1423~1439.

〔5〕 Faraj S. , Yan A. , "Boundary work in knowledge teams", *Journal of Applied Psychology*, 2009, 94（3）, pp. 604~617.

〔6〕 Bresman H. , "External learning activities and team performance: A multimethod field study", *Organization Science*, 2010, 21（1）, pp. 81~96.

界能力的测量题项。题项内容编制后请专家对每个题项的措辞、词汇和句子结构等给出意见，最终形成测量题项，如表 4-10 所示。

表 4-10 跨界能力结构与测量题项

子维度	题项
侦测行为	1. 能从学校之外的个人或组织处收集技术、信息和想法。 2. 能扫描组织内外的环境，寻找前沿理论、技术、专业知识等。 3. 能了解其他公司、高校或国外在类似项目上的做法。
使节行为	4. 能说服其他人支持本研究理念的决定。 5. 能从学校外部获得科研需要的资料、技术等。 6. 能控制信息发布，以努力呈现自己所关注的研究概况并进行展示。
协调行为	7. 能与外部合作者开展有效的协调。 8. 能与合作者协商研究进展期限。 9. 能与外部合作者一起评审研究设计、共同解决项目难题。

（三）社会能力

从心理学上来说，社会能力的发展对青少年的情绪适应、学业适应和行为适应有重要作用。自爱德华·李·桑代克（Edward Lee Thorndike）于 20 世纪 20 年代提出社会智力的概念后，研究者对社会能力的研究逐渐增多。社会能力的概念研究主要有三种概念取向：侧重社会技能方面的技能取向、侧重外显行为结果的结果取向以及侧重整合技能和结果的研究成果的综合取向。[1]本书将研究生的行为与结果包括在内，研究生的社会能力是指研究生个体在特定情境中拥有具体的适应甚至引领社会的适当且有效的行为，在研究生教育阶段的知识生产与创造过程中获得长远的良好社会性发展的能力。

高情商应是研究生创新人才的保障特征[2]，研究生合理处理社会关系的能力关系着其研究或研究团队的研究思想、观点对外交流时的顺畅、合作的满意度，从而影响学术创新能力、跨界能力的正常发挥。同时，研究生教育是国家最高层次的人才培养高地，研究生的社会责任、家国情怀、职业规划

---

〔1〕 张静、田录梅、张文新：《社会能力：概念分析与模型建构》，载《心理科学进展》2012 年第 12 期，第 1991~2000 页。

〔2〕 杨柳：《我国研究生创新人才培养机制改革研究》，载《研究生教育研究》2017 年第 6 期，第 13~17，22 页。

等方面的培养关系着国家为谁培养人的问题。由此，本书对研究生的社会能力主要从社会关系处理、社会适应、职业发展规划、社会责任与情怀四方面构念进行测量和评估。

社会关系处理指研究生在产教融合中处理社会关系的能力，可看作情商方面的培养，含人际沟通与交流、团队合作能力及情绪管理、冲突解决等。研究生学习阶段的社会关系主要涉及导学关系、产教关系、同伴关系的合作等。

社会适应包括校园文化、企业文化、社会文化的文化适应和不同环境的情境适应、行为适应等，是指研究生在产教实践中，对业界与学界文化存在跨界交流、产教文化的融合、创新。

职业发展规划指研究生根据自身特点和发展潜质，提前规划并确定自己未来发展的方向和目标，以降低毕业时的心理落差。

社会责任与情怀指研究生在校期间存在集体荣誉感，对母校、导师、及合作的行业企业产生母校情怀、导师情怀、产业情怀等。在访谈中，不少受访者都提到了"对科研充满热爱的科研情怀"，"追求知识与科学研究的乐趣"，对合作企业充满情怀，"从本科开始就与这家企业有合作"，"发现国家的一些技术不如国外，心里不得劲，很想赶上"等，这些都体现了研究生所具有的社会责任感及特殊的家国情怀。已有研究者关注到研究生的社会责任感的重要性，并在评估、类型上进行了研究。例如，潘琪等从爱国精神、集体观念、公共意识和政治参与四个维度评估清华大学研究生的社会责任感[1]，指出社会责任感受个人、家庭、学习、社会等方面影响。陆根书等将博士研究生的社会责任意识分为坚持学术伦理、关心别人与别国（反向）、服务国家和社会发展需要因素、促进社会公平正义因素、社会责任意识缺失因素、维护法律与社会秩序共计六个因素。[2]从已有研究可看出，社会责任感主要涉及国家、社会、法律等方面的内容。结合访谈及研究生教育为社会主义社会培养接班人的目的，本书中研究生的社会责任与情怀是指研究生具有服务国家发展战略、甘愿为国家作贡献的意识。

量表题项编制参考已有研究及相关政策制度、研究生教育目标、访谈等

〔1〕 潘琪、史冬波、蓝煜昕：《研究生社会责任感的内涵及影响因素研究——以清华大学为例》，载《研究生教育研究》2015 年第 4 期，第 33~39，48 页。

〔2〕 陆根书等：《博士研究生社会责任意识的结构与特征分析》，载《高等工程教育研究》2011 年第 6 期，第 124~130 页。

编制题项，题项内容编制后请专家对每个题项的措辞、词汇和句子结构等给出意见，最终形成测量题项。如表 4-11 所示。

表 4-11　社会能力测量题项

维度	题项
社会能力	1. 我能与合作伙伴愉快相处。 2. 我能利用自身资源与他人沟通以实现学习或研究目标。 3. 我认为研究生有责任为国家发展作贡献。 4. 我认为个人研究应该服务于国家和社会发展需要。 5. 我能较快适应校园以外的文化。 6. 我能根据自身特点及研究潜力，提前规划自己未来的发展。

（四）科研伦理

欧·布莱恩（O'Brien）等[1]开发的科研态度量表将科研伦理作为其中一个测量指标。由于科技的不断发展及经济信息等全球化的发展，学术伦理与学术道德规范、工程伦理、科技伦理越来越受各界重视，且政府、企业、高校等相关人员在访谈中也表示要高度重视研究伦理问题，知识产权、科技伦理道德等是研究者的底线，立德树人的"德"之内涵也包括学术道德，故本书也将科研伦理单独作为一个衡量指标。

科学研究应求真求实，在科学道德与学术规范中，捏造篡改数据资料、伪造剽窃、未经同意私自署名、泄密及有其他违背学术道德规范的行为都是禁止的。中共中央办公厅、国务院办公厅于 2022 年 3 月印发的《关于加强科技伦理治理的意见》指出，科技伦理是开展科学研究、技术开发等科技活动需要遵循的价值理念和行为规范。美国研究生科研伦理教育包括掌握科研伦理准则、提升问题甄别能力、形成伦理价值认同、践行负责任研究行为即知识、技能、态度、行为四个层面。[2]注重科研伦理是一种负责任的研究行为，对人类福祉、对社会公众负责。研究生是从事科学研究的主力军，培养其科研伦理意识、科研伦理能力，践行科研伦理行为才能使其更好地以科研成果

---

〔1〕 O'Brien et al., *Research self-efficacy: improvements in instrumentation*, The American Psychological Association. The Collection for Papers at the Annual Conference of the American Psychological Association, San Francisco: The American Psychological Association, 1998.

〔2〕 李潇君、周秋雨：《美国研究生科研伦理教育的目标结构、内容体系与实践路径》，载《学位与研究生教育》2021 年第 5 期，第 67~73 页。

为社会主义建设服务。

　　本书中的科研伦理是指研究生在坚守政治站位前提下，从事科学研究须遵循的科研伦理，主要从掌握科研伦理准则、提升问题甄别能力、形成伦理价值认同、践行负责任研究行为等方面考察。量表题项编制参考已有研究及相关政策制度，题项内容编制后请专家对每个题项的措辞、词汇和句子结构等给出意见，最终形成测量题项，如表4-12所示。

表4-12　科研伦理测量题项

维度	题项
科研伦理	1. 我非常了解科研活动中所要遵循的伦理行为准则和法律规范。 2. 我非常了解科研活动中需要抵制的学术不端行为。 3. 我能对科研活动中可能出现问题的道德规范作出判断。 4. 我能对研究过程中不可避免的伦理冲突进行正当有理的阐述。 5. 我能对研究过程中自身的道德义务和个人责任有清楚的认识。 6. 我能在科研活动中对实践范围的可行性具有主动的鉴别意识。

三、五螺旋各子系统产教融合力的结构与内容建构

　　在创新人才培养产教融合模式创新生态系统中，着重从五螺旋探究研究生创新人才培养产教融合模式特征及其影响因素，即包括政治系统的政府产教融合力、教育系统的高校产教融合力、经济系统的行业企业产教融合力、公众社会系统的社会融合力及自然环境系统的自然环境融合力。

　　本书从人才培养对象即研究生个体所感知到的大学组织、学院管理等方面反映高校的产教融合力；从研究生感知到的政府产教融合力、行业企业产教融合力及社会与自然环境给予的影响反映政府、产业及社会自然环境等统称为大环境的因素对研究生创新人才产教融合培养的影响；人才培养输出成效以产教融合创新人才培养绩效进行测量。本书将专任教师、导师及研究生个体、政校企协同从教育系统中分离出来，独立组成以行动者为主的产教融合力，统称为"人"的因素的产教融合力。由此，五螺旋各子系统产教融合力的结构与内容构建将从大环境的因素和"人"的因素两个大方面进行论述。

（一）大环境因素的结构与题项

1. 政治系统：政府产教融合力

政治系统的政府产教融合力的操作性定义主要指政府在研究生教育产教融合方面所做出的努力和投入程度，也可称为政府参与力。政治系统产教融合力主要从政府这一实施主体进行考察，例如政府在产教融合中扮演什么角色，对产教融合能在哪些方面产生哪些影响？在知识生产模式3中，产教融合创新生态系统的政治系统主要由政府主导制定的促进研究生教育产教融合培养创新人才。从知识生产模式1发展至模式3，政府在其中扮演的角色虽然发生了变化，但对学界与业界关系的联结与发展仍至关重要。政府的政策、制度、法律法规等政治系统内环境的影响及德育内生性的政治环境对高校产教融合子生态系统具有推动和导向作用。自2017年国家关于产教融合的意见或实施方案等相关文件颁发后，各地方政府相应提出了本地产教融合相关意见，在构建或统筹发展格局、人才培养改革、促进产教对接与政策支持体系建设等方面都提出了一定要求，即促进高等教育融入国家创新系统，推动学科建设与产业转型升级，根据市场需要推动人才培养结构调整等。例如，杭州市、宁波市等根据浙江省关于产教融合相关意见（浙政办发［2018］106号）的文件精神制定了适合本地的产教融合实施意见（杭政办函［2020］4号、甬政办发［2021］70号）。政府在其中扮演的角色、发挥的作用可用"赋能""放管服""宏观调控"等词语表达。在研究生教育领域，教育管理部门的硕士学位点合格评估、学位点建设撤点建点、改革发展与培养管理等体现了政府主导、政策引导的国家意识。在研究生教育领域的产教融合，同样要发挥政府政策、制度的调控作用，政府的支持和参与程度，影响着高校产学研合作的发展程度与规模[1]。本书据此编制测量题项，题项内容编制后请专家对每个题项的措辞、词汇和句子结构等给出意见，最终形成测量题项。题项编制如表4-13中"政府产教融合力"所示，主要构念为产教融合相关政策、平台、氛围营造、目标设定等。

2. 教育系统：高校产教融合力

教育系统的高校产教融合力包括作为组织管理身份的大学产教融合力、

---

［1］赵立文：《发挥高校产学研合作中政策的推动和导向作用》，载《实验技术与管理》2014年第8期，第32~34页。

学院产教融合力及作为教师身份的专任教师产教融合力、导师产教融合力。其中作为教师身份的专任教师产教融合力、导师产教融合力主要涉及"人"的因素，故单列放在后面"人的因素"进行考察和测量。

（1）大学组织产教融合力。大学组织产教融合力主要指大学组织在管理方面的顶层设计等针对产教融合方面做出的努力和投入程度。包括产教融合理念，为学校教师、研究生营造良好的产教融合环境，提供产教融合发展的条件及人身安全教育、科学道德教育等。大学在产教融合力的角色可从产教融合外部环境、内部环境营造即加强大学与政府、大学与企业、大学与大学之间的联系。①促进机构与不同组织之间的外部伙伴关系。例如，与行业、政府、营利性和非营利性公司或企业开展合作与交流，为产教发展建立良好伙伴关系。②促进学院与其他大学的外部合作关系，如大学战略联盟等。③促进内部伙伴关系，如校园各学院、各学科、导师团队之间的交流，资源共享，提供需求发布和共享平台，营造良好学术环境。此外，还需加强人身安全教育、科学道德教育、知识产权教育等。本书据此编制测量题项，题项内容编制后请专家对每个题项的措辞、词汇和句子结构等给出意见，最终形成测量题项。测量题项如表4-13中"大学组织产教融合力"所示。

（2）学院产教融合力。学院产教融合力主要指学院在引企入教、全方位合作对接等产教融合方面做出的努力，主要涉及学科建设、课程设置、师资队伍、教学服务等方面与行业企业对接。课程设置对接行业企业，吸纳相关人员参与课程开发与教学；师资对接具有行业企业，引入高质量行业企业人员、高层次行业企业人才担任学院讲师或研究生导师，建设培育产教融合型教师队伍（例如，产业教授、产业导师）；为各学科的专任教师和研究生提供产教合作的便利条件，加强教学服务支持体系建设，使师生能多渠道、多方位参与行业企业与学校的来往。本书据此编制测量题项，题项内容编制后请专家对每个题项的措辞、词汇和句子结构等给出意见，最终形成测量题项。测量题项如表4-13中"学院产教融合力"所示。

3. 经济系统：行业企业产教融合力

经济系统的行业企业产教融合力主要指行业企业参与产教融合所做出的努力和投入程度。发挥行业企业参与产教融合的主体功能，是政府政策导向下的要求，更是教育系统人才培养与经济系统产业需求适切性的内在要求，具有多方合作共赢性。企业保持可持续发展态势的较好途径是与人才资源丰富的高校联合，高校可在人力物力支持、合作意愿、学术支持等方面给予积极回应。同时，受政治、公众社会、自然环境影响，企业兼有社会责任和商业道德。针对研究生创新人才培养，企业与研究生教育领域的融合力主要体现在企业给予教育系统中的人才培养对象——研究生所感知到的来自企业的项目经费投入、支持意愿、教学科研参与等。本书据此编制测量题项，题项内容编制后请专家对每个题项的措辞、词汇和句子结构等给出意见，最终形成测量题项。测量题项如表4-13中"行业企业产教融合力"所示。

4. 社会生态环境系统：社会/自然环境融合力

本书将社会系统、自然环境系统简称为社会生态环境系统，该两个系统产生的融合力分别称为社会融合力、自然环境融合力。

社会融合力主要指研究生创新人才产教融合培养受社会文化价值、社会责任、社会认同等影响。因此，社会融合力的操作性定义为研究生感知到的社会认同、社会文化价值观及科学社会责任对产教融合人才培养的影响。

波兰研究者扬塞莱维茨（Jancelewicz）[1]通过对波兰大学在社会创新中的作用进行研究，认为社会系统及行为者参与了其他子系统的知识行为的协作互动。创新的社会层面也涉及大学及科学的社会责任问题，即响应特定利益方的需求并增强大学对社会发展形态和性质的影响的活动。产教融合活动的行为主体通过公众社会的文化、价值观念、思维倾向、道德规范、责任伦理等以内隐形式间接参与了知识循环与创新等环节，这些无形中影响了产教融合人才培养过程和结果。同时，社会对产教融合理念的认同与支持度也影响了产教融合人才培养过程和结果。

自然环境融合力主要指研究生感知到的自然环境对产教融合人才培养在生态践行、可持续发展理念、绿色发展意识、融入科学研究等方面的影响力，具有调节作用。社会生态环境系统为研究生提高生活质量、加强社会福祉提供了保障。

结合以上研究及研究生教育目标、访谈等编制题项，题项内容编制后请专家对每个题项的措辞、词汇和句子结构等给出意见，最终形成测量题项。测量题项如表4-13中"社会融合力""自然环境融合力"所示。

---

〔1〕 Jancelewicz, "The Role of Universities in Social Innovation Within Quadruple/Quintuple Helix Model: Practical Implications from Polish Experience", *Journal of the Knowledge Economy*, 2021 (5).

表 4-13　大环境因素的结构与测量题项

子维度	题项
1 政府产教融合力	据我所知，国家管理部门对研究生产学合作方面的支持有： 1. 政府出台鼓励研究生参加产教融合相关政策支持。 2. 政府提供或搭建产学合作平台，如创新基地、产业园区等。 3. 国家创新建设的整体社会氛围。 4. 国家对研究生产教结合的总体要求。
2-01 大学组织产教融合力	我能感知到的我就读的学校： 1. 会经常与不同行业、政府部门等开展交流与合作。 2. 会经常促进学院和其他大学的交流与合作。 3. 与行业企业签订适合研究生的产学合作战略协议。 4. 建有研究生创新实践基地等产教融合平台。 5. 有行业企业奖学金。 6. 产教融合思想的校园氛围好。 7. 学科建设与人才培养具有市场适应能力。
2-02 学院产教融合力	我能感知到的我就读学科所在学院（系）： 1. 学科与行业企业联系紧密。 2. 经常邀请行业企业人员为研究生授课。 3. 聘请行业企业人员担任研究生导师。 4. 有专门管理人员负责与行业企业对接。
3 行业企业产教融合力	1. 我参与的产教合作项目有经费支持。 2. 行业企业欢迎老师提供科研服务。 3. 行业企业人员来校完成课程教学。 4. 行业企业经常与我的学校有交流合作。 5. 我参与合作的行业企业制定了专门的产教合作管理制度。 6. 我的论文选题、研究等受到行业企业导师的指导。
4 社会融合力	1. 我认为社会大众对研究生到行业企业一线学习生活是认同的。 2. 我会将传统文化融入行业企业合作项目或科研实践活动中。 3. 我的社会价值观念会影响我对行业企业合作的项目或科研实践活动的研究设计。 4. 我在行业企业合作项目实施中会考虑研究过程与结果对社会的影响。

子维度	题项
5 自然环境融合力	1. 我在产教合作中非常注重绿色生态理念在科研实践中的实现。 2. 我认为生态环境保护是产教合作成效重要的考虑因素。 3. 与其他的项目类型相比，我感觉在产学合作类型的项目研究中更能自觉融入绿色生态理念。

（二）"人"的因素的结构与题项

基于研究生教育的特点，导师是研究生人才培养的第一责任人、首要责任人，导师是研究生的重要他人。因此，本书将专任教师、导师从教育系统中分离出来，单独作为教师因素构成"人"的因素的重要部分。同时，政校企三方协同为研究生产教融合做出努力也一并放入"人"的因素的结构中，作为研究生创新人才培养过程中产教融合的行动者之一。

（1）专任教师产教融合力。教师应将科研资源有效转化为教学资源，使教学与科研融合即科教融合，使科研资源真正成为创新人才尤其是拔尖创新人才的培养助力。高校产教融合的核心是人才培养，教师的教学在人才培养中承担重要角色。研究生的课程体系体现在培养方案、课程设置中，课程体系建设要体现课程的"教育性与研究性"[1]。专任教师的产教融合力主要体现为教师融合教育水平，如课程教学内容与产业联系度、理论知识与产业知识的熟悉程度等。本书中的专任教师融合教育能力指专任教师与行业企业同行开展融合教育的空间、机会与自主权，主要考察专任教师将科研资源转化为教学资源的、理论与实践结合的能力。在教学方式上，教师开展与行业企业的融合教育；在科学研究与教学融合上，教师能将自己对研究及学科发展前沿技术等融入课程教学中，将科研资源转化为教学资源；在教材内容选取与讲授上，教师紧密联系生产生活实际，使理论与实践结合、工学结合、学术研究与生产生活相结合。教学展示的是实际情境，而非虚拟、假设条件下的情境。

（2）导师产教融合力。导师产教融合力主要指在与研究生良好互动的前

---

〔1〕 胡莉芳：《教育性与研究性——一流大学研究生课程建设的内在逻辑》，载《清华大学教育研究》2022 年第 1 期，第 62~69 页。

提下，研究生导师在促进所指导研究生产教融合中所做出的努力和投入程度。

随着研究生教育与经济、社会关系越来越密切，导学之间的关系属性也发生了部分变化。例如，陈恒敏认为随着高等教育与经济互动关系的深化及知识生产模式的转变等，导学关系具有经济性质，导师和研究生"互为价值载体"[1]，导师和研究的工作本质上是学术效益与创新产能的传播和扩散。导学科研共同体[2]、导学学术互动氛围[3]及导师的领导力[4]、学术指导模式[5]等影响研究生创造力或创新能力及道德品质等"术"的训练和"道"的培养，从而影响研究生产教融合的投入程度。本书中研究生感知到的导师在产教融合方面作出的贡献，主要包括与行业企业连接度、与产教融合方面的合作项目的价值及促进研究生融入行业企业付诸的行动等方面。

（3）研究生产教融合力。研究生个体的产教融合经历、体验对其创新人才各方面构成要素产生影响。研究生产教融合力是指研究生在产教融合人才培养过程中的内部学习与成长能力，反映研究生对产教融合的意愿、积极程度、学位论文选题、产教异质文化交融与创新、对行业企业动态的了解程度。研究生个体参与产教融合的意愿影响其行为过程的积极或消极性。异质文化交融与创新主要指研究生通过对业界与学界文化的跨界适应和交流，形成"产""教"两种异质性文化的融合与创新，包括产教文化认同、融合、创新等，能将校园文化优势与行业企业文化的优势融合并内化为自我文化的一部分。在产教合作中，存在学校制度与行业企业制度文化碰撞的制度性合作文化、学科专业研究与行业企业实践场域的文化碰撞的专业文化等。同时，研究生对产教融合过程及结果的价值判断也影响其行动的判断。

政校企协同变量的测量主要涉及政府、行业企业和高校为促进研究生人

〔1〕陈恒敏：《"老师"抑或"老板"：论导师、研究生关系的经济性》，载《学位与研究生教育》2018年第4期，第73~77页。

〔2〕陈振中、车越彤：《基于知识生产的导学科研共同体的建构》，载《学位与研究生教育》2021年第11期，第36~42页。

〔3〕吴东姣、马永红、杨雨萌：《学术互动氛围对博士生创新能力的影响研究——师生互动关系和生生学术共同体的角色重思》，载《学位与研究生教育》2019年第10期，第55~60页。

〔4〕蒙艺、罗长坤：《学术导师领导力与研究生创造力：直线相关还是曲线相关?》，载《复旦教育论坛》2015年第3期，第27~33，65页。

〔5〕毛丹等：《控制抑或支持：博士生学术指导模式及其影响因素分析》，载《教育发展研究》2022年第3期，第77~84页。

才培养的产教融合共同采取的行动，作为"人"的因素的重要组合行动者之一。

结合以上研究及研究生教育目标、访谈等编制"人"的因素的测量题项，题项内容编制后请专家对每个题项的措辞、词汇和句子结构等给出意见，最终形成测量题项。测量题项如表4-14所示。

表4-14　"人"的维度的结构与测量题项

子维度	题项
教师产教融合力	我能感知到我的专任教师： 1. 经常模拟行业企业的科研或生产实际情景。 2. 在课堂上经常讲述行业企业发展有关的知识或技术。 3. 经常将学科发展前沿、技术等融入课程教学中。 4. 经常结合生产生活实际讲述书本上的理论知识。 5. 经常针对社会生产生活实际运行中存在的问题开展讨论。
导师产教融合力	我的导师： 1. 会每月组织小组会议，讨论行业企业出现的相关学术问题。 2. 经常指导我如何思考并解决产学合作学术问题。 3. 经常带领研究生进行行业企业观摩和交流。 4. 与企业合作的项目具有较强的学术价值或应用价值。 5. 经常与行业企业合作研究一些探索性课题。 6. 指导研究生将科研成果进行转化应用。
研究生产教融合力	1. 我非常愿意参加与行业企业合作相关的科研实践活动。 2. 我能吸收行业企业文化并为我所用。 3. 我对自己所学专业的行业领域动态比较了解。 4. 我的论文选题来自行业企业实际问题。 5. 我认为产教合作活动有利于提高我的科研实践能力。
政校企协同	据我所知，我就读学校的地方政府、行业企业与大学： 1. 在产教合作方面常有往来。 2. 联合为研究生参加校外产学合作研究提供基地或平台。 3. 联合开展研究生创新创业大赛。 4. 形成支持研究生参加校外产学合作的氛围。

四、产教融合创新人才培养绩效的结构与测量

产教融合创新人才培养输出的产品表现，即研究生创新人才产教融合培养绩效（以下简称"人才培养绩效"）关注的是研究生个体自身感知到的变

化或成长成效，主要考察产教融合中培养创新人才所取得的成效或效果，是产教融合创新活动的最终成果，也是研究生创新人才培养的具体表现。根据已有研究，参考陈恒等[1]对产学研创新人才培养效果的研究成果，结合研究生教育特点及本书研究目的，本书将产教融合创新人才培养绩效的测量结构分为知识体系完备，创新实践能力提升，智商、情商、逆商培养三个方面测量，由3道题项构成，如表4-15所示。

表4-15 人才培养绩效

维度	题项
人才培养绩效	通过参加产教融合相关科研与实践活动： 1. 提高了我的创新实践能力。 2. 培养了我的智商、情商、逆商。 3. 我的知识体系更加完备。

第三节 研究假设与模型建构

一、研究假设

本书在对研究生创新人才特征、研究生创新人才产教融合培养运行机制中的五个子系统产教融合力的分析基础上，结合已有文献的梳理、政策、制度文本、访谈等资料建立的研究架构及理论模式，提出研究假设。

（一）研究生个体特质的影响

研究生个体具有各自独特的特质，由这些个人特质组成的研究生个体特质即背景因素在研究生创新人才特征、创新人才培养产教融合力及人才培养绩效上会具有不同的感知。因此，背景因素可能会影响研究生在研究生创新人才特征、产教融合力上的表现即研究假设H1。本书中，背景因素包括性别、年龄、年级等人口学变量；研究生教育与工作背景，如学位类型、学科、学校类型、学科类型、入学前工作经验、入学前后学科变化及择业选择；家

---

[1] 陈恒、初国刚、侯建：《产学研合作培养创新人才培养效果影响机理》，载《科研管理》2018年第4期，第124~133页。

庭背景，如父母受教育程度、家庭年均人收入；导师背景，如导师来源、职称、与行业企业合作项目数、与研究生每月见面次数及研究生与行业企业对接（参加项目数）、对接的行业企业性质、所属行业等。

（二）大环境因素、"人"的因素、创新人才特征、人才培养绩效的关系

来自大学—产业—政府—公众社会—自然环境五个子系统关系的大环境因素在 M-PITC-IIU 运行机制中对人才培养直接的行动者即"人"的因素及创新人才特征会产生一定的影响即研究假设 H2、H3。知识生产模式下的产教融合五螺旋运行中，"人"的因素产教融合力对创新人才特征具有促进作用即研究假设 H4，大环境因素和"人"的因素、创新人才特征对研究生创新人才产教融合培养绩效具有促进作用即研究假设 H5、H6、H7。与此同时，"人"的因素、创新人才特征可能在研究生创新人才产教融合培养中起中介作用即研究假设 H8、H9、H10。

由此，本书中需要进行验证的研究假设汇总如表 4-16 所示。

表 4-16　研究假设汇总

序号	研究假设
H1	背景因素影响研究生在研究生创新人才特征、产教融合力上的表现
H2	大环境的因素会显著正向影响"人"的因素
H3	大环境的因素会显著正向影响研究生创新人才特征
H4	"人"的因素会显著影响研究生创新人才特征
H5	大环境的因素会显著正向影响研究生创新人才产教融合培养绩效
H6	"人"的因素会显著正向影响研究生创新人才产教融合培养绩效
H7	创新人才特征会显著正向影响研究生创新人才产教融合培养绩效
H8	"人"的因素在大环境因素与研究生创新人才产教融合培养绩效关系中起中介作用
H9	创新人才特征在大环境因素与研究生创新人才产教融合培养绩效关系中起中介作用
H10	"人"的因素、创新人才特征在大环境因素与研究生创新人才产教融合培养绩效关系中起链式中介作用

二、假设模型

影响研究生产教融合创新人才培养的因素，主要涉及研究生的背景因素、研究生期间的个体因素和教师因素、五螺旋子系统构成的大环境因素等。本书根据研究生创新人才产教融合培养五螺旋创新生态运行机制与理论构念模式（如图 3-2 所示），构建了图 4-2 的假设模型。该模型基于经典的 IPO 模式即投入—过程—产出模式改编，以研究生层次的产教融合创新人才培养为核心，将影响因素划分为背景因素、个体因素、教师因素及五螺旋子系统共同作用的大环境因素。其中，个体因素指研究生产教融合力，教师因素由专任教师产教融合力与导师产教融合力、政校企协同等构成，个体因素和教师因素涉及的主要是"人"的因素，五螺旋构成的产教融合力涉及的主要是大环境的因素。影响因素作用机制的假设模型如图 4-2 所示。

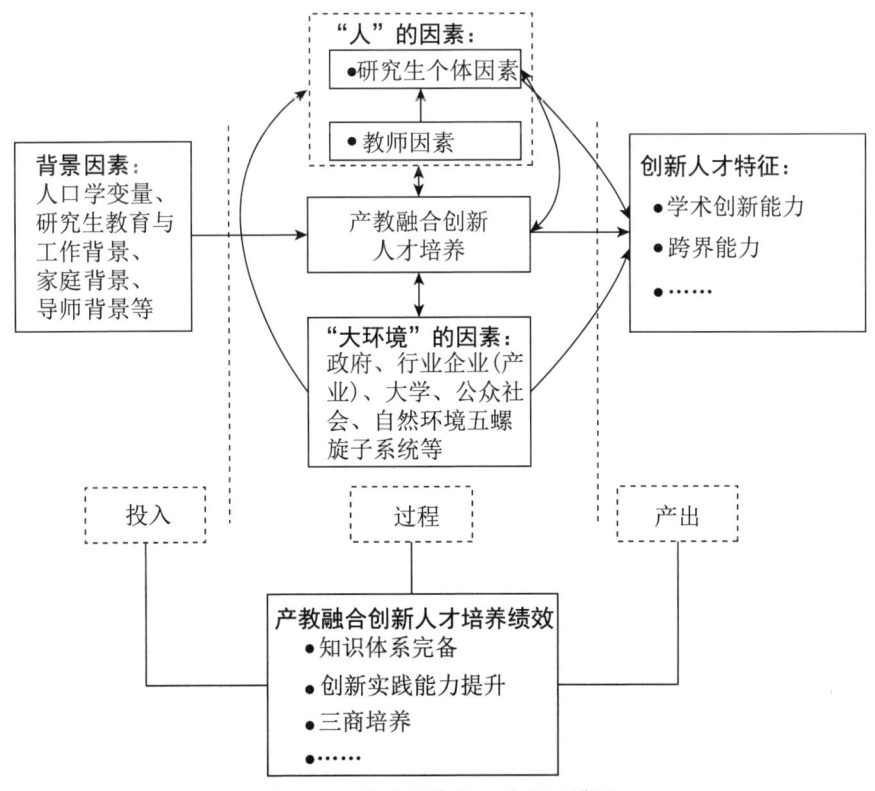

图 4-2　影响因素作用的假设模型

图4-2中，背景因素包括性别、年龄、年级等人口学变量；研究生教育与工作背景，如学位类型、学科、学校类型、学科类型、入学前工作经验、入学前后学科变化及择业选择；家庭背景，如父母受教育程度、家庭年均人收入；导师背景，如导师来源、职称、与行业企业合作项目数、与研究生每月见面次数及研究生与行业企业对接（参加项目数）、对接的行业企业性质、所属行业等。

通过此模型，试图回答以下三个问题：问题一，研究生感知到的产教融合现状如何？不同的研究生个体在产教融合创新人才培养水平上有何差异？在五螺旋各子系统等方面又存在怎样的异同？问题二，影响研究生产教融合创新人才培养的主要因素有哪些？问题三，这些因素是如何作用于研究生创新人才培养的？作用路径如何？

现状调查与分析 第五章

按照不同培养标准，硕士研究生分为学术学位和专业学位两种不同学位培养类型。随着经济社会的发展和研究生教育规模的扩大，我国专业学位研究生招生比例逐年上升，培养应用性复合型高层次人才成为研究生教育越来越重要的使命。尽管两种学位类型研究生的培养规格、知识结构及培养模式存在差异，但学术学位和专业学位研究生建立在共同学科基本理论和知识技术基础之上，进阶时可交叉发展，且产教融合对两种学位类型培养均有必要。因此，本书的调查对象是所有的全日制在校硕士研究生，不另行对学位类型进行区分。本章主要在问卷质量分析基础上，正式确定关键变量结构与维度；通过正式施测，调查分析研究生创新人才产教融合培养现状。

第一节　问卷修订与正式施测

一、问卷设计

本书所使用的测量量表内容是在理论推演和质性研究基础之上建构的。因此，量表建构之后，须进行问卷设计。

（一）数据调查对象

本书以研究生的"立场"去感知其在研究生学习期间，身为研究生之"我"的学术创新能力、跨界能力等创新人才特征要素与产教融合作用运行机制中各子系统等相互之间的关系。鉴于学术学位和专业学位是基于共同学科理论与知识技术之上的，因此本书在数据采集时面向所有全日制在校硕士研究生。

（二）问卷主要内容

围绕量表维度及内容、题项设计，调查问卷主要分为以下六个部分：

第一部分是导语。说明调查目的、意义、信息保密承诺、填写说明等。

第二部分是收集调查对象个人基本信息。包括 22 道题项。

第三部分是调查研究生自我感知到的创新人才特征即《研究生创新人才特征自我感知问卷》，共 45 道题项。主要涉及学术创新能力、跨界能力、社会能力和科研伦理四个方面。其中，学术创新能力包括 4 个二级指标，分别是学术创新准备、学术交流与表达能力、学术激情与动机、学术洞察与科研转化能力，共 24 道题项；跨界能力包括 3 个二级指标，分别是侦测行为、使节行为和协调行为，共 9 道题项；社会能力包括 3 个二级指标，分别为社会关系处理、社会责任与情怀、社会适应与职业规划，共 6 道题项；科研伦理包括科研伦理相关知识、技能、态度等，共 6 道题项。

第四部分是调查研究生在其学习期间自我感知到的政府、高校、行业企业、社会和自然环境的产教融合力及专任教师的课程教学与导师指导等方面的产教融合力即《创新人才培养产教融合力自我感知问卷》。共 48 道题项。

第五部分是调查研究生感知到的自己在知识体系、创新实践能力、三商培养方面的水平即研究生创新人才产教融合培养绩效的自我感知。共 3 道题项。

第六部分是非结构性的开放式问题，调查研究生本人对研究生教育相关建议。

（三）问卷的编排与计分

由于测量题项相对较多，为避免调查对象产生问题审美疲劳，在问卷设计时将《研究生创新人才特征自我感知问卷》设定为连续编排，将《创新人才培养产教融合力自我感知问卷》设定为分类型编排。

问卷采用李克特 7 级量表。李克特 7 级量表主要用于调查对象的态度测量，从"完全不符合""有点不符合""比较符合""一般""有点符合""比较符合"到"完全符合"，由低到高计分。

二、问卷试测与修订

问卷初稿形成之后，在正式大范围调研之前须进行小范围试测，以检验问卷的有效性等，提高正式调查的科学性、可靠性。试测样本选取了 50 位在校研究生，通过线上发放问卷。问卷回收后运用统计软件 SPSS26.0 进行区分度、偏度、峰度及信效度检验，剔除不符合要求的题项，结合已有研究及本书研究目的等，对问卷进行必要修订，编制形成正式问卷。

（一）《研究生创新人才特征自我感知问卷》分析与修订

1. 项目分析

问卷的区分度检验主要采用决断值——CR 值法进行。采用对样本总分进行 27% 前后高低分组的极端分组法，运用 SPSS 独立样本 T 检验。结果显示，所有测量题项的显著性水平均极其显著（P<0.001，T>3）。之后，对样本进行描述性统计的均值、标准差及偏度和峰度检验。结果显示，每个变量的均值都大于 3（M>3），表明研究生对各个测量变量的感知度较高，标准差都在 2 以下，说明问卷结果较为理想。对峰度进行检验，发现峰度结果符合要求，绝对值都在 7 以内。但样本中的偏度分析显示，测量题项 Q1 "我能不断完善我的专业知识体系"、Q36 "我认为研究生有责任为国家发展作贡献"、Q37 "我认为研究生应该服务于国家和社会发展需要" 3 个题项的偏度绝对值分别为 1.148、1.168、1.192。根据正态分布要求，偏度绝对值须小于 1，该 3 个题项大于 1，不符合要求，予以剔除。

2. 效度分析

采用主成分分析法检验问卷的结构效度，一般通过问卷中的 KMO 值和 Barlett 球形检验值判断是否适合做探索性因子分析。KMO 值大于 0.7 表示数据适合做因子分析；大于 0.9，则说明非常适合做因子分析。结果显示，KMO = 0.967，表明问卷各变量间存在共同因素，变量适合做因子分析；Bartlett 球形检验的相伴概率 P = 0.000<0.001，达到显著性水平，表明总体的相关矩阵间存在共同因素，适合进行因子分析。

通过主成分分析法对问卷变量的共同因素进行提取，结果显示特征根值大于 1 的因子有 3 个，累积总解释变异量为 82.614%。根据特征根碎石图（如图 5-1 所示），5 个因子之后坡度逐渐趋于平坦。据软件统计分析，提取 3 个因子后，跨界能力和学术交流与表达、学术洞察与科研转化能力能组成一个因子，结合本书研究目的及研究生教育实际，本书仍然将跨界能力单列为一个因子。进一步将提取因子个数为 4 进行因子分析时，发现因子的总解释变异量为 84.542%，各因子负荷均大于 0.5，通过效度检验。

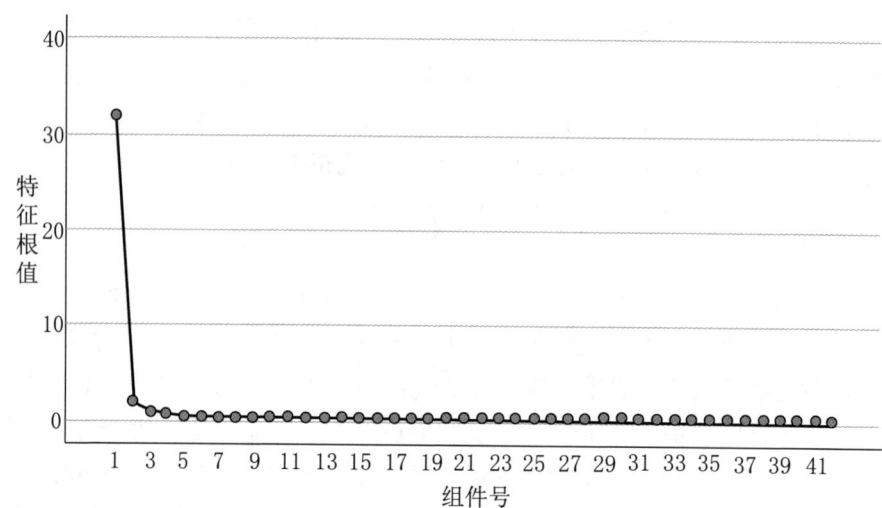

图 5-1　特征根碎石图

3. 问卷结构的修订

结合问卷构念、各题项的因子负荷及质性数据，将 4 个因子的题项进行了整合并重新命名，如表 5-1 所示。因子 1 有 12 个题项，主要涉及学术交流与表达、学术洞察与科研转化相关内容，命名为"学术创新能力"。其中题项 2、3、7、8、9、10 主要是专业能力、学术交流、学术表达相关内容，命名为"学术准备与交流表达"；题项 17、19、20、21、22、24 主要是学术洞察与科研转化相关内容，命名为"学术洞察与科研转化"。因子 2 有 9 个题项，根据统计分析结果，题项没有变动，仍然命名为"跨界能力"，包括题项 25、26、27、28、29、30、31、32、33。因子 3 有 11 个题项，原创新人才特征构成要素测量结构中社会能力的部分题项和科研伦理合并成为一个因子，根据题项构念，重新命名为"社会胜任力"。其中社会能力包括题项 15、34、35、38、39；科研伦理题项没有变动，包括题项 40、41、42、43、44、45。因子 4 有10 个题项，原测量结构中心理韧性（心理弹性）与学术激情、学术动机组成一个因子，这三个子维度主要侧重心理学方面的结构水平，根据题项构念，命名为"学术激情与动机"。其中心理韧性包括题项 4、5、6；学术激情包括题项 11、12、13；学术动机包括题项 14、16、18、23。据此，生成《研究生创新人才特征自我感知问卷》作为大样本调查的正式施测问卷，问卷共计 42 道题项。

表 5-1　研究生创新人才特征的因子结构与命名

因子	题项	子维度	命名
1	2、3、7、8、9、10	学术准备与交流表达	学术创新能力
	17、19、20、21、22、24	学术洞察与科研转化	
2	25、26、27	侦测行为	跨界能力
	28、29、30	使节行为	
	31、32、33	协调行为	
3	15、34、35、38、39	社会能力	社会胜任力
	40、41、42、43、44、45	科研伦理	
4	4、5、6	心理韧性	学术激情与动机
	11、12、13	学术激情	
	14、16、18、23	学术动机	

4. 信度分析

采用 Cronbach'α 系数检验四个因子的内部一致性、稳定性。结果显示，学术创新能力、跨界能力、社会胜任力、学术激情与动机的 Cronbach'α 系数均大于 0.9，如表 5-2 所示，符合要求，通过检验。

表 5-2　研究生创新人才特征因子信度

因子	Cronbach'α 系数
学术创新能力	0.973
跨界能力	0.972
社会胜任力	0.931
学术激情与动机	0.973

(二)《创新人才培养产教融合力自我感知问卷》分析与修订

《创新人才培养产教融合力自我感知问卷》调查的是研究生对五个子系统融合力的自我感知。主要包括两部分内容：第一部分是对大环境因素进行分析；第二部分是对"人"的因素进行分析。

1. 项目分析

问卷的区分度检验主要采用决断值——CR 值法进行。采用对样本总分进行 27% 前后高低分组的极端分组法，运用 SPSS 独立样本 T 检验。结果显示，所有测量题项的显著性水平均极其显著（P<0.001，T>3）。之后，对样本进行描述性统计的均值、标准差及偏度和峰度检验。结果显示，每个变量的均值都大于 3（M>3），表明研究生对各个测量变量的感知度较高，标准差都在 2 以下，说明问卷结果较为理想。对峰度进行检验，发现峰度结果符合要求，绝对值都在 7 以内；偏度分析结果符合要求，绝对值均小于 1，符合研究预设。

2. 信效度分析及因子命名

《创新人才培养产教融合力自我感知问卷》中包括大环境因素即政府产教融合力、高校产教融合力、行业企业产教融合力、社会融合力、自然环境融合力和"人"的因素即专任教师、导师、研究生产教融合力及政校企协同。由于研究生创新人才产教融合培养模型关涉五个不同的运行子系统，各子系统是相互独立的，因此本书无须再对由五个独立运行的子系统的大环境因素和"人"的因素进行因子提取。但为方便对不同研究生个人特质的差异分析等统计分析时的因子简化表述，对大环境因素采取两种方式检验其效度、信度：一是为简化因子表述而对大环境因素进行因子提取，以便将各子系统的产教融合力因子进行合并；二是同时对五个子系统的信效度进行检验。

（1）大环境因素的信效度分析。

其一，因子分析。采用主成分分析法检验问卷的结构效度，一般通过问卷中的 KMO 值和 Barlett 球形检验值判断是否适合做探索性因子分析。结果显示，KMO=0.982，表明问卷各变量间存在共同因素，变量适合做因子分析；Bartlett 球形检验的相伴概率 P=0.000<0.001，达到显著性水平，表明总体的相关矩阵间存在共同因素，适合进行因子分析。

通过主成分分析法对问卷变量的共同因素进行提取，结果显示特征根值大于 1 的因子有 2 个，累积总解释变异量为 82.589%，表明 2 个共同因素对大环境产教融合力的解释力达到 82.589%。依据统计要求，对因子负荷<0.3、共同度<0.2、题项在多个维度上均存在相近负荷、题项之间相关度低的题项进行筛选和归类，剔除不符合要求的题项。结果显示，所有项目均按预设的结构进行了分类，没有不符合要求的题项，且因子载荷均大于 0.5，说明预设的大环境产教融合力具有较好的结构效度。

不过，分析显示，大环境产教融合力预设的一级测量指标转变为二级指标。其中，政府、大学组织、院系产教融合力共同构成因子1，根据题项内容及研究构念，命名为"政校院产教融合力"，简称"政校院融合力"；行业企业、社会、自然环境融合力共同构成因子2，根据题项内容、研究构念及以因子负荷量较大的命名原则，命名为"社会自然融合力"。大环境因子结构与命名如表5-3所示。

表5-3 大环境因子结构与命名

因子	题项	子维度	命名
1	G1、G2、G3、G4 U1、U2、U3、U4、U5、U6、U7 S1、S2、S3、S4	政府产教融合力 大学组织产教融合力 院系产教融合力	政校院融合力
2	SE1、SE2、SE3、SE4 N1、N2、N3 I1、I2、I3、I4、I5、I6	社会融合力 自然环境融合力 行业企业产教融合力	社会自然 融合力

由表5-3可知，因子1包括政府、大学组织、院系产教融合力，共计15道题项，对整体的贡献率为40.653%；因子2包括行业企业、社会、自然环境（产教）融合力，共计13道题项，对整体的贡献率为41.936%。

采用Cronbach'α系数检验两个因子的信度。结果显示，政校院融合力、社会自然融合力的内部一致性Cronbach'α系数均大于0.7，符合要求。

其二，大环境因素的信效度分析。大环境因素即五个子系统的内容效度符合现有研究理论基础。通过对样本数据进行KMO检验和Barlett球形检验，结果显示KMO值为0.861，通常KMO值≥0.7，则说明问卷的结构效度可以接受；Barlett球形检验的相伴概率均为$P=0.000<0.001$，达到显著性统计水平，结构效度符合要求。

通过Cronbach'α系数检验因子的信度，结果显示五个子系统各维度中政府产教融合力、高校产教融合力、行业企业产教融合力、社会融合力、自然环境融合力的Cronbach'α系数分别为0.972、0.981、0.959、0.973、0.969，均大于0.9，说明信度非常高，通过检验。

（2）对"人"的因素的信效度分析。

"人"的因素的内容效度符合现有研究理论基础。通过对样本数据进行

KMO 检验和 Barlett 球形检验，结果显示 KMO 值为 0.906，通常 KMO 值 ≥ 0.7，则说明问卷的结构效度可以接受；Barlett 球形检验的相伴概率 P = 0.000 < 0.001，达到显著性统计水平，结构效度符合要求。

通过 Cronbach'α 系数检验因子的信度，结果显示专任教师产教融合力、导师产教融合力、研究生产教融合力、政校企协同的 Cronbach'α 系数分别为 0.973，0.975，0.959，0.975，均大于 0.9，说明信度非常高，通过检验。

（三）研究生创新人才产教融合培养绩效调查表

产教融合创新人才培养绩效（以下简称"人才培养绩效"）主要考察产教融合情境下，培养创新人才所取得的成效或效果，是产教融合创新活动的最终成果，也是研究生创新人才培养的具体表现。本书中人才培养绩效调查表主要包括三个方面的内容，即知识体系完备、创新实践能力提升、智商情商逆商三商培养。通过对样本数据进行 KMO 检验和 Barlett 球形检验，结果显示 KMO 值为 0.790，大于 0.7；Barlett 球形检验的相伴概率 P = 0.000 < 0.001，达到显著性水平，人才培养绩效结构效度符合要求。采用 Cronbach'α 系数检验人才培养绩效的信度。结果显示，Cronbach'α 系数为 0.981，大于 0.9，说明信度非常高，通过检验。

综上，通过统计学上的信效度分析及对因子结构与内涵的调整、整合，结合研究生教育实际，对部分题项的语言表述进行修订，最终形成《创新人才培养产教融合力自我感知问卷》，用于大范围样本调查的正式施测问卷，问卷共计 51 道题项。

（四）问卷修订结果

通过预调研，剔除不符合要求的题项，结合研究生教育实际，对题项的语言表述、问题顺序编排等内容进行了修改，最终形成正式问卷。问卷中的测量题项采用李克特 7 级量表。与此同时，根据修改后的问卷，除人才培养绩效测量指标外，研究者对各个测量指标进行了再次概念化处理，重新定义了各个因子的内涵。

研究生创新人才特征涉及学术创新能力 IA、跨界能力 BS、社会胜任力 SC、学术激情与动机 PM 四个测量指标。学术创新能力 IA 包括学术准备与交流表达 Pc、学术洞察与科研转化 It 两个测量指标；跨界能力 BS 包括主要包括三类活动即侦测行为 Rb、使节行为 Ab、协调行为 Cb；社会胜任力 SC 包括社会能力 Sa、科研伦理 Rt 两个测量指标；学术激情与动机 PM 包括心理韧性

Re、学术激情 Pa、学术动机 Mo 三个测量指标，各个测量指标的结构与内涵如表 5-4 所示。

表5-4　研究生创新人才特征测量结构与内涵

一级指标	二级指标	构念与内涵
IA	Pc、It	指培养的研究生在具备一定专业能力基础上，能充分运用本学科或跨学科的专业术语表达学术观点、展示学术成果、进行学术交流，能识别研究问题背后隐藏的含义并判别论文研究的价值，具有学术敏感性和科研实践与转化能力。
BS	Rb、Ab、Cb	指研究生为了实现目标而与组织内外部相关方的其他个体或团队建立联系并不断交互的行为组成的能力。主要包括三类活动，即侦测行为、使节行为、协调行为。
SC	Sa、Rt	指研究生能应对独立从事科研工作所面临的社会问题，包括社会关系处理、社会适应、社会性发展及承担科研社会责任等，能遵循科研伦理准则、提升问题甄别能力、形成伦理价值认同、践行负责任研究行为等。
PM	Re、Pa、Mo	指研究生在从事学术探究或发现时产生的强烈偏好倾向，能在逆境中茁壮成长，在论文撰写的过程中会以从事科学研究与实践为目标，并持续地朝此目标前进。

研究生人才培养产教融合力测量结构与内涵没有发生较大变动，由五个子系统的产教融合力组成大环境因素 BE 和"人"的因素 PA。不过，为便于统计分析，将大环境因素 BE 合并为政校院融合力 GUI、社会自然融合力 SNI 两个大因子，政校院融合力 GUI 包括政府产教融合力 Gi、大学组织产教融合力 Ui、院系产教融合力 Si，社会自然融合力 SNI 包括社会融合力 SEi、自然环境融合力 Ni、行业企业产教融合力 Ii。"人"的因素 PA 包括专任教师产教融合力 Ti、导师产教融合力 Mi、研究生产教融合力 Pi、政校企协同 Co，如表 5-5 所示。

143

表 5-5　研究生人才培养产教融合力测量结构与内涵

一级指标	二级指标	三级指标	构念与内涵
BE	GUI	Gi、Ui、Si	指通过政府、大学组织、院系对产教融合研究生人才培养提供的各类政策、制度、措施等方面的支持及其做出的努力与参与程度而形成的融合力。
	SNI	SEi、Ni、Ii	指以媒介和文化为基础的公众社会、自然环境、行业企业等组织外界通过各种思想、意识、行动等对研究生产教融合施加的各种显性或隐性的影响而构成的融合力。
PA		Ti	指教师产教融合教育水平，如课程教学内容与产业联系度、理论知识与产业知识的熟悉程度等。
		Mi	指在与研究生良好互动的前提下，研究生导师在促进所指导研究生产教融合所做出的努力和投入程度。
		Pi	指研究生在产教融合人才培养过程中的内部学习与成长能力。
		Co	作为行动者组成的政府—高校—行业企业的关系网络及相互之间为研究生创新人才产教融合培养目标而做出的行动。

三、正式施测与信效度检验

经过小范围的调查试测，研究确定了正式调查问卷的结构内容与题项。正式施测将进一步对问卷中的量表进行信效度检验，以验证量表各因子结构的内部一致性和有效性。

（一）正式施测的样本选择与实施

正式调查样本选取了东中部地区的研究生培养单位的全日制在校硕士研究生进行问卷发放，来自全国 41 个城市的高校参与了线上调查，跨越了 24 个省。样本抽样方式主要通过硕士研究生导师及研究生院两种方式发放，少部分问卷经由研究生转发其他同学填写。问卷共提交 931 份，剔除所有题项均选择同一个选项等明显属于随意作答的问卷 3 份，回收有效问卷 928 份，有效问卷回收率为 99.68%。样本分布情况如表 5-6 所示。

表 5-6　正式施测样本分布情况

类别	样本特征	频数	占比（%）
性别	男	517	55.7
	女	411	44.3
年龄	24 岁以下	367	39.5
	25 岁至 29 岁	460	49.6
	30 岁以上	101	10.9
年级	研一	409	44.1
	研二	307	33.1
	研三	212	22.8
学位类型	学术学位	475	51.2
	专业学位	453	48.8
就读学科	哲学	8	0.9
	经济学	17	1.8
	法学	180	19.4
	教育学	58	6.3
	文学	4	0.4
	艺术学	2	0.2
	历史学	13	1.4
	理学	90	9.7
	工学	447	48.2
	农学	1	0.1
	管理学	108	11.6
学科层次	一流学科	304	32.8
	非一流学科	624	67.2
学校层次	一流学校	230	24.8
	非一流学校	698	75.2
入学方式	免试推荐	74	8

类别	样本特征	频数	占比（%）
	公开招考	815	87.8
	本硕连读	3	0.3
	审核推荐	27	3
	硕博连读	4	0.4
	其他	5	0.5
参加工作时长	0	575	62
	1个月至3个月	93	10
	3个月至6个月	33	3.5
	6个月至1年	50	5.4
	1年至2年	50	5.4
	2年以上	127	13.7
就业选择	读博	124	13.4
	高校专任教师	119	12.8
	高校行政人员/辅导员	60	6.5
	中小学教师	45	4.8
	公务员	229	24.7
	自主创业	17	1.8
	企事业单位科研岗位	149	16.1
	企事业单位非科研岗位	92	9.9
	其他	93	10
就读学科与之前所学学科	相同	543	58.5
	不相同	385	41.5
父母文化程度	小学以下	120	12.9
	初中以下	445	48
	高中毕业	212	22.8
	大中专毕业	143	15.4

续表

类别	样本特征	频数	占比（%）
	研究生毕业	8	0.9
导师来源	本校导师	827	89.1
	校外兼职导师	24	2.6
	导师组	11	1.2
	校内外双导师	66	7.1
导师职称	教授	537	57.9
	副教授（含青年博士）	391	42.1
家庭人均年收入	5 千元以下	146	15.7
	5 千元至 1 万元	172	18.5
	1 万元至 3 万元	188	20.3
	3 万元至 8 万元	196	21.1
	8 万元至 15 万元	132	14.2
	15 万元至 30 万元	72	7.8
	30 万元以上	22	2.4
参加产教合作项目或科研实践活动的行业企业性质	事业单位	247	26.6
	国有/集体所有企业	151	16.3
	集体所有制企业	10	1.1
	联营	4	0.4
	私营	90	9.7
	三资企业	6	0.6
	其他	420	45.3
参加产教合作项目或科研实践活动所属行业	农林牧渔业	29	3.1
	采矿业	43	4.6
	制造业	116	12.5
	电力、热力、燃气及水生产和供应业	42	4.5
	建筑业	42	4.5

类别	样本特征	频数	占比（%）
参加产教合作项目或科研实践活动所属行业	批发和零售业	3	0.3
	交通运输、仓储和邮政业	30	3.2
	住宿和餐饮业	8	0.9
	信息传输、软件和信息技术服务业	72	7.8
	金融业	22	2.4
	房地产业	18	2
	租赁和商务服务业	6	0.6
	科学研究和技术服务业	127	13.7
	水利、环境和公共设施管理业	28	3
	居民服务、修理和其他服务业	11	1.2
	教育	192	20.7
	卫生和社会工作	11	1.2
	文化、体育和娱乐业	29	3.1
	公共管理、社会保障和社会组织	91	9.8
	国际组织	8	0.9

问卷反馈的样本空间特征显示，调查样本来自全国 41 个城市的研究生培养单位，覆盖了具有研究生教育机构和管理组织的大部分省份。

正式施测样本分布情况所示，参与调研的研究生总人数为 928 人，其中男生 517 人，女生 411 人，各占 55.7%、44.3%，男女学生比例趋于平衡；一年级 409 人、二年级 307 人，三年级 212 人，各占 44.1%、33.1%、22.8%，研究生每个年级的学生均有一定比例的覆盖；学术学位研究生 475 人，专业学位研究生 453 人，各自所占比例分别为 51.2%、48.8%，参与调研的研究生学位类型比例适中；样本调查所属学科为自然科学 538 人，人文社会科学 390 人，各占 58%、42%，比例适中。学科层次、学校层次方面的调查样本则相对失衡，一流学科、一流学校的研究生分别是 304 人、230 人，所占比例分别为 32.8%、24.8%，因此在统计分析时涉及学科层次、学校层次方面时须兼顾考虑样本覆盖问题。样本调查中属于公开招考入学方式占比 87.8%，说明大部分参与调研的研究生是通过公开招考方式入读研究生的，具有一定的代表性。调查样本的性别比例、学位类型、学科门类等比例适中，各个年级均有覆盖，入学方式大部分为公开招考，因此对样本数据进行统计分析、统计推断具有一定的代表性。

（二）信效度分析

正式施测问卷发放后，考虑到问卷测评为单次调查，因此对问卷进行了信效度检验。

首先结合前文中对研究生创新人才产教融合培养的理论模型与研究假设，借助 AMOS 24.0 绘制研究的结构方程概念模型图，如图 5-2 所示。结构方程概念模型图绘制完成后对问卷进行信效度检验。

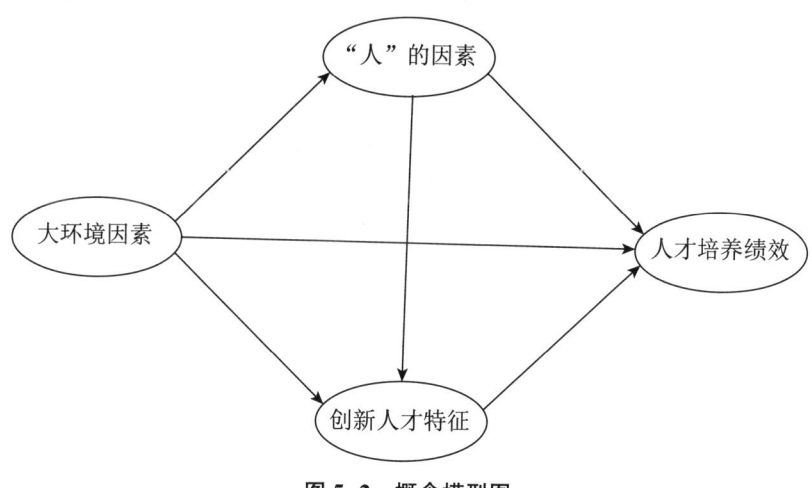

图 5-2 概念模型图

1. 信度检验

运用 SPSS26.0 统计软件对大环境因素、"人"的因素、创新人才特征、人才培养绩效四个分量表进行信度分析，以评价问卷的稳定性、一致性程度。在所有其他条件等同情况下，信度系数越高，测验质量越好。[1]本书采用 Cronbach'α 系数来检验量表的内部一致性。经检验，结果显示如表 5-7 所示，各分量表的 Cronbach'α 系数分别为 0.989、0.983、0.981、0.875，均大于

〔1〕 张敏强：《教育测量学》，人民教育出版社 1998 年版，第 113 页。

0.7，表明量表信度较高，符合要求，通过检验。

2. 收敛效度和区别效度检验

运用 AMOS24.0 软件对创新人才特征、大环境因素、"人"的因素、人才培养绩效进行验证性因子分析。验证性因子分析（confirmatory factor analysis，CFA）是用于测量因子与题项之间的对应关系是否与研究者预测保持一致的研究方法。

本书采用平均方差抽取量（AVE）与组合信度（CR）两个指标检验正式问卷的收敛效度。AVE 是计算潜变量对测量指标的平均解释能力，AVE 越高，表示构面越具有收敛性，一般建议应大于 0.5；CR 值是所有测量题目信度的组合，CR 越高，表示构面的内部一致性越高，一般建议大于 0.7。由表 5-7 可知，测评问卷各维度 AVE 值在 0.697 到 0.825 之间，均大于 0.5；CR 值在 0.873 到 0.959 之间，均大于 0.7，表明正式调研问卷有较好的收敛效度。

表 5-7 信度与收敛效度检验

因素	Cronbach'α	CR	AVE
大环境因素	0.989	0.959	0.825
"人"的因素	0.983	0.948	0.82
创新人才特征	0.981	0.947	0.816
人才培养绩效	0.875	0.873	0.697

注：*Cronbach'α* 为克朗巴哈系数；*CR* 为组合信度；*AVE* 为平均方差抽取量。

区别效度可以比较各维度不同要素平均方差抽取量（AVE）的平方根与各要素间的相关系数，当前者大于后者时，表明问卷各维度间具有区别效度。如表 5-8 所示，本书中大环境因素、人才培养绩效、创新人才特征、"人"的因素的平方差抽取量（AVE）的平方根均大于各要素间的相关系数，表明各要素间具有较好的区别效度。

表 5-8 区别效度检验

维度	大环境因素	人才培养绩效	创新人才特征	"人"的因素
大环境因素	**0.908**			
人才培养绩效	0.492	**0.835**		
创新人才特征	0.523	0.511	**0.904**	
"人"的因素	0.483	0.472	0.543	**0.906**

注：对角线粗体字为 AVE 之开根号值（平方根），下三角为变量之间的皮尔逊相关系数。

第二节 现状分析

一、人才培养现状的描述性统计

（一）研究生产教融合相关描述性分析

为弥补问卷信息收集的不足，本书在问卷基本信息部分除了收集研究生人口统计学特征、个人背景等信息，还另外设置了研究生导师、研究个体与产教融合相关的客观描述题。样本来自覆盖全国 41 个城市 24 个省的研究生培养单位，具有一定的代表性。

1. 研究生参加产教合作相关活动的所属行业情况

调查问卷的行业分类以 2017 年版《国民经济行业分类》为准。问卷调查显示，研究生参加产教合作相关项目或实践活动遍布 20 个行业，其中在教育行业从事产教合作项目或科研或实践活动的占 20.7%、科学研究和服务行业占 13.7%、制造业占 12.5%，在这三类行业开展科研实践活动的占样本总数的 46.9%，详细行业分布情况如表 5-9 所示。

表 5-9 参加产教合作相关项目或实践活动的行业分布情况

行业	频数	占比 (%)	行业	频数	占比 (%)
农林牧渔业	29	3.1	租赁和商务服务业	6	0.6
采矿业	43	4.6	科学研究和技术服务业	127	13.7

续表

行业	频数	占比 (%)	行业	频数	占比 (%)
制造业	116	12.5	水利、环境和公共设施管理业	28	3
电力、热力、燃气及水生产和供应业	42	4.5	居民服务、修理和其他服务业	11	1.2
建筑业	42	4.5	教育	192	20.7
批发和零售业	3	0.3	卫生和社会工作	11	1.2
交通运输、仓储和邮政业	30	3.2	文化、体育和娱乐业	29	3.1
住宿和餐饮业	8	0.9	公共管理、社会保障和社会组织	91	9.8
信息传输、软件和信息技术服务业	72	7.8	国际组织	8	0.9
金融业	22	2.4	总计	928	100
房地产业	18	2			

据调查样本，集中在事业单位、国有企业等"体制内"从事产教合作项目及科研实践活动的研究生共有 398 人，占 42.9%；在"体制外"性质的行业企业中的研究生共有 530 人，占 57.1%。根据对高校教师、行业企业及研究生本人的访谈等获取的信息，与高校开展长期产教合作的行业企业大部分来源于国有企业或事业单位；高校在自然科学方面与国有企业尤其是国有大型企业的长期合作相对频繁，在人文社科方面则与事业单位的长期合作相对频繁。这一定程度上表明我国高校的产教融合培养研究生人才活动更愿意在国有企业、事业单位中进行。这可能与国有企业或事业单位在资源、经费、科学研究、创新平台等方面相对具有优势有关。

2. 导师产教合作项目及导生见面相关情况

关于"我的导师平均每年与行业企业合作项目数"（第 18 题）的调查结果显示，导师与行业企业平均每年合作项目数为 0 的样本有 175 份，占 18.9%；有 1 项合作的样本 178 份，占 19.2%，2 项至 3 项的样本 327 份，占 35.2%；合作项目超过 3 项的样本有 248 份，占 26.7%。从调查样本数据来看，导师与行业企业的项目合作 1 项以下的频数较低，差异较大。

关于"我的导师和研究生平均每月见面次数"（第 20 题）的调查结果显

示，导师和研究生平均每月见面（以下简称"导生见面"）次数最少的占8.5%；导生见面次数所占频率最高的是5次以上，有330名研究生认为自己和导师每月能见面5次以上，占样本量的35.6%；其次是见面次数为1次至2次，有282名研究生认为自己与导师平均每月能见面1次至2次，占30.4%。从总体上看，导生平均每月见面次数超过3次的占61.1%，这说明大部分导师与研究生平均每10天沟通一次，但也有近9%的导师与研究生几乎零沟通。具体数据如表5-10所示。

表5-10 导师调查相关情况表（N=928）

		频数	占比（%）
导师产教合作项目数	0项	175	18.9
	1项	178	19.2
	2项至3项	327	35.2
	3项以上	248	26.7
导生见面次数	1次以下	79	8.5
	1次至2次	282	30.4
	3次至5次	237	25.5
	5次以上	330	35.6

3. 研究生产教项目参与及相关论文发表情况

关于"研究生期间我参加的与产教合作相关的项目数"（第19题）的调查结果显示，研究生参与产教合作相关项目数为0的样本为467份，占50.3%；参与产教合作相关项目数为1的样本为230份，占24.8%；2项以上的占24.9%。这表明有一半的研究生在接受调查时表示自己从未参加过产教合作相关的项目。通过进一步观察数据，可以发现，从未参加过项目的研究生中的研一学生样本有232份，占参与项目数为0的样本（467份）的比例为50.1%，这表明在从未参加过产教合作相关项目数中有近一半属于非研一学生即属于研二、研三的学生。一般认为人文社科类研究生的产教合作相对较少，但据样本调查，从未参加过项目的研一学生样本中，工学的有192份，占参与项目数为0的样本（467份）的比例为41.1%，这说明未参加过产教合作项目的自然科学学科的研究生所占比例较高。由此可以认为，我国研究生整体上参与产教合作相关项目的比例不高，从未参加过相关项目的研究生不在少数。

关于"研究生期间，我发表与产教合作或科研实践相关的高质量理论性学术论文数"（第21题）的选项中，68.3%的研究生（634人）表示发表产教科研实践活动的相关篇数为0，进一步观察发现研二、研三的学生占比为89.59%（568人）；在"研究生期间，我发表与产教合作或科研实践相关的高质量应用性学术论文数"（第22题）的选项中，73.5%的研究生（682人）表示发表产教科研实践活动的相关篇数为0，进一步观察发现研二、研三的学生占比为83.43%（569人）。由此，从样本调查数据来看，我国研究生整体上发表与产教科研实践相关的理论性或应用性论文较少。不过，由于大部分高校的硕士研究生培养在研究生论文发表方面不作要求，因此不能由此判定硕士研究生的知识生产创新产品不高，还需结合其他测量指标才能作出综合评价。相关数据如表5-11所示。

表 5-11　研究生调查相关情况表（N＝928）

		频数	占比（%）
研究生参与项目数	0	467	50.3
	1 项	230	24.8
	2 项至 3 项	170	18.3
	3 项以上	61	6.6
理论性论文	0	634	68
	1 篇	158	17
	2 篇至 3 篇	108	12
	3 篇以上	28	3
应用性论文	0	682	73.5
	1 篇	148	16
	2 篇至 3 篇	82	8.8
	3 篇以上	16	1.7

（二）总体描述统计

研究生创新人才产教融合培养现状调查工具由《研究生创新人才特征自

我感知问卷》和《创新人才培养产教融合力自我感知问卷》组成。研究生创新人才特征自我感知量表共有四个维度即学术创新能力、跨界能力、社会胜任力、学术激情与学术动机；创新人才培养产教融合力自我感知量表共有三个维度即大环境因素、"人"的因素、人才培养绩效，大环境因素和"人"的因素主要考察研究生创新人才培养产教融合模式（M-PITC-IIU）运行机制中的五螺旋系统产教融合力及系统运行中研究生所感知到的专任教师、导师及研究生个体、政校企协同作用下的产教融合力，本书将之统称为"五子系统融合力"。在问卷修订时，前文中已将大环境因素析出为两个大因子，为现在的统计分析做准备，即将大环境因素合并为政校院融合力、社会自然融合力两个大因子，政校院融合力包括政府产教融合力、大学组织产教融合力、院系产教融合力，社会自然融合力包括社会融合力、自然环境融合力、行业企业产教融合力。"人"的因素包括专任教师产教融合力、导师产教融合力、研究生产教融合力、政校企协同。人才培养绩效维度主要用于测量研究生自我感知到的产教融合人才培养效果，属于结果变量。在对各个维度进行分析之前，首先对研究生创新人才产教融合培养现状进行总体描述，统计分析结果如表 5-12 所示。

表 5-12　总体描述统计（N=928）

		最小值	最大值	均值	标准差
创新人才特征	学术创新能力	1	7	5.1889	1.20363
	跨界能力	1	7	5.1643	1.25384
	社会胜任力	1	7	5.5485	1.14205
	学术激情与动机	1	7	5.3761	1.17164
五子系统融合力	政校院融合力	1	7	5.3432	1.21419
	社会自然融合力	1	7	5.3477	1.20423
	"人"的因素	1	7	5.3352	1.19983
人才培养绩效		1	7	4.0400	1.72100

问卷采用的是李克特 7 级量表，从"完全不符合""比较符合""有点不符合""一般""有点符合""比较符合"到"完全符合"，由低到高计分，分别计 1 分、2 分、3 分、4 分、5 分、6 分、7 分。由表 5-12 的统计结果可

以看出，我国产教融合研究生创新人才培养的总体水平和产教融合力的总体水平均大于5、小于6（5<M<6），属于"有点符合"的情况，居于中等水平。

在创新人才特征水平上，社会胜任力的得分最高（M=5.5485），其次是学术激情与动机，跨界能力得分最低，学术创新能力和跨界能力的得分相差不大。这说明，我国研究生创新人才特征的发展水平尚不均衡，研究生自我感知到的社会胜任力（包括社会能力和科研伦理）表现高于其他创新人才特征水平，研究生的跨界能力和学术创新能力有待加强。

在研究生创新人才培养产教融合力水平上，政校院融合力、社会自然融合力、"人"的因素的均值差距不大，均值得分从高到低依次为社会自然融合力（M=5.3477）、政校院融合力（M=5.3432）、"人"的因素（M=5.3352），这说明，我国研究生所感知到的政治、经济、教育、公众社会、自然环境五个子系统方面的产教融合力水平比较均衡。

二、研究生个体特质在创新人才特征水平上的差异性分析

研究生创新人才特征水平受研究生个体行为动机的影响，具有研究生个体差异性，每个研究生个体对创新人才特征的自我感知水平不尽相同，因此考察研究生创新人才培养水平的现状有必要通过个体特质表现出的差异进行分析。

（一）性别差异

性别为二分类别变量，是两个相对独立的样本，使用独立样本 T 检验，以检验不同性别的研究生在各个因子上是否具有显著性差异。在 T 检验之前须先进行方差齐性检验，结果显示，F 值的显著性水平大于 0.05，表明方差齐性，适合做独立样本 T 检验。基于性别的 T 检验结果如表 5-13 所示，性别在研究生创新人才特征水平上存在极其显著差异（P=0.000<0.001），其中在学术创新能力、跨界能力水平上存在极其显著差异，在学术激情与动机水平上存在显著差异，在社会胜任力水平上不存在显著差异。从均值比较来看，男性研究生均值在研究生创新人才特征总体水平及各个因子水平上的得分均高于比女性研究生。这说明，男性研究生的创新人才特征总体水平显著高于女性研究生，且在学术创新能力、跨界能力两个水平上极其显著高于女性研究生。

表 5-13　基于性别的独立样本 T 检验

	男（N=517）	女（N=411）	T 值	显著性
学术创新能力	5. 3406	4. 9982	4. 346	0. 000 ***
跨界能力	5. 3346	4. 9500	4. 694	0. 000 ***
社会胜任力	5. 5859	5. 5014	1. 119	0. 2630
学术激情与动机	5. 489	5. 2341	3. 31	0. 001 *
总分	5. 4389	5. 1758	3. 516	0. 000 ***

注：* 表示 $P<0.05$；* * 表示 $P<0.01$；*** 表示 $P<0.001$，下同。

（二）年龄、年级差异分析

运用单因素方差分析，检验各变量在不同年龄、年级是否具有显著性差异。结果如表 5-14、表 5-15 所示。结果表明，不同年龄、年级的研究生在创新人才特征水平上不存在显著差异，但创新人才特征水平会随着年龄的增长、知识的积累或因年级的升级而提高。

表 5-14 年龄差异表显示，年龄在创新人才特征各个水平上不存在显著差异，这说明年龄不是研究生创新人才特征水平的显著影响因素。据均值图，研究生创新人才特征各个水平的平均得分随着年龄增长而提高，这说明研究生创新人才特征各个水平的自我感知随着年龄的增长而增长，年龄对创新人才特征的各个水平产生了影响。

表 5-15 年级差异表显示，年级在创新人才特征各个水平上没有显著差异，这说明年级的高低不是创新人才特征水平的显著影响因素。但据均值比较，研三在各个水平的平均得分最高，创新人才特征水平会随着研究生学习的积累而提高，这符合人类学习常识。

表 5-14　年龄差异表

		N	平均值	标准差	F	显著性
	24 岁以下	367	5. 1199	1. 22383	1. 365	0. 256
学术创新能力	25 岁至 29 岁	460	5. 2138	1. 16218		
	30 岁以上	101	5. 3267	1. 30723		

		N	平均值	标准差	F	显著性
跨界能力	24 岁以下	367	5.0936	1.29903	2.272	0.104
	25 岁至 29 岁	460	5.1705	1.21865		
	30 岁以上	101	5.3927	1.22863		
社会胜任力	24 岁以下	367	5.5083	1.15894	1.078	0.341
	25 岁至 29 岁	460	5.548	1.10523		
	30 岁以上	101	5.6967	1.24092		
学术激情与动机	24 岁以下	367	5.2951	1.18876	2.314	0.099
	25 岁至 29 岁	460	5.3987	1.13652		
	30 岁以上	101	5.5673	1.24941		

表 5-15　年级差异表

		N	平均值	标准差	F	显著性
学术创新能力	研一	409	5.1320	1.22065	1.291	0.276
	研二	307	5.1911	1.20598		
	研三	212	5.2956	1.16481		
跨界能力	研一	409	5.1144	1.28556	1.034	0.356
	研二	307	5.1600	1.26886		
	研三	212	5.2668	1.16657		
社会胜任力	研一	409	5.5170	1.16161	0.546	0.58
	研二	307	5.5428	1.12648		
	研三	212	5.6175	1.12872		
学术激情与动机	研一	409	5.3286	1.19342	1.312	0.27
	研二	307	5.3625	1.16425		
	研三	212	5.4873	1.13759		

（三）学位类型差异分析

如表 5-16 显示，学位类型在研究生创新人才特征各个水平上没有显著差异，这说明学位类型不是研究生创新人才特征水平的影响因素。但专业学位研究生的学术创新能力、跨界能力、学术激情与动机三个水平的得分最高，学术学位研究生的社会胜任力水平上的得分最高，这说明不同学位类型在不同的创新人才特征水平上是存在差异的，只是在调查样本中不显著，需要通过增加样本容量等方式进一步验证。

表 5-16　学位类型差异表

		N	平均值	标准差	F	显著性
学术创新能力	学术学位	475	5.1616	1.14501	0.502	0.479
	专业学位	453	5.2176	1.26281		
跨界能力	学术学位	475	5.0978	1.22329	2.742	0.098
	专业学位	453	5.234	1.28275		
社会胜任力	学术学位	475	5.5636	1.06885	0.171	0.679
	专业学位	453	5.5326	1.21507		
学术激情与动机	学术学位	475	5.3758	1.09326	0	0.994
	专业学位	453	5.3764	1.24978		

（四）就读学科门类、学科层次、学校差异分析

由于调查样本中研究生就读学科中农学、艺术学、哲学的样本容量较少，因此将就读学科分成两组进行检验：一组为自然科学组，另一组为人文社会科学组。运用独立样本 T 检验两组的差异性。结果如表 5-17 所示，不同学科研究生在创新人才特征总体水平及学术激情与动机水平上存在显著差异，在学术创新能力、跨界能力水平上存在非常显著差异，在社会胜任力水平上不存在显著差异。据均值比较，自然科学在总体水平及各个水平上的均值得分均高于人文社会科学。这说明不同学科门类培养的研究生的创新人才特征水平差异显著，学科门类是影响研究生创新人才特征水平的显著因素；自然科学学科研究生的创新人才特征各方面表现显著高于人文社会科学学科研究生，且自然科学学科研究生在学术创新能力、跨界能力上的表现非常显著高于人文社会科学学科研究生。

表 5-17　就读学科门类差异表

	自然科学 （N=538）	人文社会科学 （N=390）	T 值	显著性
学术创新能力	5.2866	5.0543	2.914	0.004＊＊
跨界能力	5.2658	5.0242	2.909	0.004＊＊
社会胜任力	5.562	5.5298	0.423	0.672
学术激情与动机	5.4431	5.2836	2.051	0.041＊
总分	5.3915	5.227	2.176	0.03＊

如表 5-18 所示，研究生就读学科属于一流学科还是非一流学科在创新人才特征水平上不存在显著差异。但就读学科属于一流学科的研究生，其创新人才特征整体感知水平高于非一流学科研究生，就读一流学科的研究生创新人才特征各个因子均值得分由高到低依次为社会胜任力（M＝5.5619）、学术激情与动机（M＝5.4178）、学术创新能力（M＝5.2299）、跨界能力（M＝5.1961），这说明是否就读一流学科对研究生人才创新特征产生了影响。

表 5-18　学科层次差异表

		N	平均值	标准差	F	显著性
学术创新能力	一流学科	304	5.2656	1.22228	1.837	0.176
	非一流学科	624	5.1516	1.19364		
跨界能力	一流学科	304	5.2299	1.25282	1.239	0.266
	非一流学科	624	5.1323	1.2541		
社会胜任力	一流学科	304	5.5619	1.1722	0.062	0.803
	非一流学科	624	5.542	1.12797		
学术激情与动机	一流学科	304	5.4178	1.21989	0.572	0.45
	非一流学科	624	5.3558	1.14785		

如表 5-19 所示，研究生创新人才特征水平在学校类型上不存在显著差异，但非一流学校的均值在创新人才特征各个水平上均比一流学校的得分要稍高一些。非一流学校在各个水平上的均值得分由高到低依次为社会胜任力（M＝5.5669）、学术激情与动机（M＝5.4023）、学术创新能力（M＝5.2046）、

跨界能力（M=5.1961）。这说明研究生就读学校是否属于一流学校不是影响研究生创新人才特征水平的显著因素，但就读非一流学校的研究生创新人才特征水平上的整体自我感知度稍高于一流学校。一般认为，就读一流学校的研究生各方面的整体水平会高于非一流学校。调查样本会出现相反的情况，有可能是非一流学校的学科水平较高或导师指导能力强等各种因素影响了研究生感知到的创新人才特征水平，这从另一面似乎亦可以说明就读非一流学校的研究生培养质量并不一定比一流学校的差，甚至在某些创新人才特征水平上超过一流学校。

表 5-19 学校类型差异表

		N	平均值	标准差	F	显著性
学术创新能力	一流学校	230	5.1413	1.25829	0.479	0.489
	非一流学校	698	5.2046	1.18558		
跨界能力	一流学校	230	5.0676	1.32715	1.818	0.178
	非一流学校	698	5.1961	1.22805		
社会胜任力	一流学校	230	5.4925	1.23846	0.735	0.391
	非一流学校	698	5.5669	1.10877		
学术激情与动机	一流学校	230	5.2965	1.25458	1.41	0.235
	非一流学校	698	5.4023	1.14272		

（五）入学方式、参加工作时长差异分析

经检验，入学方式、参加工作时长在研究生创新人才特征水平上不存在显著差异。参加工作时长差异如表5-20所示，均值得分表明，参加工作时长为2年以上的样本在社会胜任力（M=5.7051）、学术激情与动机（M=5.548）、跨界能力（M=5.3377）水平上的得分均高于其他工作时长。这说明具有工作经验的研究生自我感知到的跨界能力、社会胜任力、学术激情与动机水平更高。

表 5-20 参加工作时长差异表

		N	平均值	标准差	F	显著性
学术创新能力	0	575	5.1875	1.20694	0.331	0.894
	1 个月至 3 个月	93	5.0771	1.22488		
	3 个月至 6 个月	33	5.1768	1.36721		
	6 个月至 1 年	50	5.14	1.10854		
	1 年至 2 年	50	5.2733	1.05087		
	2 年以上	127	5.2664	1.23519		
跨界能力	0	575	5.1329	1.28544	0.764	0.576
	1 个月至 3 个月	93	5.0824	1.2499		
	3 个月至 6 个月	33	5.0808	1.37753		
	6 个月至 1 年	50	5.1667	1.13761		
	1 年至 2 年	50	5.2889	1.09696		
	2 年以上	127	5.3377	1.18207		
社会胜任力	0	575	5.5374	1.13671	0.849	0.515
	1 个月至 3 个月	93	5.4233	1.18837		
	3 个月至 6 个月	33	5.3967	1.33315		
	6 个月至 1 年	50	5.56	1.02282		
	1 年至 2 年	50	5.6	0.9906		
	2 年以上	127	5.7051	1.18091		
学术激情与动机	0	575	5.3563	1.17161	0.884	0.491
	1 个月至 3 个月	93	5.2559	1.20853		
	3 个月至 6 个月	33	5.3455	1.36659		
	6 个月至 1 年	50	5.31	1.07214		
	1 年至 2 年	50	5.476	1.04717		
	2 年以上	127	5.548	1.17634		

(六) 就业选择差异分析

经检验，不同就业选择在研究生创新人才特征总体水平上存在非常显著差异，说明就业选择是影响研究生创新人才特征水平的显著因素。不同就业选择在学术创新能力、跨界能力两个水平上存在极其显著差异，在学术激情与动机水平上存在非常显著差异，这说明就业选择是影响研究生创新人才特征水平的显著因素。均值图显示，研究生的就业选择在创新人才特征水平上选择"读博"和"其他"上呈现两端水平高的特点，就业选择"中小学教师"在创新人才特征各个水平上的得分都是最低的。就业选择"读博"在学术激情与动机（M = 5.6774）、跨界能力（M = 5.5242）、学术创新能力（M = 5.5323）水平上的均值得分最高；就业选择"高校专任教师"在社会胜任力（M = 5.7296）水平上的均值得分最高。这说明，在学术激情与动机、跨界能力、学术创新能力水平上得分较高的研究生倾向于选择"读博"，在社会胜任力水平上得分稍高的研究生倾向于选择在高校担任专任教师。具体如表 5-21 所示。

表 5-21　就业选择差异表

		N	平均值	标准差	F	显著性
	读博	124	5.5323	1.21571	3.617	0.000 ***
	高校专任教师	119	5.3193	0.89545		
	高校行政人员/辅导员	60	4.9597	1.07109		
	中小学教师	45	4.6259	1.13479		
学术创新能力	公务员	229	5.0549	1.22055		
	自主创业	17	5.1863	1.65032		
	企事业单位科研岗位	149	5.1532	1.32578		
	企事业单位非科研岗位	92	5.2047	1.18422		
	其他	93	5.3566	1.18975		
	读博	124	5.5242	1.26492	3.925	0.000 ***
	高校专任教师	119	5.2894	0.92987		
跨界能力	高校行政人员/辅导员	60	4.8426	1.11192		
	中小学教师	45	4.6667	1.18065		
	公务员	229	4.9898	1.32185		

续表

		N	平均值	标准差	F	显著性
	自主创业	17	5.3922	1.6231		
	企事业单位科研岗位	149	5.1163	1.34971		
	企事业单位非科研岗位	92	5.2210	1.21387		
	其他	93	5.3811	1.1972		
社会胜任力	读博	124	5.7053	1.21661	1.38	0.201
	高校专任教师	119	5.7296	0.84724		
	高校行政人员/辅导员	60	5.4955	0.97603		
	中小学教师	45	5.3192	0.94209		
	公务员	229	5.4748	1.20784		
	自主创业	17	5.4385	1.59423		
	企事业单位科研岗位	149	5.4143	1.32029		
	企事业单位非科研岗位	92	5.6255	1.00103		
	其他	93	5.5934	1.09466		
学术激情与动机	读博	124	5.6774	1.20553	2.874	0.004 **
	高校专任教师	119	5.5319	0.8418		
	高校行政人员/辅导员	60	5.2617	1.04331		
	中小学教师	45	4.9089	1.03591		
	公务员	229	5.2275	1.20062		
	自主创业	17	5.3765	1.58530		
	企事业单位科研岗位	149	5.3336	1.33171		
	企事业单位非科研岗位	92	5.4130	1.13846		
	其他	93	5.4720	1.13428		
总分	读博	124	5.6104	1.19649	2.909	0.003 **
	高校专任教师	119	5.471	0.79359		
	高校行政人员/辅导员	60	5.1468	0.95913		
	中小学教师	45	4.8836	0.98734		

	N	平均值	标准差	F	显著性
公务员	229	5.1920	1.18136		
自主创业	17	5.3417	1.58702		
企事业单位科研岗位	149	5.2566	1.28822		
企事业单位非科研岗位	92	5.3680	1.07394		
其他	93	5.4514	1.12587		

（七）就读学科前后一致性差异分析

经检验，如表 5-22 所示，研究生就读学科与研究生入学前学科是否一致在研究生创新人才特征水平上不存在显著差异，这说明是否跨学科攻读学位不是影响研究生创新人才特征水平的显著因素。但研究生现在攻读硕士学位的学科与之前所学学科相同的均值在社会胜任力（M = 5.5503）、学术激情与动机（M = 5.3959）、学术创新能力（M = 5.2043）三个水平上的得分略高于学科不相同的得分；就读学科不相同的均值在跨界能力上的得分（M = 5.1983）略高于其他水平的得分。

表 5-22　学科一致性差异表

		N	平均值	标准差	F	显著性
学术创新能力	相同	543	5.2043	1.20372	0.212	0.645
	不相同	385	5.1673	1.20474		
跨界能力	相同	543	5.1402	1.28032	0.483	0.487
	不相同	385	5.1983	1.21636		
社会胜任力	相同	543	5.5503	1.14076	0.003	0.954
	不相同	385	5.5459	1.14536		
学术激情与动机	相同	543	5.3959	1.16571	0.376	0.54
	不相同	385	5.3481	1.1809		

（八）父母文化程度差异分析

经检验，如表 5-23 所示，父母文化程度在研究生创新人才特征总体水平上存在非常显著差异。其中，在跨界能力水平上存在极其显著差异，在学术创新能力、社会胜任力两个水平上存在非常显著差异，在学术激情与动机水平上存在显著差异。这说明父母文化程度是影响研究生创新人才特征水平的非常显著因素，且对研究生的跨界能力水平具有极其显著的影响。

表5-23　父母文化程度差异表

		N	平均值	标准差	F	显著性
学术创新能力	小学以下	120	5.1833	1.24743	4.079	0.003＊＊
	初中以下	445	5.0434	1.20776		
	高中毕业	212	5.3054	1.20176		
	大中专毕业	143	5.4627	1.09918		
	研究生毕业	8	5.3854	1.22550		
跨界能力	小学以下	120	5.0824	1.32955	5.186	0.000＊＊＊
	初中以下	445	5.0057	1.25535		
	高中毕业	212	5.3323	1.22225		
	大中专毕业	143	5.4779	1.14130		
	研究生毕业	8	5.1528	1.46799		
社会胜任力	小学以下	120	5.3811	1.21821	4.423	0.002＊＊
	初中以下	445	5.4407	1.17675		
	高中毕业	212	5.6840	1.06192		
	大中专毕业	143	5.8048	1.03083		
	研究生毕业	8	5.8864	0.93186		
学术激情与动机	小学以下	120	5.3350	1.24230	3.245	0.012＊
	初中以下	445	5.2533	1.20215		
	高中毕业	212	5.4981	1.13329		
	大中专毕业	143	5.5951	1.03844		
	研究生毕业	8	5.6750	0.88277		
总分	小学以下	120	5.2496	1.21296	4.436	0.001＊
	初中以下	445	5.1894	1.15349		

	N	平均值	标准差	F	显著性
高中毕业	212	5.4562	1.10797		
大中专毕业	143	5.5871	1.02125		
研究生毕业	8	5.5357	1.02100		

（九）家庭人均年收入差异分析

为了解家庭人均年收入是否对研究生创新人才特征水平产生显著影响，对研究生所在的家庭人均年收入进行了单因素方差分析。经检验，如表5-24所示，家庭人均年收入在社会胜任力水平上存在非常显著差异。家庭人均年收入在15万元至30万元上的均值得分在学术创新能力（M=5.3657）、跨界能力（M=5.3349）、社会胜任力（M=5.8624）、学术激情与动机（M=5.5583）水平上高于其他收入类型的得分。这说明家庭人均年收入对研究生创新人才特征水平产生了影响，且家庭人均年收入是研究生社会胜任力的显著影响因素。

表5-24　家庭人均年收入差异表

		N	平均值	标准差	F	显著性
学术创新能力	5千元以下	146	5.1798	1.4682	1.73	0.111
	5千元至1万元	172	5.031	1.07549		
	1万元至3万元	188	5.1871	1.11071		
	3万元至8万元	196	5.2925	1.16973		
	8万元至15万元	132	5.2437	1.18813		
	15万元至30万元	72	5.3657	1.07854		
	30万元以上	22	4.6705	1.58291		
跨界能力	5千元以下	146	5.1347	1.49983	1.681	0.122
	5千元至1万元	172	5.0194	1.13167		
	1万元至3万元	188	5.1147	1.19183		
	3万元至8万元	196	5.3033	1.21311		
	8万元至15万元	132	5.2365	1.18852		

		N	平均值	标准差	F	显著性
	15 万元至 30 万元	72	5.3349	1.24896		
	30 万元以上	22	4.6869	1.51172		
社会胜任力	5 千元以下	146	5.3443	1.46443	3.494	0.002＊＊
	5 千元至 1 万元	172	5.4424	1.00969		
	1 万元至 3 万元	188	5.5933	0.95889		
	3 万元至 8 万元	196	5.6419	1.0847		
	8 万元至 15 万元	132	5.6426	1.14476		
	15 万元至 30 万元	72	5.8624	0.95028		
	30 万元以上	22	4.9256	1.68626		
学术激情与动机	5 千元以下	146	5.3404	1.42884	1.424	0.202
	5 千元至 1 万元	172	5.2523	1.04263		
	1 万元至 3 万元	188	5.3713	1.04953		
	3 万元至 8 万元	196	5.4617	1.1567		
	8 万元至 15 万元	132	5.4333	1.17348		
	15 万元至 30 万元	72	5.5583	1.00586		
	30 万元以上	22	4.9182	1.68739		

（十）导师来源与职称差异分析

经检验，导师来源、导师职称在研究生创新人才特征水平上不存在显著差异，这说明导师职称及导师来源于本校、校外兼职或校内外双导师等均不是影响研究生创新人才特征水平的显著因素。通过不同水平上导师来源的均值比较，可以发现，校内外双导师在学术激情与动机（M=5.5955）、社会胜任力（M=5.7479）、跨界能力（M=5.4428）、学术创新能力（M=5.4975）四个水平上的均值都高于其他导师来源，这说明校内外双导师对研究生创新人才特征水平产生了影响。具体如表 5-25 所示（因导师职称数据类似，故没有列出）。

表 5-25　导师来源差异表

		N	平均值	标准偏差	F	显著性
学术创新能力	本校导师	827	5.1693	1.19555	1.64	0.178
	校外兼职导师	24	5.0521	1.37323		
	导师组	11	5.1136	1.42949		
	校内外双导师	66	5.4975	1.18592		
跨界能力	本校导师	827	5.1514	1.23936	1.518	0.208
	校外兼职导师	24	4.9907	1.3831		
	导师组	11	4.8384	1.40314		
	校内外双导师	66	5.4428	1.34602		
社会胜任力	本校导师	827	5.5411	1.1275	1.115	0.342
	校外兼职导师	24	5.4091	1.34386		
	导师组	11	5.2149	1.51372		
	校内外双导师	66	5.7479	1.17808		
学术激情与动机	本校导师	827	5.3634	1.16216	0.929	0.426
	校外兼职导师	24	5.2333	1.31038		
	导师组	11	5.3273	1.53173		
	校内外双导师	66	5.5955	1.17767		

（十一）参加产教融合行业企业性质差异分析

由于不少行业单位的调查样本量较少，因此对参加产教融合行业企业性质的样本分成两组：一是笼统归为体制内的事业单位及国有/集体所有制单位即体制内组；二是归为体制外的其他行业企业单位即体制外组。运用独立样本 T 检验。

经检验，如表 5-26 所示，研究生参加产教融合项目及科研实践活动所处行业企业属于体制内还是体制外在创新人才特征总体水平上存在非常显著差异。在各个水平上的差异检验结果表明，所处行业企业性质在学术创新能力水平上存在极其显著差异，在跨界能力、学术激情与动机两个水平上存在非常显著差异，在社会胜任力水平上存在显著差异。

表 5-26　行业企业性质差异表

	体制内 （N=398）	体制外 （N=530）	T 值	显著性
学术创新能力	5.3520	5.0665	3.599	0.000 ***
跨界能力	5.3118	5.0535	3.121	0.002 * *
社会胜任力	5.6524	5.4705	2.407	0.016 *
学术激情与动机	5.5133	5.2730	3.107	0.002 * *
总分	5.4605	5.2187	3.216	0.001 * *

　　据各个水平上的均值比较，参加体制内行业企业产教融合相关项目或科研实践活动的研究生在创新人才特征各个水平上的得分均高于体制外的研究生，这说明参加体制内科研实践活动的研究生在学术创新能力、跨界能力、社会胜任力及学术激情与动机等体现创新人才特征的能力培养方面的感知水平显著高于体制外的研究生。

　　（十二）导师产教合作项目数、研究生参与产教合作项目数的差异分析

　　经检验，如表 5-27 所示，导师产教合作项目数、研究生参与产教合作项目数在研究生创新人才特征总体水平和各个因子水平上都存在极其显著差异（P=0.000<0.001），这说明导师平均每年与行业企业合作项目数、研究生参与产教合作相关项目数对研究生创新人才特征总体水平和各个因子水平都具有极其显著的影响。产教合作项目在 3 项以上的各个水平上的得分均高于其他项目数。

表 5-27　导师产教合作项目与研究生参与的差异表

		N	导师合作项目数			研究生参加项目数			
			平均值	标准差	F	平均值	标准差	F	显著性
学术创新能力	0	175	4.859	1.30136	11.272	4.9495	1.24655	18.073	0.000 ***
	1 项	178	4.9981	1.2411		5.2431	1.14695		
	2 项至 3 项	327	5.2505	1.10207		5.5377	1.0516		
	3 项以上	248	5.4775	1.15989		5.8456	0.96858		

			导师合作项目数			研究生参加项目数			
		N	平均值	标准差	F	平均值	标准差	F	显著性
跨界能力	0	175	4.8876	1.3433	9.658	4.9291	1.29315	15.08	0.000 ***
	1项	178	4.9351	1.27047		5.2464	1.1924		
	2项至3项	327	5.2185	1.18833		5.4712	1.10058		
	3项以上	248	5.4525	1.19551		5.7996	1.15306		
社会胜任力	0	175	5.3081	1.2962	11.256	5.4191	1.20155	8.744	0.000 ***
	1项	178	5.2477	1.22031		5.5036	1.12567		
	2项至3项	327	5.6889	0.9876		5.7818	0.97734		
	3项以上	248	5.7489	1.08831		6.0581	0.92487		
学术激情与动机	0	175	5.1286	1.28147	9.392	5.1979	1.22239	10.875	0.000 ***
	1项	178	5.1225	1.23903		5.4004	1.12749		
	2项至3项	327	5.4801	1.04094		5.6518	1.04345		
	3项以上	248	5.5956	1.1456		5.8803	0.98062		
总分	0	175	5.0469	1.25387	11.097	5.1273	1.18151	14.137	0.000 ***
	1项	178	5.0796	1.18451		5.3495	1.10297		
	2项至3项	327	5.4131	1.01902		5.6146	0.99567		
	3项以上	248	5.5713	1.10335		5.8997	0.94435		

　　均值图显示，总体水平及各个因子的自我感知水平随着合作项目数的增多而呈上升趋势，如图 5-3 所示（因均值图趋势相似，故只列出一个图形）。以上结果表明，研究生导师产教合作项目数及研究生参与合作项目数对研究生创新人才特征水平具有极其显著影响，这可能因为导师有与行业企业的项目合作，研究生由此可以在研究生教育阶段有更多的科研训练机会，与外界

社会的接触也会因此增多。

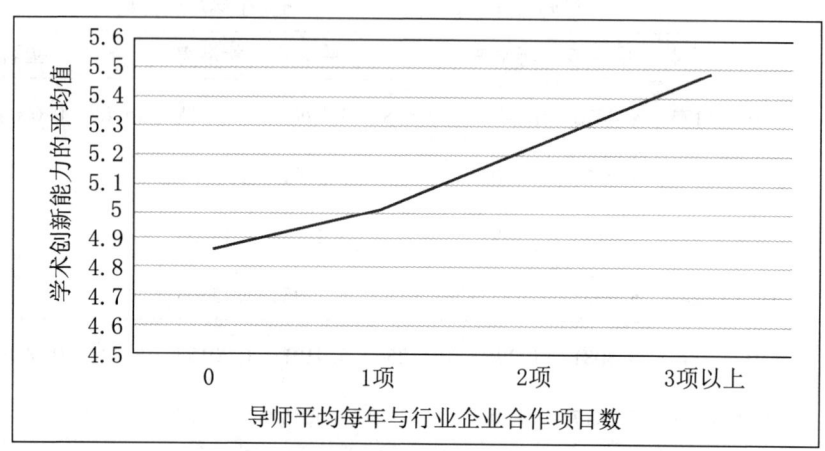

图5-3 导师合作项目数均值图

(十三) 导生见面次数差异分析

经检验, 如表5-28所示, 导生见面次数在研究生创新人才特征总体水平及各个因子水平上都存在极其显著差异, 这说明导师与研究生见面的次数对研究生创新人才特征总体水平和各个因子水平都具有极其显著的影响。据均值比较, 研究生创新人才特征水平随着导生见面次数增多而呈上升趋势, 这可能是因为导师与研究生的见面次数越多, 彼此沟通也就越多, 导生之间便逐渐形成良好互动氛围, 从而促进了研究生各方面能力的培养。

表5-28 导生见面次数差异表

		N	平均值	标准差	F	显著性
学术创新能力	1次以下	79	4.5496	1.37382	14.391	0.000 ***
	1次至2次	282	5.0488	1.06538		
	3次至5次	237	5.2092	1.15792		
	5次以上	330	5.4472	1.23332		
跨界能力	1次以下	79	4.5331	1.36378	11.225	0.000 ***
	1次至2次	282	5.0473	1.1172		
	3次至5次	237	5.2138	1.19536		

续表

		N	平均值	标准差	F	显著性
	5 次以上	330	5.3798	1.31982		
	1 次以下	79	4.9298	1.43	10.32	0.000 ***
社会胜任力	1 次至 2 次	282	5.4987	0.9794		
	3 次至 5 次	237	5.6034	1.08154		
	5 次以上	330	5.6997	1.18857		
	1 次以下	79	4.7684	1.38338	12.187	0.000 ***
学术激情与动机	1 次至 2 次	282	5.2642	1.04335		
	3 次至 5 次	237	5.4105	1.12518		
	5 次以上	330	5.5924	1.19542		
	1 次以下	79	4.6977	1.3311	13.076	0.000 ***
总分	1 次至 2 次	282	5.2176	0.98219		
	3 次至 5 次	237	5.3614	1.08663		
	5 次以上	330	5.5335	1.19015		

三、研究生个体特质在五个子系统融合力水平上的差异性分析

在考察了研究生个体特质在创新人才特征水平上的差异后，须进一步分析研究生个体特质在五螺旋各子系统产教融合力上的差异。不同的个人特质和背景因素不仅在创新人才特征水平上可能存在差异，在各子系统产教融合力的自我感知水平上也可能存在差异，因此有必要对不同的研究生个体特征因素进行具体检验和分析。

在五个子系统产教融合力方面，本书构建了研究生创新人才产教融合培养运行动力机制的理论模型，结合相关文本研究和访谈等质性资料的分析将五螺旋系统融合力进一步分成大环境因素的融合力和"人"的因素的融合力，为便于统计处理，经探索性因子分析后，大环境五个子系统的融合力合并成两个大因子即政校院融合力、社会自然融合力。为简洁表述，下文将大环境因素的融合力和"人"的因素的融合力即五个子系统产教融合力统称为"融合力"。

在本部分的差异分析中，为验证研究假设，在进行检验时若结果表现为存在显著差异的因子，研究者将会同时观察五个子系统的融合力是否存在显著差异或者在差异分析时会根据实际情况进行各子系统水平的差异分析。由于测验的是研究生在各子系统具体融合力及"人"的因素产教融合力方面的感知水平，因此行文时使用的"自我感知水平"或"感知水平""产教融合力"或"融合力"等表述的是同一含义，不作区分。

（一）性别差异分析

性别为二分类别变量，是两个相对独立的样本，使用独立样本 T 检验，以检验不同性别的研究生在各个因子上是否具有显著性差异。在 T 检验之前须先进行方差齐性检验，结果显示，F 值的显著性水平大于 0.05，表明方差齐性，适合做独立样本 T 检验。基于性别的 T 检验结果如表 5-29 所示，不同性别的研究生在人才培养产教融合力自我感知水平上存在非常显著差异。进一步对融合力各因子水平进行检验，结果显示，不同性别的研究生在社会融合力、自然融合力方面的自我感知水平不存在显著差异，在政府、高校、行业企业产教融合力方面的自我感知水平存在显著差异。

据均值比较来看，男性研究生在融合力总体水平及各个因子水平上的得分均高于比女性研究生。这说明，男性研究生的融合力总体水平非常显著高于女性研究生。

表 5-29 基于性别的独立样本 T 检验

	男（N=517）	女（N=411）	T 值	显著性
政校院融合力	5.4544	5.2034	3.218	0.001＊＊
社会自然融合力	5.4391	5.2327	2.664	0.008＊＊
"人"的因素	5.4438	5.1986	3.188	0.001＊＊

（二）年龄、年级差异分析

运用单因素方差分析，检验各变量在不同年龄、年级上是否具有显著性差异。结果如表 5-30、表 5-31 所示。

经检验，表 5-30 年龄差异表显示，年龄在融合力水平上不存在显著差异，说明年龄不是研究生创新人才产教融合力感知水平的显著影响因素。均值图显示，年龄在融合力各个水平上的平均得分由高到低依次为 30 岁以上、

24 岁以下、25 岁至 29 岁，即 30 岁以上年龄段的研究生对融合力感知水平最高，25 岁至 29 岁年龄段的研究生对融合力的感知水平则滑到低谷，这与研究生对创新人才特征水平感知的测量结果不尽相同。不同年龄的融合力感知水平均值图如图5-4（因均值图相似，故只列出一个图形）所示。

表 5-30　年龄差异表

		N	平均值	标准差	F	显著性
政校院融合力	24 岁以下	367	5.37	1.22826	0.985	0.374
	25 岁至 29 岁	460	5.2946	1.19373		
	30 岁以上	101	5.4673	1.25498		
社会自然融合力	24 岁以下	367	5.3698	1.22577	0.387	0.679
	25 岁至 29 岁	460	5.3152	1.18885		
	30 岁以上	101	5.4153	1.20218		
"人"的因素	24 岁以下	367	5.3585	1.22391	0.789	0.455
	25 岁至 29 岁	460	5.2924	1.16985		
	30 岁以上	101	5.4455	1.24824		

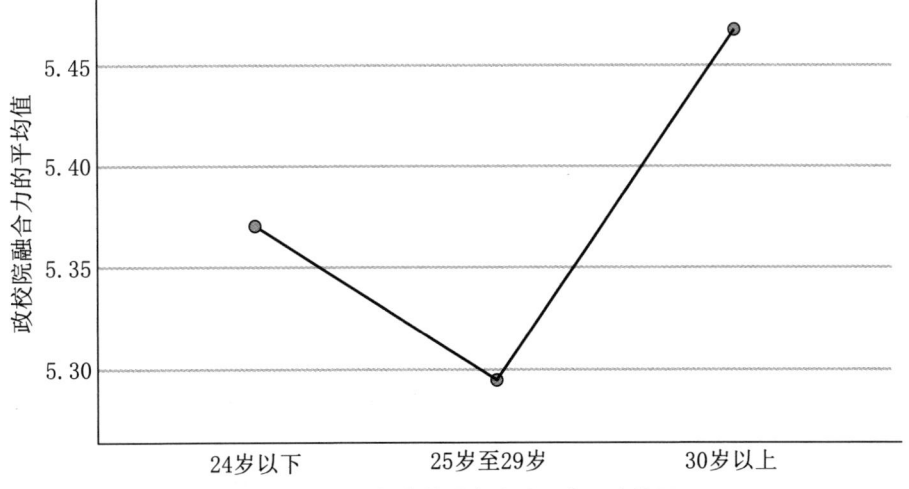

图 5-4　不同年龄的融合力感知水平均值图

如表 5-31 所示，年级在融合力感知水平上没有显著差异，说明年级的高低不是融合力水平的显著影响因素。均值图显示，研究生对融合力的感知水平从研一到研三整体呈现逐渐下降趋势，即融合力感知水平随着年级的升高而下降；研一学生对融合力的感知水平最高，在政校院融合力、社会自然融合力、"人"的因素的融合力上的均值得分分别为 5.3811 分、5.3922 分、5.3991 分；研究生对政校院融合力的感知水平在研二时跌到最低，之后逐渐升高。

表 5-31 年级差异表

		N	平均值	标准差	F	显著性
政校院融合力	研一	409	5.3811	1.24614	0.358	0.699
	研二	307	5.3099	1.2324		
	研三	212	5.3186	1.12542		
社会自然融合力	研一	409	5.3922	1.23145	0.554	0.575
	研二	307	5.3271	1.2302		
	研三	212	5.2916	1.11192		
"人"的因素	研一	409	5.3991	1.23131	1.065	0.345
	研二	307	5.2948	1.20394		
	研三	212	5.2703	1.12975		

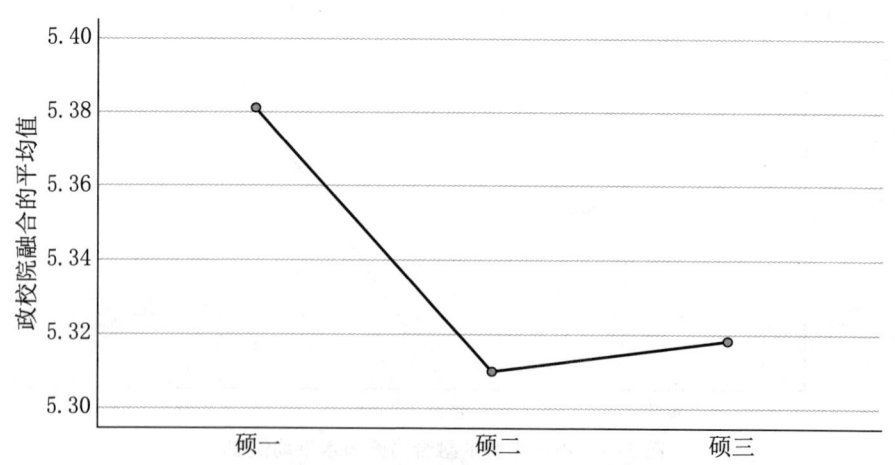

图 5-5 不同年级的政校院融合力感知水平均值图

（三）学位类型差异分析

如表5-32所示，学位类型在研究生产教融合力感知水平上没有显著差异，说明学位类型不是研究生创新人才培养产教融合力水平的显著影响因素。专业学位研究生对各子系统的融合力感知水平均值得分均高于学术学位研究生，这可能与专业学位类型的研究生教育侧重专业实践能力培养有关，这也同时表明学位类型对研究生创新人才培养产教融合力水平产生了影响。

表5-32　学位类型差异表

		N	平均值	标准差	F	显著性
政校院融合力	学术学位	475	5.3102	1.15582	0.722	0.396
	专业学位	453	5.3779	1.27288		
社会自然融合力	学术学位	475	5.2977	1.12748	1.677	0.196
	专业学位	453	5.4001	1.27893		
"人"的因素	学术学位	475	5.2766	1.13584	2.326	0.128
	专业学位	453	5.3967	1.26178		

（四）就读学科门类、学科层次、学校差异分析

由于在调查样本中，研究生就读学科中农学、艺术学、哲学的样本容量较少，因此将学科分成两组进行检验，一组为自然科学组，另一组为人文社会科学组，运用独立样本T检验两组的差异性。结果如表5-33所示，不同学科研究生在融合力总体水平上存在非常显著差异。在社会自然融合力、"人"的因素感知水平上存在非常显著差异，在政校院融合力感知水平上存在显著差异。进一步对融合力各个因子水平进行检验，结果显示，不同学科研究生对行业企业产教融合力水平的感知存在极其显著差异；不同学科研究生对融合力其他水平的感知均存在显著差异；自然科学研究生的融合力自我感知水平显著高于人文社会科学研究生。

表5-33　就读学科门类差异表

	自然科学 （N=538）	人文社会科学 （N=390）	T值	显著性
政校院融合力	5.4519	5.1933	3.218	0.001 *

续表

	自然科学 （N=538）	人文社会科学 （N=390）	T 值	显著性
社会自然融合力	5.4451	5.2133	2.906	0.004＊＊
"人"的因素	5.4424	5.1873	3.212	0.001＊＊

在学科层次方面的差异检验结果如表5-34所示，研究生就读学科属于一流学科还是非一流学科在融合力感知水平上不存在显著差异。但据均值比较，一流学科研究生在各个方面的融合力感知水平要高于非一流学科研究生，均值得分由高到低依次为社会自然融合力（M＝5.3829）、政校院融合力（M＝5.3708）、"人"的因素（M＝5.3600），可见是否为一流学科对研究生的融合力感知水平产生了影响。

表5-34　学科层次差异表

		N	平均值	标准差	F	显著性
政校院融合力	一流学科	304	5.3708	1.24035	0.233	0.629
	非一流学科	624	5.3298	1.20201		
社会自然融合力	一流学科	304	5.3829	1.22524	0.387	0.534
	非一流学科	624	5.3305	1.19447		
"人"的因素	一流学科	304	5.3600	1.24792	0.193	0.661
	非一流学科	624	5.3231	1.17652		

在学校类型上的差异检验结果如表5-35所示。研究生就读学校是否为一流学校在融合力感知水平上不存在显著差异，但非一流学校研究生在融合力各个水平上的均值得分均比一流学校研究生要高。

表5-35　学校类型差异表

		N	平均值	标准差	F	显著性
政校院融合力	一流学校	230	5.2606	1.29142	1.418	0.234
	非一流学校	698	5.3705	1.18735		
社会自然融合力	一流学校	230	5.265	1.29152	1.443	0.23

		N	平均值	标准差	F	显著性
非一流学校	698		5.3749	1.17374		
"人"的因素	一流学校	230	5.2212	1.31823	2.766	0.097
	非一流学校	698	5.3728	1.15671		

（五）入学方式、参加工作时长差异分析

经检验，入学方式、参加工作时长在研究生产教融合力水平上不存在显著差异。参加工作时长差异如表5-36所示。在攻读硕士学位前，参加工作时长为1年至2年的研究生在社会自然融合力、"人"的因素的融合力感知水平上的均值得分略高于政校院融合力感知水平。

表5-36 参加工作时长差异表

		N	平均值	标准差	F	显著性
政校院融合力	0	575	5.3243	1.21789	0.745	0.59
	1个月至3个月	93	5.2337	1.27247		
	3个月至6个月	33	5.3576	1.40177		
	6个月至1年	50	5.252	1.14359		
	1年至2年	50	5.436	1.04686		
	2年以上	127	5.505	1.1956		
社会自然融合力	0	575	5.33	1.22219	0.47	0.799
	1个月至3个月	93	5.2555	1.24044		
	3个月至6个月	33	5.3458	1.34136		
	6个月至1年	50	5.3129	1.08709		
	1年至2年	50	5.4741	1.03504		
	2年以上	127	5.4595	1.17495		
"人"的因素	0	575	5.3084	1.20937	0.577	0.718
	1个月至3个月	93	5.2702	1.24323		
	3个月至6个月	33	5.3409	1.32454		

续表

		N	平均值	标准差	F	显著性
	50	5.2838	1.07819			
6个月至1年	1年至2年	50	5.4625	1.05281		
	2年以上	127	5.4729	1.19923		

(六) 就业选择差异分析

经检验，不同就业选择在研究生创新人才培养产教融合力感知水平上不存在显著差异，说明就业选择不是影响融合力感知水平的显著因素，如表5-37所示。据均值比较，研究生毕业后选择继续求学深造"读博"的得分均高于其他就业选择；毕业后选择"中小学教师"的在政校院融合力（M = 4.9348）、社会自然融合力（M = 4.8967）、"人"的因素（M = 4.8708）的融合力感知水平上的得分最低且均低于5分。这说明研究生毕业后的就业选择对融合力的感知水平产生了影响。

表5-37　就业选择差异表

		N	平均值	标准差	F	显著性
政校院融合力	读博	124	5.6161	1.27142	1.829	0.068
	高校专任教师	119	5.4151	0.88164		
	高校行政人员/辅导员	60	5.21	1.11005		
	中小学教师	45	4.9348	1.07351		
	公务员	229	5.2734	1.28746		
	自主创业	17	5.3451	1.64169		
	企事业单位科研岗位	149	5.2783	1.33964		
	企事业单位非科研岗位	92	5.4594	1.10253		
	其他	93	5.3319	1.20678		
社会自然融合力	读博	124	5.5821	1.26831	1.629	0.112
	高校专任教师	119	5.3396	0.92684		
	高校行政人员/辅导员	60	5.2333	1.03976		

		N	平均值	标准差	F	显著性
	中小学教师	45	4.8967	1.21172		
	公务员	229	5.2885	1.2761		
	自主创业	17	5.3149	1.56753		
	企事业单位科研岗位	149	5.336	1.3123		
	企事业单位非科研岗位	92	5.4284	1.10546		
	其他	93	5.4282	1.14784		
	读博	124	5.6003	1.25628	1.923	0.054
	高校专任教师	119	5.3619	0.94404		
	高校行政人员/辅导员	60	5.1792	1.02061		
"人"的因素	中小学教师	45	4.8708	1.10762		
	公务员	229	5.2645	1.25762		
	自主创业	17	5.3051	1.65859		
	企事业单位科研岗位	149	5.3255	1.31415		
	企事业单位非科研岗位	92	5.3995	1.12649		
	其他	93	5.4046	1.1521		

（七）就读学科前后一致性差异分析

经检验，如表5-38所示，研究生就读学科与入学前学科是否一致在融合力水平上不存在显著差异，这说明研究生是否跨学科攻读学位不是影响创新人才培养产教融合力水平的显著因素。

表5-38　就读学科差异表

		N	平均值	标准 偏差	F	显著性
政校院融合力	相同	543	5.3568	1.21439	0.163	0.687
	不相同	385	5.3242	1.21523		
社会自然融合力	相同	543	5.3373	1.21583	0.096	0.756

		N	平均值	标准 偏差	F	显著性
	不相同	385	5.3623	1.1891		
"人"的因素	相同	543	5.3324	1.21626	0.007	0.933
	不相同	385	5.3391	1.17782		

（八）父母文化程度差异分析

经检验，如表5-39所示，研究生父母的文化程度在融合力总体水平及各个因子水平上都存在显著差异。其中，在政校院融合力感知水平上存在极其显著差异，在社会自然融合力、"人"的因素的融合力感知水平上存在显著差异。进一步对各因子水平进行检验，结果显示，父母文化程度在政府产教融合力、大学组织产教融合力、院系产教融合力感知水平上存在极其显著差异，在其他融合力因子水平上存在显著差异。这说明父母文化程度对研究生的产教融合力感知水平具有显著影响，且对政治系统（政府产教融合力）、教育系统（大学组织产教融合力、院系产教融合力）的融合力感知水平具有极其显著影响。

表5-39 父母文化程度差异表

		N	平均值	标准差	F	显著性
政校院融合力	小学以下	120	5.2167	1.21433	5.456	0.000 ***
	初中以下	445	5.2007	1.23249		
	高中毕业	212	5.5208	1.16287		
	大中专毕业	143	5.5823	1.16799		
	研究生毕业	8	6.1917	0.93295		
社会自然融合力	小学以下	120	5.1917	1.25259	4.639	0.001 **
	初中以下	445	5.219	1.23404		
	高中毕业	212	5.5325	1.14227		
	大中专毕业	143	5.5928	1.09994		
	研究生毕业	8	5.5662	1.05833		

		N	平均值	标准差	F	显著性
	小学以下	120	5.1854	1.28033	4.977	0.001＊＊
	初中以下	445	5.2021	1.20405		
"人"的因素	高中毕业	212	5.5124	1.17682		
	大中专毕业	143	5.5835	1.08987		
	研究生毕业	8	5.8516	0.97625		

（九）家庭人均年收入差异分析

为了解家庭人均年收入是否对研究生创新人才产教融合力水平产生显著影响，对研究生所在的家庭人均年收入进行了单因素方差分析。经检验，如表5-40所示，家庭人均年收入在政校院融合力、"人"的因素的融合力感知水平上存在显著差异，在社会自然融合力水平上不存在显著差异。通过对政校院融合力、"人"的因素的融合力各因子水平的检验，结果显示，家庭人均年收入在政府、大学组织、院系、行业企业产教融合力及教师、导师产教融合力感知水平上存在显著差异，家庭人均年收入在研究生个体产教融合力感知水平上不存在显著差异。从各水平的均值得分来看，家庭人均年收入在15万元至30万元的融合力感知水平均值最高，其中，政校院融合力、社会自然融合力、"人"的因素融合力感知水平的均值得分分别是5.6778分、5.6095分、5.5764分，均大于5.5分；其次是3万元至8万元，家庭人均年收入在5千元以下的融合力感知水平的均值最低。综上，家庭人均年收入对研究生在政治系统（政府）、教育系统（大学组织、院系及"人"的因素）、经济系统（行业企业）上的产教融合力感知水平具有显著影响，家庭人均年收入对公众社会、自然环境融合力感知水平没有显著影响。

表5-40　家庭人均年收入差异表

因素	工资水平	N	平均值	标准差	F	显著性
政校院融合力	5千元以下	146	5.1653	1.45759	3.482	0.002＊
	5千元至1万元	172	5.2023	1.08169		
	1万元至3万元	188	5.4082	1.10224		

因素	工资水平	N	平均值	标准差	F	显著性
	3 万元至 8 万元	196	5.4765	1.1615		
	8 万元至 15 万元	132	5.3626	1.19933		
	15 万元至 30 万元	72	5.6778	1.13159		
	30 万元以上	22	4.6727	1.67002		
社会自然融合力	5 千元以下	146	5.2059	1.44048	2.091	0.052
	5 千元至 1 万元	172	5.2674	1.08864		
	1 万元至 3 万元	188	5.3758	1.07848		
	3 万元至 8 万元	196	5.473	1.15103		
	8 万元至 15 万元	132	5.3258	1.20593		
	15 万元至 30 万元	72	5.6095	1.22391		
	30 万元以上	22	4.8342	1.54278		
"人"的因素	5 千元以下	146	5.2337	1.43419	2.178	0.043 *
	5 千元至 1 万元	172	5.2282	1.08596		
	1 万元至 3 万元	188	5.3753	1.07069		
	3 万元至 8 万元	196	5.4528	1.13461		
	8 万元至 15 万元	132	5.3239	1.23714		
	15 万元至 30 万元	72	5.5764	1.1713		
	30 万元以上	22	4.733	1.58269		

（十）导师来源与职称差异分析

经检验，导师来源、导师职称在融合力水平上不存在显著差异，这说明导师职称及导师来源于本校、校外兼职或校内外双导师等均不是影响融合力水平的显著因素。通过分析不同水平上导师来源的均值，结果显示，校内外双导师指导的研究生在政校院融合力（M = 5.496）、社会自然融合力（M = 5.6551）、"人"的因素（M = 5.5956）的融合力感知水平上的均值高于其他来源的导师类别，这一定程度上表明校内外双导师对研究生产教融合力感知水平产生了影响，且由校内外双导师指导的研究生所感知到的产教融合力水平高于其他导师类别指导的研究生感知水平。导师来源差异分析数据如表5-

41 所示（导师职称数据类似，略）。

表 5-41 导师来源差异表

		N	平均值	标准差	F	显著性
	本校导师	827	5.3364	1.19645	0.693	0.556
政校院融合力	校外兼职导师	24	5.3278	1.38465		
	导师组	11	4.9758	1.52207		
	校内外双导师	66	5.496	1.32361		
	本校导师	827	5.3295	1.19300	1.947	0.12
社会自然融合力	校外兼职导师	24	5.3186	1.28852		
	导师组	11	4.9305	1.42708		
	校内外双导师	66	5.6551	1.2509		
	本校导师	827	5.3164	1.18789	1.269	0.284
"人"的因素	校外兼职导师	24	5.3802	1.29234		
	导师组	11	5.0909	1.46638		
	校内外双导师	66	5.5956	1.26221		

（十一）参加产教融合行业企业性质差异分析

由于不少行业单位的调查样本量较少，因此对参加产教融合行业企业性质的样本分成两组：一是笼统归为体制内的事业单位及国有/集体所有制单位即体制内组，二是归为体制外的其他行业企业单位即体制外组。运用独立样本 T 检验。

经检验，如表 5-42 所示，参加产教融合项目及科研实践活动所处行业企业性质在融合力感知总体水平上存在非常显著或极其显著的差异。进一步对产教融合力五个子系统的感知水平进行检验，结果表明，在体制内从事科研实践活动的研究生对政府、高校、行业企业、社会、自然环境融合力方面的感知水平非常显著高于体制外研究生，对专任教师、导师、自身及政校企协同等方面的感知水平也非常显著高于体制外研究生。

表 5-42　行业企业性质差异表

	体制内 (N=398)	体制外 (N=530)	T 值	显著性
政校院融合力	5.4968	5.2279	3.357	0.001 * *
社会自然融合力	5.509	5.2265	3.559	0.000 ***
"人"的因素	5.491	5.2182	3.449	0.001 * *

（十二）导师产教合作项目数、研究生参与产教合作项目数的差异分析

经检验，如表 5-43 所示，导师产教合作项目数、研究生参与产教合作项目数在融合力总体水平及各个因子水平上都存在极其显著差异。这说明导师平均每年与行业企业合作项目数、研究生参与产教合作项目数对研究生产教融合力总体感知水平和各个因子的感知水平都具有极其显著的影响。

产教合作项目在 3 项以上的各个水平上的得分均高于其他项目数。均值图显示，融合力总体感知水平及各个因子的感知水平随着合作项目数的增多而呈上升趋势。以上结果表明，研究生导师产教合作项目数及研究生参与合作项目数量对研究生创新人才产教融合力感知水平具有极其显著影响，这与研究生创新人才特征水平上的检验结果一致。

表 5-43　导师产教合作项目与研究生参与的差异表

		导师合作项目数				研究生参加项目数			
		N	平均值	标准差	F	平均值	标准差	F	显著性
政校院融合力	0	175	4.9238	1.29673	16.91	5.1463	1.25419	12.123	0.000 ***
	1 项	178	5.0794	1.25334		5.38	1.2183		
	2 项至3 项	327	5.4924	1.09986		5.6349	1.03993		
	3 项以上	248	5.632	1.15677		5.8995	0.99336		
社会自然融合力	0	175	4.8918	1.29985	19.22	5.1357	1.24343	13.397	0.000 ***

续表

			导师合作项目数			研究生参加项目数			
		N	平均值	标准差	F	平均值	标准差	F	显著性
	1 项	178	5.0892	1.21599		5.4015	1.17492		
	2 项至 3 项	327	5.5017	1.08472		5.6685	1.0458		
	3 项以上	248	5.6518	1.14894		5.8737	1.05532		
"人"的因素	0 项	175	4.8818	1.25826	18.898	5.1275	1.23181	13.444	0.000 ***
	1 项	178	5.0923	1.23378		5.3799	1.18652		
	2 项至 3 项	327	5.4709	1.09277		5.646	1.05217		
	3 项以上	248	5.6505	1.14379		5.8904	1.0174		

（十三）导生见面次数差异分析

经检验，如表 5-44 所示，导师见面次数在融合力总体感知水平及各个因子感知水平上都存在极其显著的差异，说明导师与研究生见面的次数对研究生创新人才产教融合力总体感知水平和各个因子感知水平都具有极其显著的影响。均值比较显示，融合力感知水平随着导生见面次数的增多呈上升趋势，这与研究生创新人才特征水平上的检验结果一致。

表 5-44 导生见面次数差异表

		N	平均值	标准差	F	显著性
政校院融合力	1 次以下	79	4.7215	1.35326	12.932	0.000 ***
	1 次至 2 次	282	5.1764	1.11874		
	3 次至 5 次	237	5.4830	1.1126		
	5 次以上	330	5.5343	1.26309		
社会自然融合力	1 次以下	79	4.7230	1.30600	13.327	0.000 ***
	1 次至 2 次	282	5.1944	1.07215		
	3 次至 5 次	237	5.4224	1.14665		
	5 次以上	330	5.5745	1.25986		

		N	平均值	标准差	F	显著性
"人"的因素	1次以下	79	4.7025	1.34842	14.329	0.000 ***
	1次至2次	282	5.1742	1.08409		
	3次至5次	237	5.4001	1.13360		
	5次以上	330	5.5777	1.23258		

第三节 现状调查研究总结

本章主要包括问卷工具的质量分析及正式调查问卷回收后的统计分析。

首先，根据前一章节已编制的研究生个体自我感知视角问卷，包括产教融合情境下创新人才特征自我感知、创新人才培养产教融合力自我感知及人才培养绩效自我感知等问卷，向调查对象进行发放、回收以及质量分析。完成了试调研（试测）问卷结构、题项的修订及正式调研（正式施测）的问卷质量分析。结果显示，产教融合研究生创新人才特征主要包括学术创新能力、跨界能力、社会胜任力、学术激情与动机四个维度，与预设理论稍有调整。创新人才培养产教融合力的五个子系统信效度及模型收敛效度、区别效度较好，与预设理论一致。

其次，通过研究生的客观描述和主观感受，从主客观两方面对研究生创新人才产教融合培养的现状进行了调查和分析。运用SPSS26.0统计软件对不同个体特质的研究生在创新人才特质要素、五螺旋子系统的产教融合力自我感知水平上的差异进行了分析。结果显示：

第一，描述分析。①与高校开展产教合作的行业企业大部分来源于国有企业或事业单位，在自然科学方面，高校与国有企业尤其是国有大型企业的长期合作相对频繁；而在人文社科方面，高校与事业单位的长期合作相对频繁。②大部分导师与研究生平均每10天沟通一次，但也有近9%的导师与研究生几乎零沟通。③有一半的研究生在接受调查时表示从未参与过产教合作相关的项目。在从未参加产教合作相关项目数中有近一半是研二、研三的学生且自然科学学科研究生所占比例较高。我国研究生整体上参与产教合作相关项目的比例不高，从未参加过相关项目的研究生不在少数。④我国研究生整体上发表与产教科研实践相关的理论性或应用性论文较少。⑤我国研究生的创新人才特征发展水平尚不均衡，研究生自我感知到的社会胜任力表现高于其他方面，研究生的跨界能力和学术创新能力有待加强。⑥研究生所感知到的政治系统、经济系统、教育系统、公众社会、自然环境五个子系统方面的产教融合力水平比较均衡。

第二，研究生个体特质的部分背景因素对创新人才特征产生显著影响。性别、学科、就业选择、父母文化程度、参加产教融合项目及科研实践活动所处行业企业性质、导师产教合作项目数及参与产教合作项目数、与导师见面次数在研究生创新人才特征总体水平上存在显著差异，具有显著影响。年龄、年级、学位类型、入学方式、参加工作时长、家庭人均年收入及是否就读一流学科、是否就读学科前后一致、不同导师职称及导师来源在研究生创新人才特征总体水平上不存在显著差异，但在不同特征水平上存在不同程度的差异。

第三，研究生个体特质的部分背景因素对五螺旋子系统融合力产生显著影响。性别、学科、父母文化程度、参加产教融合项目及科研实践活动所处行业企业性质、导师产教合作项目数及参与产教合作项目数、与导师见面次数在研究生融合力总体水平上存在显著差异，具有显著影响。年龄、年级、学位类型、入学方式、参加工作时长、就业选择、家庭人均年收入及是否就读一流学科、是否就读学科前后一致、不同导师职称及导师来源在研究生融合力总体水平上不存在显著差异，但在不同融合力感知水平上存在不同程度的差异。

综合以上研究结果，验证了研究假设 H1。

影响因素研究 第六章

在了解研究生创新人才产教融合培养现状差异的基础上，本章将继续深入探讨研究生创新人才产教融合培养的影响因素，分析大环境因素、"人"的因素、创新人才特征、人才培养绩效之间的影响关系。

第一节 大环境因素的影响

如果两个变量 X 和 Y 的相关显著，说明这两个变量有某种程度的共变关系。回归分析就是用统计学方法研究因变量 Y 与自变量 X 之间的不确定的共变关系。[1] 回归分析的目的是利用变量间的简单函数关系，用自变量对因变量进行预测，使预测值尽可能地接近因变量的观测值。[2] 为详细分析每一个变量对产教融合培养研究生创新人才的影响，本书分别将大环境因素中各子系统即政府、高校、行业企业、社会、自然环境的产教融合力作为自变量，将人才培养绩效作为因变量进行分析。由于在现状分析中，已经将样本调查对象的人口统计学特征进行了差异分析，本书将人口统计学相关变量作为控制变量处理。数据来源于正式调查经删除、修正不符合要求后调整的数据。

在对数据进行回归分析之前，先进行相关性分析，观察各变量之间的相关性。经检验，各自变量与因变量之间满足线性相关，呈线性趋势。在回归分析同时对残差进行检验，残差正态性选择直方图和 P-P 图，方差齐性选择

〔1〕 温忠麟：《心理与教育统计》（第 2 版），广东高等教育出版社 2016 年版，第 169 页。
〔2〕 谢宇：《回归分析》（修订版），社会科学文献出版社 2013 年版，第 950 页。

散点图、残差独立性选择德宾-沃森（D-W）检验。结果显示，残差满足正态性、方差齐性和独立性（第二节相同，不再赘述）。

一、政府产教融合力的影响

以政府产教融合力 Gi 的平均分为自变量，以人才培养绩效 PF 的平均分为因变量做线性回归，分析政府产教融合力对人才培养绩效的预测作用。回归直线拟合的好坏或者回归方程解释能力的大小反映在 SSR 与 SST 的比例上即判定系数 R^2，R^2 的取值范围在 $[0, 1]$，各观测点越靠近回归直线，判定系数越接近 1，直线拟合得就越好。回归方程的解释力是由判定系数 R^2 来测量的，R^2 度量了因变量的变异中可以由自变量的变异来解释的比例。分析结果如表 6-1 所示，回归模型显著且标准化回归系数 β 为正数，表明政府产教融合力对人才培养绩效有显著正向影响。该模型的 R 方（R^2）为 0.193，表明政府产教融合力可以解释人才培养绩效变异的 19.3%，即人才培养绩效变异的 19.3% 可以由政府产教融合力解释。

进一步对自变量的题项进行分析，结果如表 6-2 所示。通过对 β 系数的解读，学生越是感知到政府相关的产教融合政策、提供的合作平台或营造的社会氛围，越有利于人才培养绩效的提升。根据 β 系数绝对值大小排序，可得出政府产教融合力各观测变量对人才培养绩效影响程度的排序为：社会氛围营造、搭建平台、政策支持。

表 6-1 政府产教融合力回归模型表

变量	未标准化系数		标准化系数	
	B	SE	β	t
（常量）	2.25	0.129		17.449 ***
Gi	0.44	0.03	0.44	14.893 ***
R^2	0.193			

注：＊ P<0.05，＊＊ P<0.01，＊＊＊ P<0.001。下同。

表 6-2 回归分析摘要表

观测变量	SE	β	t
我就读学校所在的政府出台鼓励研究生参加产教融合的相关政策。	0.04	0.132	2.887 * *
我就读学校所在的政府提供或搭建产教合作平台，如创新基地、产业园区等。	0.043	0.164	3.458 * *
我能感觉到国家创新建设的整体社会氛围。	0.04	0.178	3.967 ***

二、高校产教融合力的影响

以高校产教融合力 UIA 的平均分为自变量，以人才培养绩效 PF 的平均分为因变量做线性回归，分析高校产教融合力对人才培养绩效的预测作用。回归方程的解释力由判定系数 R^2 来测量，R^2 度量了因变量的变异中可以由自变量的变异来解释的比例。分析结果如表 6-3 所示，回归模型显著且标准化回归系数 β 为正数，表明高校产教融合力对人才培养绩效有显著正向影响。该模型的 R 方（R^2）为 0.202，表明高校产教融合力可以解释人才培养绩效变异的 20.2%，即人才培养绩效变异的 20.2%可以由高校产教融合力解释。

表 6-3 高校产教融合力回归模型表

变量	未标准化系数		标准化系数	t
	B	SE	β	
（常量）	2.158	0.132		16.406 ***
UIA	0.461	0.03	0.449	15.307 ***
R^2	0.202			

进一步对自变量的题项进行分析，发现只有两个观测题项 P 值显著，结果如表 6-4 所示，该表只列出了 P 值显著的题项。通过对 β 系数的解读，学生越是感知到高校与不同行业企业的交流合作、邀请行业人员来校授课，越有助于研究生人才培养。根据 β 系数绝对值大小排序，可得出高校产教融合力各观测变量对人才培养绩效影响程度的排序为：高校与产业界的高频率交流合作、邀请产业界人员来校讲学。

表 6-4 回归分析摘要表

观测变量	SE	β	t
我就读的学校会经常与不同行业企业进行交流合作。	0.047	0.156	3.022＊＊
我所在的学院经常邀请行业企业人员为研究生授课。	0.048	0.15	2.77＊＊

三、行业企业产教融合力的影响

以行业企业产教融合力 Ii 的平均分为自变量，以人才培养绩效 PF 的平均分为因变量做线性回归，分析行业企业产教融合力对人才培养绩效的预测作用。回归方程的解释力由判定系数 R^2 来测量，R^2 度量了因变量的变异中可以由自变量的变异来解释的比例。分析结果如表 6-5 所示，回归模型显著且标准化回归系数 β 为正数，表明行业企业产教融合力对人才培养绩效有显著正向影响。该模型的 R 方（R^2）为 0.202，表明行业企业产教融合力可以解释人才培养绩效变异的 20.2%，即人才培养绩效变异的 20.2% 可以出行业企业产教融合力解释。

表 6-5 行业企业产教融合力回归模型表

变量	未标准化系数		标准化系数	t
	B	SE	β	
（常量）	2.22	0.128		17.366＊＊＊
Ii	0.447	0.029	0.449	15.291＊＊＊
R^2	0.202			

进一步对自变量的题项进行分析，发现三个观测题项 P 值显著，结果如表 6-6 所示，该表只列出了 P 值显著的题项。通过对 β 系数的解读，学生越是感知到行业企业与学校的合作意愿、教研参与及制度管理等方面的支持与投入，越有助于研究生人才培养绩效的提升。根据 β 系数绝对值大小排序，可得出行业企业产教融合力各观测变量对人才培养绩效影响程度的排序为：行业企业制定专门的产教合作管理规章制度、加强与高校的交流合作、提高参与意愿。

表 6-6　回归分析摘要表

观测变量	SE	β	t
我认为行业企业欢迎老师提供科研服务。	0.044	0.104	2.028 *
行业企业经常与我的学校有交流合作。	0.044	0.13	2.571 *
我参与合作的行业企业有专门的产教合作管理制度。	0.046	0.139	2.715 * *

四、社会融合力的影响

以社会融合力 SEi 的平均分为自变量，以人才培养绩效 PF 的平均分为因变量做线性回归，分析社会融合力对人才培养绩效的预测作用。回归方程的解释力由判定系数 R^2 来测量，R^2 度量了因变量的变异中可以由自变量的变异来解释的比例。分析结果如表 6-7 所示，回归模型显著且标准化回归系数 β 为正数，表明社会融合力对人才培养绩效有显著正向影响。该模型的 R 方（R^2）为 0.193，表明社会融合力可以解释人才培养绩效变异的 19.3%，即人才培养绩效变异的 19.3% 可以由社会融合力解释。

表 6-7　社会融合力回归模型表

变量	未标准化系数		标准化系数	t
	B	SE	β	
（常量）	2.268	0.128		17.751 ***
SEi	0.438	0.029	0.44	14.904 ***
R^2	0.193			

进一步对自变量的题项进行分析，发现三个观测题项 P 值显著，结果如表 6-8 所示，该表只列出了 P 值显著的题项。通过对 β 系数的解读，社会公众的产教融合理念认同、社会文化传统、科学社会责任等的投射影响越大，越对研究生人才培养有利。根据 β 系数绝对值大小排序，可得出社会融合力各观测变量对人才培养绩效影响程度的排序为：传统文化融合科研实践、社会大众持续加强产教融合理念认同、项目实施考虑社会效应。

表 6-8 回归分析摘要表

观测变量	SE	β	t
我认为社会大众对研究生到行业企业一线学习生活是认同的。	0.043	0.142	2.89＊＊
我会将传统文化融入行业企业合作项目或科研实践活动中。	0.042	0.158	3.201＊＊
我在行业企业合作项目实施中会考虑研究对社会的影响。	0.041	0.105	2.247＊

五、自然环境融合力的影响

以自然环境融合力 Ni 的平均分为自变量，以人才培养绩效 PF 的平均分为因变量做线性回归，分析自然环境融合力对人才培养绩效的预测作用。回归方程的解释力由判定系数 R^2 来测量，R^2 度量了因变量的变异中可以由自变量的变异来解释的比例。分析结果如表 6-9 所示，回归模型显著且标准化回归系数 β 为正数，表明自然环境融合力对人才培养绩效有显著正向影响。该模型的 R 方（R^2）为 0.189，表明自然环境融合力可以解释人才培养绩效变异的 18.9%，即人才培养绩效变异的 18.9%可以由自然环境融合力解释。

表 6-9 社会融合力回归模型表

变量	未标准化系数		标准化系数	t
	B	SE	β	
（常量）	2.278	0.129		17.658＊＊＊
Ni	0.432	0.029	0.434	14.673＊＊＊
R^2	0.189			

进一步对自变量的题项进行分析，结果如表 6-10 所示。通过对 β 系数的解读，生态践行、绿色可持续发展理念融入科学研究对研究生影响越大，越有助于研究生人才培养绩效的提高。根据 β 系数绝对值大小排序，可得出自然环境融合力各观测变量对人才培养绩效影响程度的排序为：注重生态理念在科研实践中的实现、自觉融入生态理念、产教合作考虑生态效应。

表 6-10 回归分析摘要表

观测变量	SE	β	t
我在产教合作中注重绿色生态理念在科研实践中的实现。	0.041	0.252	5.494 ***
我认为生态效应是产教合作成效重要的考虑因素。	0.042	0.093	1.981 *
我在产学合作类的项目研究中会自觉融入绿色生态理念。	0.042	0.138	2.941 * *

综上，政府、高校、行业企业产教融合力及社会、自然环境融合力对研究生创新人才产教融合培养绩效有显著正向影响。大环境因素关注以下内容对研究生创新人才产教融合培养绩效的重要作用：一是政府在社会氛围营造、搭建平台、政策支持等方面做出努力；二是高校在与产业界的高频率交流合作、邀请产业界人员来校讲学等方面加强投入；三是行业企业制定专门的产教合作管理规章制度，加强与高校的交流合作，提高参与意愿；四是各方主体包括研究生能将传统文化融合科研实践，社会大众持续加强产教融合理念认同，项目实施考虑社会效应；五是各方主体包括研究生注重生态理念在科研实践中的实现、自觉融入生态理念、产教合作考虑生态效应。

第二节 "人"的因素的影响

为详细分析每一个变量对产教融合培养研究生创新人才的影响，本书分别将"人"的因素中专任教师、导师、研究生个体的产教融合力及政校企协同作为自变量，将人才培养绩效作为因变量进行分析。由于在现状分析中，已经将样本调查对象的人口统计学特征进行了差异分析，本书将人口统计学相关变量作为控制变量处理。数据来源于正式调查经删除、修正不符合要求后调整的数据。

一、专任教师产教融合力的显著影响

以专任教师产教融合力 Ti 的平均分为自变量，以人才培养绩效 PF 的平均分为因变量做线性回归，分析专任教师产教融合力对人才培养绩效的预测作用。回归方程的解释力由判定系数 R^2 来测量，R^2 度量了因变量的变异中可以由自变量的变异来解释的比例。分析结果如表 6-11 所示，回归模型显著且标准化回归系数 β 为正数，表明专任教师产教融合力对人才培养绩效有显著正向影响。该模型的 R 方（R^2）为 0.163，表明专任教师产教融合力可以解释人才培养绩效变异的 16.3%，即人才培养绩效变异的 16.3%可以由专任教师产教融合力解释。

表 6-11　专任教师产教融合力回归模型表

变量	未标准化系数		标准化系数	t
	B	SE	β	
（常量）	2.379	0.133		17.92 ***
Ti	0.408	0.03	0.403	13.408 ***
R^2	0.163			

　　进一步对自变量的题项进行分析，发现有两个观测变量 P 值显著，结果如表 6-12 所示。通过对 β 系数的解读，研究生专任教师课程教学融入科研实际或生产生活实际及产业界行业企业发展前沿知识技术对研究生影响越大，越有助于人才培养绩效的提高。根据 β 系数绝对值大小排序，可得出专任教师产教融合力各观测变量对人才培养绩效影响程度的排序为：行业企业发展前沿知识技术、教学融入科研实际或生产生活实际。

表 6-12　回归分析摘要表

观测变量	SE	β	t
我的专任教师经常模拟行业企业的科研或生产实际情景进行授课。	0.046	0.125	2.452 *
我的专任教师在课堂上经常讲述与行业企业发展有关的知识或技术。	0.045	0.184	3.665 ***

二、导师产教融合力的影响

　　以导师产教融合力 Mi 的平均分为自变量，以人才培养绩效 PF 的平均分为因变量做线性回归，分析导师产教融合力对人才培养绩效的预测作用。回归方程的解释力由判定系数 R^2 来测量，R^2 度量了因变量的变异中可以由自变量的变异来解释的比例。分析结果如表 6-13 所示，回归模型显著且标准化回归系数 β 为正数，表明导师产教融合力对人才培养绩效有显著正向影响。该模型的 R 方（R^2）为 0.189，表明导师产教融合力可以解释人才培养绩效变异的 18.9%，即人才培养绩效变异的 18.9%可以由导师产教融合力解释。

表6-13　导师产教融合力回归模型表

变量	未标准化系数		标准化系数	
	B	SE	β	t
（常量）	2.239	0.131		17.075
Mi	0.443	0.03	0.435	14.714 ***
R^2	0.189			

进一步对自变量的题项进行分析，发现有两个观测变量 P 值显著，结果如表6-14所示。通过对 β 系数的解读，导师越是经常与行业企业开展探索性课题等高价值而非劳务性合作、为促进研究生融入行业企业而付诸行动等，越有助于人才培养绩效的提高。根据 β 系数绝对值大小排序，可得出专任教师产教融合力各观测变量对人才培养绩效影响程度的排序为：经常与行业企业合作研究一些探索性课题、带领研究生前往行业企业进行观摩交流。

表6-14　回归分析摘要表

观测变量	SE	β	t
我的导师经常带领研究生进入行业企业现场进行观摩和交流。	0.047	0.116	2.237 *
我的导师经常与行业企业合作研究一些探索性课题。	0.046	0.139	2.637 * *

三、研究生个体产教融合力的影响

以研究生个体产教融合力 Mi 的平均分为自变量，以人才培养绩效 PF 的平均分为因变量做线性回归，分析研究生个体产教融合力对人才培养绩效的预测作用。回归方程的解释力由判定系数 R^2 来测量，R^2 度量了因变量的变异中可以由自变量的变异来解释的比例。分析结果如表6-15所示，回归模型显著且标准化回归系数 β 为正数，表明研究生个体产教融合力对人才培养绩效有显著正向影响。该模型的 R 方（R^2）为 0.192，表明研究生个体产教融合力可以解释人才培养绩效变异的 19.2%，即人才培养绩效变异的 19.2%可以由研究生个体产教融合力解释。

表 6-15　研究生个体产教融合力回归模型表

变量	未标准化系数		标准化系数	t
	B	SE	β	
（常量）	2.226	0.131		17.013 ***
Pi	0.444	0.03	0.439	14.85 ***
R^2	0.192			

　　进一步对自变量的题项进行分析，发现有两个观测变量 P 值显著，结果如表 6-16 所示。通过对 β 系数的解读，研究生越是积极主动了解学科行业动态、解决实际问题，越有助于其自身培养质量的提高。根据 β 系数绝对值大小排序，可得出研究生个体产教融合力的各观测变量对人才培养绩效影响程度的排序为：了解行业领域动态、论文选题来源于行业企业实际问题。

表 6-16　回归分析摘要表

观测变量	SE	β	t
我对自己所学专业的行业领域动态比较了解。	0.047	0.223	4.257 ***
我的论文选题来自于行业企业实际问题。	0.046	0.124	2.428 *

四、政校企协同的影响

　　以政校企协同 Co 的平均分为自变量，以人才培养绩效 PF 的平均分为因变量做线性回归，分析政校企协同对人才培养绩效的预测作用。回归方程的解释力由判定系数 R^2 来测量，R^2 度量了因变量的变异中可以由自变量的变异来解释的比例。分析结果如表 6-17 所示，回归模型显著且标准化回归系数 β 为正数，表明政校企协同对人才培养绩效有显著正向影响。该模型的 R 方（R^2）为 0.18，表明政校企协同可以解释人才培养绩效变异的 18%，即人才培养绩效变异的 18% 可以由政校企协同解释。

表6-17 政校企协同回归模型表

变量	未标准化系数		标准化系数	t
	B	SE	β	
（常量）	2.279	0.132		17.24 ***
Co	0.432	0.03	0.425	14.27 ***
R²	0.18			

进一步对自变量的题项进行分析，发现有一个观测变量 P 值显著，结果如表6-18所示。通过对 β 系数的解读，政府—高校—产业之间越是能共同为研究生参加校外产学合作研究提供基地或平台等，越有助于人才培养绩效的提升。

表6-18 回归分析摘要表

观测变量	SE	β	t
联合为研究生参加校外产学合作研究提供基地或平台。	0.045	0.253	5.116 ***

综上，专任教师、导师、研究生产教融合力及政校企协同对研究生创新人才产教融合培养绩效有显著正向影响。"人"的因素关注以下内容对研究生创新人才产教融合培养绩效的重要作用：一是研究生专任教师课程教学中尽可能融入产业界行业企业发展前沿知识技术、教学融入科研实际或生产生活实际；导师经常与行业企业合作研究一些探索性课题、带领研究生前往行业企业进行观摩交流；研究生个体能了解行业领域动态、论文选题来源于行业企业实际问题；政府—高校—产业之间能共同为研究生参加校外产学合作研究提供基地或平台等。

第三节 结构方程模型

前面章节中研究了知识生产模式下产教融合动力机制的演变，结合我国研究生教育功能发展的产教关系变迁实际，理论分析了影响研究生创新人才产教融合培养的构成要素即具有研究生创新人才培养产教融合模式特征的五螺旋产教融合力，包括主要来自政治系统的政府产教融合力、来自教育系统的高校产教融合力、来自经济系统的行业企业产教融合力、来自社会系统的以媒介和文化为基础的公众社会的社会融合力和来自自然环境系统的自然环境融合力，在此基础上构建了研究生创新人才培养产教融合模式五螺旋运行模型（如图 3-2 所示）。之后，结合研读、解析国家相关政策、制度文本及访谈、已有文献研究，进一步细化了影响因素作用机制的假设模型（如图 4-2 所示），在此基础上绘制了产教融合研究生创新人才培养各潜变量关系的概念模型（如图 5-2 所示）。本节将运用 AMOS24.0 软件对概念假设模型进行结构方程分析，绘制模型路径图。

结构方程分析，也常称为结构方程建模（structural equation modeling, SEM），是基于变量的协方差矩阵来分析变量之间关系的一种统计方法。结构方程模型具有以下优点：①可以同时处理多个因变量；②容许自变量和因变量含测量误差；③可以同时估计因子结构和因子关系；④容许更大弹性的测量模型；⑤可以估计整个模型的拟合程度。[1]结构方程模型分为测量方程和结构方程。测量方程描述指标与潜变量之间的关系，结构方程描述的是潜变量之间的关系。潜变量之间的关系通常是研究的兴趣点，因此整个分析也称结构方程模型。本书的结构方程模型分析运用 AMOS 软件，采用极大似然法对模型进行估计，数据来源于正式调查经删除、修正不符合要求后调整的数据。

根据研究假设，本书在概念模型基础上，用 AMOS24.0 软件绘制了待验证的结构方程模型。将整理好后的数据代入运算，经模型修正后得到图 6-1 的结构方程模型图。

一、模型拟合优度检验

拟合优度指数运用相似度指标 GFI、AGFI、IFI、CFI、TLI 和差异性指标 RMSEA、SRMR 进行检验。利用 AMOS24.0 软件对模型拟合优度进行检验，结果表 6.19 所示。

当 X^2/df（卡方与自由度的比值）在 0 至 3 之间时，表示模型适配度较

---

〔1〕　侯杰泰、温忠麟、成子娟：《结构方程模型及其应用》，教育科学出版社 2004 年版，第 19~21 页。

好，χ^2/df 的值在 5 以内为理想。当相似度指标（GFI、AGFI、IFI、CFI、TLI）大于 0.9 且越接近 1 时，表明数据与模型的适配度越好。经检验，$\chi^2/df =$ 11.300、GFI = 0.987、AGFI = 0.981、IFI = 0.983、CFI = 0.965、TLI = 0.978，除 χ^2/df 的值偏高以外，其他适配度指标均大于 0.9 且与 1 比较接近，满足模型拟合优度检验要求。

当差异性指标（RMSEA、SRMR）小于 0.080 时，模型具有较好的拟合优度。经检验，SRMR = 0.008、RMSEA = 0.012，均小于 0.080，适配度指标满足模型拟合优度检验要求。综上，检验结果表明模型具有较好的拟合优度。

表 6-19　拟合优度检验

拟合指标	χ^2/df	SRMR	RMSEA	GFI	AGFI	IFI	CFI	TLI
参考值	<3	<0.080	<0.080	>0.900	>0.900	>0.900	>0.900	>0.900
检验值	11.300	0.008	0.012	0.987	0.981	0.983	0.965	0.978

二、路径关系分析

本书中的路径分析用于验证假设的变量之间的关系是否成立。路径分析是一种探索因果关系的统计方法，其优点在于能够分解变量之间的各种效应。[1]路径系数即因果模型的回归系数，用来衡量变量之间的影响程度或变量的效应大小。路径系数分为标准化系数和非标准化系数。非标准化系数展示了自变量变化一个单位引起因变量实际变化的情况，但不同变量有不同的单位，同一回归模型中，各变量的非标准化系数不能相互比较，因此进行路径分析时常使用标准化系数。[2]标准化系数没有测量单位，可通过同一标准比较同一方程中的不同变量的系数。

结果如表 6-20 所示，大环境因素对"人"的因素具有显著正向作用（$\beta =$ 0.483，P<0.001）。大环境因素、"人"的因素对创新人才特征具有显著正向作用，其中"人"的因素对创新人才特征影响作用最大（$\beta = 0.378$，P<0.001）。大环境因素、"人"的因素、创新人才特征对人才培养绩效具有显著

---

〔1〕　谢宇：《回归分析》（修订版），社会科学文献出版社 2013 年版，第 169 页。

〔2〕　谢宇：《回归分析》（修订版），社会科学文献出版社 2013 年版，第 170~171 页。

正向作用，其中创新人才特征对人才培养绩效的影响作用最大（β = 0.267，P
<0.001），其次是大环境因素（β = 0.253，P<0.001）、"人"的因素（β =
0.205，P<0.001）。综上，根据表 6-20 及图 6-1，假设 H2 至 H7 的标准化路
径系数分别为 0.483、0.342、0.378、0.253、0.205、0.267，P 值均小于
0.001，均支持假设。

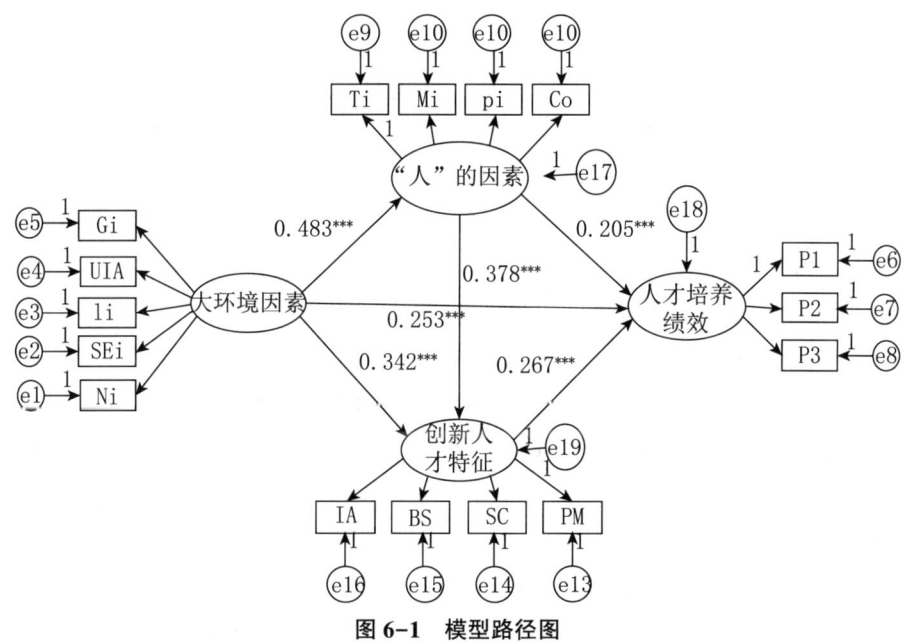

图 6-1 模型路径图

表 6-20 路径关系检验结果

研究假设	路径关系	Unstd.	S. E.	C. R.	P	Std.	假设结果
H2	大环境因素→"人"的因素	0.482	0.030	16.099	***	0.483	支持
H3	大环境因素→创新人才特征	0.344	0.031	11.175	***	0.342	支持
H4	"人"的因素→创新人才特征	0.385	0.031	12.464	***	0.378	支持
H5	大环境因素→人才培养绩效	0.248	0.036	6.924	***	0.253	支持
H6	"人"的因素→人才培养绩效	0.202	0.036	5.542	***	0.205	支持
H7	创新人才特征→人才培养绩效	0.259	0.037	7.043	***	0.267	支持

三、中介效应检验

中介效应的检验采用 Bootstrap 法进行检验。Bootstrap 检验法被证实具有较精确的置信区间和较好的统计效率。[1] Bootstrap 中介效应检验结果如表 6.21 所示。

在中介效应、直接效应、总效应检验列表中，第一条中介路径 PA 是大环境因素—"人"的因素—人才培养绩效，产生中介效应 PAIE，第二条路径 PC 是大环境因素—"人"的因素—创新人才特征—人才培养绩效之链式中介，产生中介效应 PCIE，第三条路径 IC 是大环境因素—创新人才特征—人才培养绩效，产生中介效应 ICIE。三条路径的总中介效果（TIE）显著，即"人"的因素和创新人才特征在大环境因素对人才培养绩效的影响中发挥的总体中介作用显著，效应值为 0.237，95%置信区间为（0.180，0.299），不包含 0。大环境因素与人才培养绩效之间的总效应（TE）值为 0.489，且 95%置信区间为（0.408，0.565），不包含 0，中介效应显著。"人"的因素（PAIE）和创新人才特征（ICIE）的中介效应显著，间接效应分别为 0.099、0.091，95%置信区间分别为（0.057，0.148）和（0.054，0.134），不包含 0，间接效应显著。大环境因素对人才培养绩效产生的直接效应（DE）的效应值为 0.251，95%置信区间为（0.156，0.342），不包含 0，直接效应显著。

接下来对中介变量的中介效应大小进行比较，如表 6.21 中的中介效应比较列表。结果显示，大环境因素—"人"的因素—人才培养绩效（PA）的中介效应与大环境因素—"人"的因素—创新人才特征—人才培养绩效（PC）中介效应存在显著差异，95%置信区间为（0.002，0.106），不包含 0。在大环境因素对人才培养绩效的影响中，"人"的因素的中介作用与创新人才特征（-0.062，0.081）的中介作用不存在显著差异；链式中介（PC）效应与大环境因素—创新人才特征—人才培养绩效（IC）中介效应存在显著差异，95%置信区间为（-0.081，-0.01），不包含 0。

结合中介效应占比列表可知，通过"人"的因素、创新人才特征传递的中介效应分别是 0.099 和 0.091，占总中介效应的比重分别为 41.5%（R1）、

〔1〕 Preacher K J, Rucker D D, Hayes A F, "Addressing Moderated Mediation Hypotheses: Theory, Methods, and Prescriptions", Multivariate Behav Res, 2007, 42（1）, pp. 185~227.

38.1%（R3）；链式中介效应中通过"人"的因素和创新人才特征逐级传递的中介效应为0.048，占总中介效应的比重为20.4%（R2）。大环境因素对人才培养绩效影响的总中介效应占总效应的48.6%（R4），大环境因素对人才培养绩效影响的直接效应占总效应的51.4%（R5）。这表明，"人"的因素传递的中介效应在总中介效应中的占比略高于创新人才特征，链式中介效应在总中介效应中的占比最低，大环境因素对研究生创新人才产教融合培养绩效的总中介效应与直接效应在影响作用的总效应中相差不大。

表 6-21　中介效应检验结果

关系检验		点估计值	系数乘积		Bootstrapping			
					Bias-Corrected 95% CI		Percentile 95% CI	
			SE	Z	下限	上限	下限	上限
中介效应、直接效应、总效应检验								
中介效应 PAIE	BE→PA→PF	0.099	0.023	4.304	0.057	0.145	0.057	0.148
链式中介效应 PCIE	BE→PA→IC→PF	0.048	0.010	4.800	0.032	0.071	0.031	0.071
中介效应 ICIE	BE→IC→PF	0.091	0.021	4.333	0.056	0.137	0.054	0.134
总中介效应 TIE	PAIE+PCIE+ICIE	0.237	0.030	7.900	0.181	0.299	0.180	0.299
直接效应 DE	BE→PF	0.251	0.047	5.340	0.155	0.34	0.156	0.342
总效应 TE	DE+TIE	0.489	0.040	12.225	0.407	0.563	0.408	0.565
中介效应比较								
PAPCdiff	PA vs. PC	0.050	0.026	1.923	0.001	0.104	0.002	0.106
PAICdiff	PA vs. IC	0.008	0.036	0.222	-0.065	0.078	-0.062	0.081
PCICdiff	PC vs. IC	-0.042	0.018	-2.333	-0.084	-0.013	-0.081	-0.01
中介效应占比								
R1	PAIE/TIE	0.415	0.086	4.826	0.248	0.575	0.258	0.586

关系检验		点估计值	系数乘积		Bootstrapping			
					Bias-Corrected 95% CI		Percentile 95% CI	
			SE	Z	下限	上限	下限	上限
R2	PCIE/TIE	0.204	0.034	6.000	0.146	0.286	0.141	0.279
R3	ICIE/TIE	0.381	0.071	5.366	0.252	0.523	0.243	0.52
R4	TIE/TE	0.486	0.070	6.943	0.367	0.653	0.365	0.643
R5	DE/TE	0.514	0.070	7.343	0.347	0.633	0.357	0.635

注：BE 为大环境因素；PA 为 "人" 的因素；IC 为创新人才特征；PF 为人才培养绩效；PAIE 为路径 BE→PA→PF；PCIE 为 BE→PA→IC→PF；ICIE 为 BE→IC→PF；TIE 为中介效果的总和，DE 为直接效应；TE 为总效应；SE 为标准误；Z 为 Z 值。

综上，"人" 的因素在大环境因素与人才培养绩效中的中介效应、创新人才特征在大环境因素与人才培养绩效中的中介效应、人的因素和创新人才特征在大环境因素与人才培养绩效中的链式中介效应显著，表明研究模型存在中介作用且属于部分中介，支持假设 H8、H9、H10，如表 6-22 所示。大环境因素通过 "人" 的因素传递的中介效应与通过 "人" 的因素和创新人才特征逐级传递的链式中介效应之间存在显著差异，逐级传递的链式中介效应与大环境通过创新人才特征传递的中介效应之间也存在显著差异，但大环境通过 "人" 的因素传递的中介效应与通过创新人才特征传递的中介效应之间并没有显著差异。同时，"人" 的因素传递的中介效应在总中介效应中所占的比重高于创新人才特征传递的中介效应，链式中介效应在总中介效应中的占比最低，大环境因素对研究生创新人才产教融合培养绩效的总中介效应与直接效应在影响作用的总效应中比例相当，相差不大。

表 6-22　中介作用假设检验结果

序号	假设	结果
H8	"人" 的因素在大环境因素与研究生创新人才产教融合培养绩效关系中起中介作用	支持
H9	创新人才特征在大环境因素与研究生创新人才产教融合培养绩效关系中起中介作用	支持

序号	假设	结果
H10	"人"的因素、创新人才特征在大环境因素与研究生创新人才产教融合培养绩效关系中起链式中介作用	支持

第四节 影响因素研究总结

本章运用回归、结构方程模型对研究生创新人才产教融合培养影响因素、中介效应进行了分析。

在五螺旋系统中，每个子系统在各司其职的同时，为了共同的创新目标做出了自身应有的努力。五螺旋系统组成的大环境因素关注以下内容对研究生创新人才产教融合培养绩效的重要作用：一是政府在社会氛围营造、搭建平台、政策支持等方面做出努力；二是高校在与产业界的高频率交流合作、邀请产业界人员来校讲学等方面加强投入；三是行业企业制定专门的产教合作管理规章制度，加强与高校的交流合作，提高参与意愿；四是各方主体包括研究生能将传统文化融合科研实践，社会大众持续加强产教融合理念认同，项目实施考虑社会效应；五是各方主体包括研究生注重生态理念在科研实践中的实现、自觉融入生态理念、产教合作考虑生态效应。

"人"的因素关注以下内容对研究生创新人才产教融合培养绩效的重要作用：一是研究生专任教师课程教学中尽可能融入产业界行业企业发展前沿知识技术、教学融入科研实际或生产生活实际；导师经常与行业企业合作研究一些探索性课题、带领研究生前往行业企业进行观摩交流；研究生个体能了解行业领域动态、论文选题来源于行业企业实际问题；政府—高校—产业之间能共同为研究生参加校外产学合作研究提供基地或平台等。

研究生创新人才产教融合培养过程中，与研究生联系紧密、接触频繁或者说对研究生产生直接影响的行动者主要是本书中提到的"人"的因素，包括除了研究生个体与群体之外的专任教师、导师及研究生本人能亲身感受到的由政校企协同构成的潜在行动者。"人"的因素、创新人才特征在大环境因素与人才培养绩效关系之间具有链式中介作用。由此可知，五螺旋系统组成的大环境因素对人才培养绩效的影响，不仅包括五螺旋系统组成的直接影响，也包括透过"人"的因素带来教师、研究生个体及政校企协同所赋予的"人"的产教融合力的影响及透过研究生学术创新能力、跨界能力、社会胜任力、学术激情与动机所赋予的创新人才特征的影响。以往关于研究生产教融合相关的研究较少从研究生自我感知层面考虑"人"的因素、创新人才特征之间的内部关系。"人"的因素既对创新人才特征和人才培养绩效产生显著直接影响,同时在大环境因素与人才培养绩效关系中传递的中介效应产生显著作用,且"人"的因素传递的中介效应在总中介效应中所占的比重高于创新人才特征传递的中介效应。

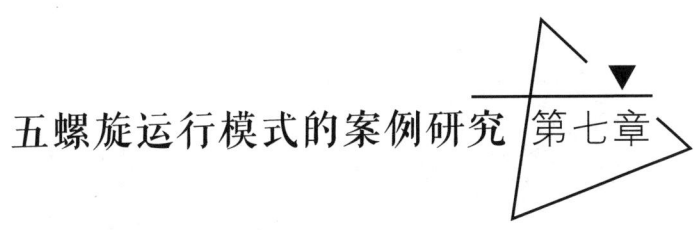

五螺旋运行模式的案例研究 第七章

　　根据知识生产模式 3——五螺旋产教融合动力机制，五螺旋创新生态系统是由知识集群和创新网络组成的知识生产模式 3 的知识输入与知识输出的循环过程，其运行机制可看作"具有某种资本的五大子系统间的知识流动"。在研究生创新人才培养环节，各子系统的产教融合力共同促进五螺旋动力机制运行。本章拟选取某地方高校在研究生创新人才产教融合培养方面取得显著成效的典型案例，对已建构的理论模型进行验证性分析，并对其产教融合人才培养模式进行探索性研究，为地方高校开展研究生创新人才产教融合培养提供理论参考和经验借鉴。

第一节　从 0 到 1 的溯源：地方高校稀土领域 M-PITC-IIU 案例

一、背景：案例来源与验证性分析

　　2021 年 12 月 14 日，"兴国号"磁浮空轨车辆在武汉下线，将该项行业技术及一所地处欠发达地区的地方高校推上热搜，这是 X 省"重大科技成果转化典型案例"。2022 年 8 月 9 日，"我国首条（世界首条）磁浮空轨'兴国号'投入使用"等类似新闻头条再次将该地方高校推入大众视野，如图 7-1 所示。"兴国号"红轨诞生，实现了我国从 0 到 1 的突破，使中国成为继德国、日本之后世界上第三个掌握空轨技术的国家。永磁磁浮技术由该高校于 2014 年首次提出，2020 年由中铁六院集团牵头推动该技术成果实现落地转化。

图 7-1　行驶中的"红轨"试验线列车

来源：新华社记者胡晨欢摄

"兴国号"磁浮空轨是该大学的稀土材料研究、磁浮技术与中铁的造列车经验有机结合的产物；各方主体共同攻克各项技术难题，不仅是大学与产业联合创新、共同攻关的过程，也是知识生产、知识创造的过程。该项目的产教融合力成员来源广泛多样，是大学、政府、行业企业、科研院所等不同利益主体共同参与与共同努力的结果。"兴国号"红轨的诞生是将永磁磁浮技术的科研成果转化为实际应用的示范，属于"国内第一条永磁磁浮技术的应用示范"，将有利于"发展 X 省当地稀土永磁产业链和红色旅游经济"。这项产教合作项目兼顾经济效益、社会效益和生态效益，体现了以文化和媒介为基础的公众社会系统与自然环境生态系统对产教融合项目的影响。社会系统和生态系统这两个系统关涉到人类未来和可持续发展问题，是从事科学研究、知识生产与创新的出发点和落脚点，也是促进人才培养知识生产的驱动力所在。

"'红轨'涵盖了永磁材料、轨道交通、人工智能、无线通信、智能制造、电机驱动等多个战略性新兴产业。"这表明该项产教融合项目需要多学科交叉、跨界合作，需要协调多方思想观点、处理多元主体利益。这在实践层面进一步证实了本书中研究生创新人才特征之侦测、使节、协调行为等跨界能力的重要性，也证实了社会胜任力中沟通合作、关系处理、研究伦理等方面对人才培养的需求。

以中铁科工集团为代表的行业企业所在经济系统在产教融合动力机制五螺旋系统中输出了知识生产与创造的成果，如 2020 年底掌握空轨全套技术、参与编制《悬挂式单轨交通技术标准》等行业标准，这些成果进入五螺旋系统中进行知识循环，成为其他系统的专门技能的知识新输入。同时，科学技术部拟 2024 年启动的"低成本中小运量磁浮客货运输系统技术与装备"项目被列入"十四五"的重点专项，可见以科学技术部为代表的政治系统参与到了促进该项科研成果的继续深入研究与转化中，由此构成的政府产教融合力组成的政策资本进入知识循环，成为教育系统的新的知识输入，与教育系统构成的人力资本组合构成经济系统经济资本的新的知识输入，如此开始新的螺旋循环。单一学科越来越无法完全适应国家与市场化竞争所需，"兴国号"红轨的研制过程体现了知识生产模式 3 学科边界模糊、跨界与交叉协作的特点。各学科、各领域及各参与的不同利益主体共同为"红轨"研制努力，由此构成的创新体系呈现出了知识生产模式 3 共同专属化（co-specialisation）、共同演进（co-evolution）和共同竞合（co-opetition）的 3C 特征。

牵头研制"红轨"的团队来自中部欠发达地区的一所地方高校，在该校 Y 教授带领下的团队完成科技创新与研制。团队成员包括机电、电气、材料、资源与环境、冶金等相关学院和学科的教师、研究生。作为中部欠发达地区设立的地方高校，其既没有优越的地理空间位置，也没有优越的经济发展条件，在引进人才与人才培养方面常受到各种条件与环境的限制和束缚。如何充分利用本土条件、扎根当地办学是该地方高校必须思考的问题。该地方高校怎样才能更好地开展研究生教育领域的高层次人才培养？本书选取"兴国号"红轨牵头研发的高校为案例切入点，旨在梳理这所地方高校在稀土行业领域实现从 0 到 1 的突破的发展历程，并运用已构建的知识生产模式下产教融合五螺旋运行机制进行尝试性分析，试图探究本书理论模型的现实运行状态。为便于行文，以下将所涉及的该地方高校用"J 校"代替。

二、溯源：J 校与稀土行业的渊源及人才培养发展历程

1958 年，原冶金部因赣州丰富的矿产资源而设立了一所高校，即本案例高校 J 校的前身。J 校初创时设立的专业诸如采矿、选矿、冶金、矿山机械、材料等均是面向有色金属行业的。20 世纪 70 年代，离子型稀土特色资源在赣南首次被发现。以中重稀土含量为主的南方离子型稀土，富含现代高新技术

与国防尖端技术中不可缺少的铽、镝、铕等中重稀土元素，是世界上最为稀缺、我国独具优势的战略资源。

因具有独特的光、声、电、磁性质，稀土被广泛用于高科技领域，是现代高技术产业、航空航天及国防尖端武器等领域不可或缺的关键材料，是国际公认的战略资源。为加强稀土资源的保护和高效开发，党中央、国务院高度重视，邓小平同志曾说"中东有石油、中国有稀土"。1975 年，国家成立稀土领导小组、设立稀土办公室；1991 年，离子型稀土矿被列为 4 种保护性开采的特定矿种之一。2009 年，建立稀有金属部际协调机制；2011 年，国务院颁布《关于促进稀土行业持续健康发展的若干意见》；2010 年，温家宝就稀土问题作出了 13 次重要批示。2019 年 5 月，习近平总书记视察赣州金力永磁公司等与稀土行业有关的企业，考察稀土发展问题。稀土已成为我国应对国际贸易争端的重要手段之一，我国对稀土资源的重视和管控引起欧洲、美国、日本的强烈反应，日本称"中国掌握战略关键打击日本软肋"、美国指责中国控制稀土出口"威胁到美国安全"。

J 校基于自身学科特色和地处稀土资源主产地的优势，于 1986 年招收了首个选矿工程专业研究生；2002 年创办了我国第一个涵盖稀土开采、提取、冶金、材料一体化特征的稀土工程本科专业；2010 年稀土工程获批 X 省特色专业；2011 年成立了稀土学院；2012 年获批为服务国家特殊需求的"离子型稀土资源开发利用"博士人才培养项目，设置了四个招生方向，开始进行博士研究生培养；2018 年获批博士学位授权单位，在矿业工程和冶金工程专业进行博士培养。如表 7-1 所示。

表 7-1　稀土领域人才培养结构发展历程

时间 （年）	学科专业/院系所	培养层次	备注
1986	选矿工程	硕士	首位毕业研究生的学位论文题目为《MHSJS—2 型分选机及稀土铁磁流体的研制》（1990 年）
2002	稀土工程	本科	2010 获批省级特色专业
2008	工程研究院	本硕博后 *	

时间 （年）	学科专业/院系所	培养层次	备注
2011	稀土学院	本硕博后	
2012	服务国家特殊需求 "离子型稀土资源开发 利用"博士人才培养项目	博士	四个招生方向：（1）离子型稀土高效开 采与绿色提取；（2）离子型稀土矿山环 境与生态修复；（3）离子型稀土清洁冶 金及节能降耗；（4）中重稀土功能材料 及先进制造
2018	矿业工程、冶金工程	博士	获批博士学位授权单位

＊注："本硕博后"指本科、硕士、博士后。

稀土领域人才培养并不是单一某个学科的人才培养，而是多学科相互作用完成的。J 校以稀土绿色开发为主线，大致形成了以地质、测绘、矿业、冶金、材料、环境六大主干学科为主体，辅以机械、化学、信息、经管等稀土领域人才培养的多学科体系。学科的交叉融合适应了稀土特色资源产业对高层次人才多学科交叉知识结构的需要。

三、研究生创新人才产教融合培养五螺旋运行的验证性和探索性分析

正如前文所述，研究生创新人才产教融合培养过程可以看作知识生产优化过程，这种优化过程一定程度上是研究生教育与社会联结的反复锤炼的学术创新过程。研究生创新人才产教融合培养不是教育界与产业界线性连接的人才培养模式，而是双向、多元的非线性创新模式。知识生产从模式 1 发展到模式 2 受知识生产具体语境发生变化的影响，具有社会分布、应用导向、跨学科和多重责任特征。吉本斯等曾将其归纳为五个特点：应用情境下产生、跨学科性、异质性、高度自反性及新的质量控制形式的出现。基于国家发展的需要，研究重点受政府导向影响，同时研究与市场接轨使研究的市场化、商业化与研究的问责文化相结合等构成了大学研究环境不断发生变化的因素。随着知识经济、知识社会的发展，面向 21 世纪的知识生产模式 3，通过知识存量和知识流动等形式组成了多层次、多系统、多形态及多节点、多主体的多边创新体系，这种多元主体参与的创新体系具有共同专属化（co-specialisation）、共同演进（co-evolution）和共同竞合（co-opetition）的 3C 特征（见第二章图 2-3）。稀土行业领域研究生创新人才产教融合培养一定程度上体现了知识生产模式 3 的这种多边主体的 3C 特征。无论是哪个子系统为主的螺旋关系中，知识、创新、环境相互联系起来，政府、学术界、产业界、公众社会等的实体以多层次、多形态、多节点和多边的形式，推动合作竞争、共同专属化及资源生成、分配的共同演进形成创新网络和知识集群。

稀土领域的研究生创新人才产教融合培养过程中各子系统表现出的产教融合力不尽相同，由于社会经济的自然环境是知识生产与创新的驱动力，社会文化与价值观念、科学责任等对产业界与学界合作具有的影响主要是通过政府、大学、产业各方主体组成的各种运行网络体现。例如，绿色生态修复、防污治污处理等技术及以文化和媒介为基础的公众社会反馈至稀土产业发展的文化观念、社会责任、科学研究责任；融入赣南红色基因、关注科研成果转化的社会效益和生态效益等均是自然环境系统效应力、融合力的体现。因此，以下不再单独对社会系统和自然环境系统的产教融合力进行分析，主要对政治系统（政府）、教育系统（大学）、经济系统（产业）的融合力进行验证性和探索性剖析。

（一）政治系统为主的政府—大学/产业—产业/大学产教融合力

政治系统的政府产教融合力主要指政府在研究生教育产教融合方面所作出的努力和投入的程度，本书也称之为"政府参与力"。政府的政策、制度、法律法规等政治系统内环境的影响及德育内生性的政治环境对高校产教融合子生态系统具有推动和导向作用。在稀土领域研究生创新人才产教融合培养过程中，国家战略需求发挥了导向作用，构成了由政治系统引导的政府—大学—产业或政府—产业—大学两种产教融合力螺旋关系。政府在这两种螺旋关系中起到了顶层设计的作用。

在国家层面上，J 校所在的区域与行业发展、人才培养受到了党中央、各部委及省级部门的高度关注，获得了多方支持。

第一，原中央苏区、革命老区振兴发展对稀土特色产业与人才培养给予支持，为扎根老区大地开展研究生创新人才产教融合培养提供政府—大学—产业螺旋关系的政策法律资本。2012 年，国务院发布《关于支持赣南等原中央苏区振兴发展的若干意见》，明确提出支持赣州建设南方离子型稀土与钨工程（技术）研究中心，不断加大国家对稀土关键技术攻关的支持力度；科学技术部在贯彻落实该文件时指出支持建设国家离子型稀土资源高效开发利用工程技术研究中心。2021 年，国务院再次印发《关于新时代支持革命老区振兴发展的意见》，特别提出"推进'中国稀金谷'建设，研究中重稀土和钨资源收储政策"，"支持有条件的地区规划建设稀土……等行业大数据中心"。2022 年 3 月，国家发展和改革委员会印发《赣州革命老区高质量发展示范区建设方案》，以促进该地区的特色产业发展。由此，国务院等部门的政策支持为政府—产业—大学螺旋关系的形成奠定了基础。

第二，党和国家各级领导人对稀土特色资源高层次创新人才培养给予关注，为扎根老区，开展研究生创新人才产教融合培养，提供了政府—产业—大学螺旋关系发展所需的人力资本与经济资本有序融合的组织保障。2013 年，工业和信息化部、教育部、X 省人民政府联合发文《关于共建 J 大学的意见》。二部一省在政策、项目、经费等方面加大对学校的支持力度；支持学校发挥在有色金属和钢铁行业发展中的重要作用，对学校人才培养、科学研究等工作给予指导和支持，尤其特别支持为稀土等战略资源产业培养高层次人才。2016 年，上级督查习近平总书记视察 X 省重要讲话精神落实情况时，要求教育部等部委和 X 省加大对 J 校的支持力度；同年 9 月 4 日，国务院原副总理刘延东莅临 J 校，对学校在人才培养和科学研究特别是稀土、钨、锂、铜等领域所取得的成绩给予了充分的肯定。2019 年 5 月，习近平总书记来 X 省视察了赣州及金力永磁公司，对稀土特色资源的创新发展做出了重要指示。全国优势稀土相关企业于 2021 年整合组建成中国稀土集团。这一系列的活动为政府—产业—大学螺旋关系的形成奠定了坚实的基础。

J 校通过获批稀土研究专项等高水平科研项目的形式开展研究生人才培养，与不同省市区的企业签订战略合作协议或战略合作框架，初步形成高水平科研支撑高质量研究生人才培养体系。与此同时，J 校充分融入国家战略发展与需求中，融入中国稀金谷建设等。事实上，政治系统、教育系统和经济系统三个子系统在这一环节中已经通过各子系统的行动者的协作进行了有序运转。政治系统知识创造的目标即"政治和法律资本"所产出的诸如政策、制度、意见等新思想新知识，经由知识循环输入至其他四个子系统，进入知识循环螺旋中。

（二）教育系统为主的大学—政府/产业—产业/政府的产教融合力

教育系统产教融合力主要包括作为组织管理身份的大学产教融合力、学院产教融合力及作为教师身份的专任教师产教融合力、导师产教融合力。大学组织产教融合力主要指大学组织在管理方面的顶层设计等针对产教融合做出的努力、投入程度，包括产教融合理念，为学校教师、研究生营造良好的产教融合环境，提供产教融合发展的条件及人身安全教育、科学道德教育等。大学在产教融合力中的角色可从产教融合外部环境、内部环境予以强化即加强大学与政府、大学与企业、大学与大学之间的联系。在稀土领域研究生创新人才产教融合培养过程中，由教育系统尤其是研究生教育系统积极主导，构成了由大学—政府—产业或大学—产业—政府的产教融合力螺旋关系。以下主要从大学组织产教融合力方面进行剖析。

本书案例中的 J 校大学组织产教融合力主要体现在三项活动中：

1. 促进机构与不同组织之间的外部伙伴关系

这主要体现在与政府、行业企业、其他大学等建立合作关系，深化大学—政府/研发机构—产业或大学—产业—政府/研发机构的产教融合力，共建共享稀土领域相关平台。J 校针对稀土行业和区域经济的科技创新与社会发展需求，依托现有稀土平台、人才、技术和资源优势，深化与地方政府、大型骨干企业的合作，共建共享各类高水平稀土平台。例如，联合中国科学院宁波材料所、过程工程研究所、海西研究院、中国南方稀土集团等科研院所与行业企业，筹建稀土科技与材料国家实验室，服务稀土领域国家战略；与包头市北方稀土功能材料创新中心共建国家稀土功能材料创新中心；争取获批"稀金资源高效开发与利用国家重点实验室"；对外开放稀土特色资源相关的稀土资源高效开发利用教育部协同创新中心、稀土资源高效开发利用教育部重点实验室等平台，加强提升与行业企业服务对接能力与水平。

2. 促进学院与其他大学（科研院所）的产教融合培养创新人才

建立对口支援大学联盟、联合培养研究生体系、产教融合战略联盟等。例如，与中国科学技术大学、中南大学建立对口支援关系，通过高水平大学的学科、人才培养等方面的对口支援发展合作伙伴关系；与中国科学院宁波材料所等科研院所联合培养研究生。积极对接中国科学院稀土研究院落地，实现校院融合双赢发展，学校现有研发检测设备与中国科学院稀土研究院实行共建共享。

以产教融合联盟开展人才培养为例，J 校组织或参与的产教融合战略联盟有 X 省新材料产业、新能源产业、数字经济产业和生态环保产业的产教融合战略联盟。根据 X 省人民政府办公厅印发的《深化产教融合实施方案》，在建设并形成"十大产业体系"的产教融合战略联盟中，J 校牵头组织或参与了四大产业的产教融合战略联盟建设，构建了大学—产业—政府螺旋关系。其中，X 省新材料产业产教融合战略联盟，由 J 校组织，联合 X 省科学院、江西铜业集团公司、江钨控股集团公司、南昌硬质合金有限责任公司、虔东稀土集团股份有限公司、江西建材集团公司、巨石集团九江有限公司、江西星火有机硅厂、南昌大学、南昌航空大学、东华理工大学等共同建设；J 校参与共同建设的产教融合战略联盟的有 X 省新能源产业、数字经济产业和生态环保产业共计三个产业的产教融合战略联盟。产教融合战略联盟的目的是通过统筹行业产业资源，以行业产业发展需求及新技术应用为牵引促进学科专业建设，以人才培养供给及科技研究转化为动能推进产业转型升级，使产业界与教育界各方主体互惠互利，从而促进产教深度融合。可见，J 校组织或参与构建的大学—产业—政府螺旋关系网中，教育系统中的大学是不同大学组成的产教共同体，而非单独由 J 校独自运行；经济系统中的产业集团也并非某家企业，而是多个企业主体参与的企业产教联盟。这些产教融合战略联盟有利于促进导师、研究生与之进行沟通交流、科研实践。

3. 促进内部平台建设、环境塑造及学科发展

构建教学科研支持服务体系，加强校园各学院、各学科、导师团队之间的交流，资源共享，提供需求发布和共享平台，营造良好学术环境。J 校已建有国家离子型稀土资源高效开发利用工程技术研究中心、国家钨与稀土产品质量监督检验中心和离子型稀土资源开发及应用省部共建教育部重点实验室及 X 省高水平实验室、重点实验室、稀土协同创新中心等系列平台。同时，对接稀土全产业链，重点打造矿冶材特色优势学科群，制定专门的与稀土教研相关的管理制度、评价体系等针对性文件，以 2019 年至 2020 年为例，稀土领域相关倾斜性支持文件近 10 部，表 7-2 只列出了以稀土学科与人才培养命名的文件 6 部。建立稀土领域学科特区，在国家及 X 省相关法律法规与政策允许范围内，学校给予稀土领域学科特区最大程度的政策保障，让学科特区享有高度自主权，在人事聘用、职称评审、薪酬绩效、招生培养等方面实行总额控制范围内的备案制，并优先保障稀土领域学科专业的教学科研场地与资产需求。

表 7-2 J 校 2019 年至 2020 年稀土领域相关制度文件

文件	目标	主要内容	研究生人才培养
服务传统产业优化升级和战略性新兴产业发展实施方案（2019 年）	对接服务 X 省传统产业优化升级行动计划和战略性新兴产业倍增计划	学科调整优化、平台整合提升、科研方向凝练、关键技术突破、人才团队建设、重大成果培育等专项工程	通过学科建设、团队建设与高水平科研提升人才培养质量
关于进一步加强稀土领域一流学科建设，更好服务稀土产业高质量发展的若干意见（2019 年）	贯彻落实习近平总书记关于稀土的重要指示精神，推动"稀土资源大国"向"稀土科技强国"转变，服务国家稀土发展战略和革命老区高质量发展	做实做强稀金学院及建立多元协同的管理运行机制；争取政策支持；搭建国家级平台；建设特色优势学科群	深化人才培养体系改革；博士、硕士研究生 200 人以上，为稀土特色产业发展提供人才支撑；对稀金学院加大投入，优先人财物资源；加大稀金学院博硕士研究生培养力度
稀土领域学科特区管理办法（试行，2020 年）	建立稀土领域学科特区，创建稀土领域国际知名的一流学科大学	设立稀土领域"学科特区"；给予学科特区人才培养倾斜政策；支持学科特区以稀土高端产业为链条构建现代产业学院	优化稀土领域研究生奖助学金体系；学术成果专项奖励资金、学术交流专项资金，鼓励学术交流及一流大学学科联盟活动；设稀土领域学科研究生质量工程专项
服务区域工作十条规定（2020 年）	主动为区域经济社会发展服务，对服务区域工作的业绩认定	设立服务区域工作专项基金，专门用于服务区域工作开支	人才培养面向区域经济发展
服务区域工作评价体系（试行，2020 年）	为区域经济社会发展服务，提高服务能力	服务意识、服务能力、服务成效	人才培养面向区域经济发展
稀土学院建设方案（2020 年）	推进稀土学院实体化运行，做强做大特稀土领域学科特区	设稀土学科学术委员会、稀土学科拔尖创新人才培养教学指导委员会	采用书院制模式开展拔尖创新人才培养；不断推进与中国科学院稀土研究院共融共赢发展的实质性合作

（三）经济系统为主的产业/政府—政府/产业—大学的产教融合力

经济系统的产教融合力将知识、创新与社会自然环境相互联系，调动各方主体的积极性，组成经济资本的合力。稀土行业研究生创新人才产教融合培养较好地体现了各方主体代表的子系统参与组成的经济系统产教融合力。在国家创新体系框架下，国家政治系统的支持力度与 J 校研究生教育系统的知识资源等的大力投入，构成了 J 校所在原中央苏区的援建—稀土特色产业的政策支持—研究生人才培养的特殊模式。经研究，发现稀土行业领域经济系统的发展首先是在政府推动下开展的，与政治系统的参与力息息相关。因此，经济系统的产教融合力螺旋关系存在与政治系统相类似但又有区别的产业—政府—大学及政府—产业—大学的产教融合力。

《X 省"2+6+N"产业高质量跨越式发展行动计划（2019-2023 年左右）》（以下简称《行动计划》）提出，以企业为主体，走产业集群化发展道路。拟通过五年左右的努力，力争实现产业高质量跨越式发展、集群高质量跨越式发展、企业高质量跨越式发展三个发展目标。《行动计划》指出，对 X 省有色金属产业高质量跨越式发展行动方案的发展重点包括铜产业、钨产业和稀土产业。《行动计划》所列的稀土产业主要布局首选赣州，提出大力推进赣州"中国稀金谷"建设，引导创新要素向"中国稀金谷"集聚，最终将稀金谷打造成为具有世界影响力和知名度的稀土稀有金属高新技术产业园区。从这个《行动计划》可以看出，在经济系统中仍然有政治系统的推动作用，但政治系统的推动不是主要力量，主力在于经济系统经济资本及教育系统人力资本的输入与促进。

依据稀土产业高质量跨越式发展行动重大项目如表 7-3 所示，拟建设稀土产业万亿级产业 15 家稀土企业中的 14 家位于赣州地区，稀土产业投资总额达 130.75 亿元。

表 7-3　稀土产业高质量跨越式发展行动重大项目表

序号	承担企业名称	项目名称	投资额（亿元）	起止年限	所在地	区位
1	江西嘉圆磁电科技有限公司	高性能磁性材料生产项目	5	2018-02—2019-12	赣州高新技术产业开发区	赣州

序号	承担企业名称	项目名称	投资额（亿元）	起止年限	所在地	区位
2	赣州晨光稀土新材料股份有限公司	晨光稀土金属智能化技改项目	2.5	2018-01—2019-12	上犹工业园区	赣州
3	赣州中科拓又达智能装备科技有限公司	伺服电机、机器人生产项目	10	2019-01—2020-12	赣州高新技术产业开发区	赣州
4	赣州诚正稀土新材料股份有限公司	年产100万千瓦高效新能源永磁电机项目	7	2017-05—2020-04	赣州高新技术产业开发区	赣州
5	江西金力永磁科技股份有限公司	金力永磁新能源汽车永磁电机磁钢材料项目	5	2016-01—2018-12	赣州高新技术产业开发区	赣州
6	赣州鑫磊稀土新材料股份有限公司	新增年产0.5万吨高性能钕铁硼生产线技术改造项目	5	2017-01—2019-12	定南工业园区	赣州
7	江西江钨稀有金属新材料股份有限公司	扩建0.1万吨高性能粘结钕铁硼磁性材料项目	1.3	2018-11—2020-12	南昌经济技术开发区	南昌
8	江西粤磁稀土新材料科技有限公司	年产1万吨高性能磁性材料二期生产项目	3.5	2018-02—2019-12	赣州高新技术产业开发区	赣州
9	赣州正和磁业有限公司	年产0.5万吨高性能永磁材料生产加工项目	10.6	2019-01—2020-12	赣州高新技术产业开发区	赣州
10	赣州稀土龙南冶炼分离有限公司	智能化提升技改示范项目	2.3	2018-11—2020-12	龙南经济技术开发区	赣州
11	龙南龙钇重稀土科技股份有限公司	年产4万吨钇多元耐热、耐蚀、耐磨高性能材料生产项目	6	2017-01—2018-12	龙南经济技术开发区	赣州
12	赣州稀土集团产业园	稀土精深加工和新材料应用产业项目	50	2019-01—2021-12	赣州高新技术产业开发区	赣州
13	龙南县靖然科技有限公司	年产2万吨氧化铁红项目	1.5	2016-11—2020-12	龙南经济技术开发区	赣州

序号	承担企业名称	项目名称	投资额（亿元）	起止年限	所在地	区位
14	江西稀土功能材料科技有限公司	X省稀土功能材料创新中心	11.05	2018-03—2019-12	赣州高新技术产业开发区	赣州
15	南稀供应链服务有限责任公司	建设中国南方稀有金属贸易集散中心项目	10	2019-01—2021-12	赣州高新技术产业开发区	赣州

与此同时，公开资料显示，2021年12月23日，我国稀土产业组建了国务院国有资产监督管理委员会直接监管的中国稀土集团有限公司，该公司由5家稀土相关企业组建而成，是"由中国铝业集团有限公司、中国五矿集团有限公司、赣州稀土集团有限公司等为实现稀土资源优势互补、稀土产业发展协同，引入中国钢研科技集团有限公司、有研科技集团有限公司等两家稀土科技研发型企业组建而成的大型稀土企业集团"，总部设在赣州。

稀土产业高质量跨越式发展行动或集团重组为稀土产业与大学、科研院所共同竞合等带来了机遇和挑战，也为J校开展校地合作提供了丰富的资源，稀土产业产教融合的参与力不断增强。各行业企业与J校共建有20多个稀土领域研究生实践基地，近年来获批X省行业企业与高校研究生联合培养基地（创新基地）十多项。行业企业人员来校做报告、参加J校培养方案课程教学的频率相对较多。地方各县尤其是矿产资源丰富县市的经济技术开发区与J校签订战略合作框架协议、邀请博士教授进企业等。这些均体现了稀土行业企业参与产教融合的积极意愿与较大投入力度。

（四）"人"的因素的产教融合力

根据前文的分析，本书中"人"的因素的产教融合力主要包括专任教师、导师及研究生个体产教融合力和政校企协同。为便于统计，本案例研究中专任教师与导师不做详细区分，统称为教师/导师产教融合力。

（1）教师/导师产教融合力的师资结构方面。来自西部矿业集团、新余钢铁集团等具有企业背景的负责人、高级工程师转行至J校任教；黄大年式教师团队、全国优秀教师、全国科技进步二等奖获得者等均为来自稀土领域的教师。相对J校其他学科的师资，稀土领域的师资队伍规模在J校位居首位。

（2）教师/导师产教融合力的产教合作项目与社会服务方面。相比J校其他学科的导师，稀土领域的教师/导师产教融合力具有较为明显的优势。例如，该领域的企业高层次人才"产教融合"研究生专项招生计划，由企方产教融合型导师开展研究生人才培养。数据统计显示，教师团队近几年承担稀土领域项目 150 项，经费 1.72 亿元，获发明专利 143 项，实现转化 42 项，产生直接经济效益 2.45 亿元，预期经济效益 7.9 亿元。以 2021 年为例，据统计，受邀参加学术交流并做报告的教师比例达到 36.7%，举（承）办大型学术会议 5 次；在科研项目方面，2021 年新增立项总经费 6800 万元，其中横向总经费 2300 万元，国家重点研发计划课题、国家自然科学基金、省科技厅项目等 53 项；与地方政府、本地企业等开展的合作中，获批 X 省科技厅"揭榜挂帅"企业重大技术需求 1 项共 2500 万元，地区类"揭榜挂帅"项目 2 项，举办各类培训 10 余次，主动对接企业教师达 100 余人。对地处中西部地区的地方高校来说，稀土领域的学术会议举办及导师的科研项目数量是较为可观的，遥遥领先于 J 校其他学科。

（3）研究生个体融合力主要从研究生产教融合相关科研实践活动方面考察。由于是稀土领域培养的研究生人才，其应用性非常强，因此研究生的科研实践活动大部分来源于在行业企业创新基地或跟随导师开展的科研项目。由于这部分资料涉及研究生个人信息及导师项目的行业信息，故不便在本案例研究中呈现。但根据 J 校以稀土领域为主要培养对象的某学部（院系）2021 年终考核自评报告，可以看出，研究生的产教科研训练与实践活动较为丰富，包括申请创新专项资金项目、参加学科竞赛、创新创业竞赛及全国大学生课外学术科技作品竞赛、参加科研训练项目等。据报告自述，2021 年共有 412 位 2020 级学生参与了 127 项科研训练项目。

（4）政校企协同主要指政府、高校、行业企业共同为人才培养做出的努力与贡献。在本案例中，稀土领域人才培养是基于国家发展战略、稀土战略的宏大叙事背景下开展的研究生教育，故稀土领域研究生创新人才产教融合培养的各个环节均能体现政校企协同作用。例如，响应国家战略需求，修订稀土工程硕士点的研究生培养方案，对稀土工程硕士点学生进行单独培养。因与前文分析的政治系统、经济系统和教育系统具有互通之处，在此不再赘述。

（五）研究生人才培养绩效

根据本书研究的目的，人才培养绩效主要从知识体系完备、创新实践能力提升、三商培养三方面测量。稀土领域研究生创新人才产教融合培养主要以矿、冶、材料及环境工程等主体学科为主，可从学位论文选题、研究生就业选择及未来潜力等方面考察人才培养成效。

知识体系完备方面可从学位论文选题与撰写考察，学位论文是评价在读研究生知识能力、基本学术能力与学术素养能力等的较好方式。X省开展了优秀硕士学位论文评选活动，J校获省级优秀学位论文42篇中有25篇论文作者隶属于稀土领域研究生。以"稀土"及J校为检索词，在中国优秀硕士学位论文数据库中检索2018年至2022年6月近五年相关学位论文，共有237条数据，已超过稀土领域相关学科在读研究生数据。资料显示，截至2018年，在稀土行业企业就业的研究生有150多人，占毕业研究生总数的6%。未来潜力方面可从获得认可来衡量。创新实践能力提升与三商培养方面获得了上级领导及行业企业的认可。近年来，由导师带领研究生撰写的7份稀土领域相关调研报告获工业和信息化部原部长苗圩等各级领导批示，对国家稀土领域的相关政策制定发挥了重要作用。受生源质量、地理空间等条件所限，为使所培养的人才受社会认可，该地方高校必须充分挖掘本土优势资源，发挥自身特长和区位优势，提高办学条件培养优质人才。"兴国号"红轨的诞生是稀土领域研究生创新人才产教融合培养成效的有力验证，J校组织的团队负责人是本土培养的研究生，在导师指导下的研究生小组也因此项目发表多篇与之相关的期刊论文。通过对0到1的溯源，可以发现，这种"1"的突破并不是一蹴而就的，与稀土领域研究生创新人才培养的各方主体或共同体产教融合力之通力合作密不可分。

第二节　案例研究发现

通过前文对J校的案例分析与研究，以J校稀土领域研究生创新人才产教融合培养为代表的地方高校M-PITC-IIU的典型案例主要具有以下六个方面特点：

一、两种运行模式促进研究生创新人才产教融合培养

通过对稀土领域研究生创新人才产教融合培养主要运行的螺旋系统所涉及内容的研究，发现其主要以两种模式运行：一是在公众社会、自然环境影

响下进行的以政府、大学、产业为主要螺旋系统的混成组合网络运行模式，如图7-2（a）所示，本书称之为"阳三螺旋混成组合的五螺旋运行模式"；另一种是在自然环境影响下的政府、大学、产业、公众社会相互交叉、相互促进与碰撞的网络运行模式，如图7-2（b）所示，本书称之为"阴阳双三螺旋合体组成的五螺旋运行模式"。这两种运行模式没有好坏之分，在不同情境下促进着研究生创新人才产教融合培养。在两种模式中均有一定的系列空间，如知识空间、共识空间、创新空间，但各子系统代表的各方主体保有各自的独立性，每个参与产教融合人才培养的主体在合作过程中相互作用，为"求同存异"组成的创新空间增强彼此的性能和业绩。

如图7-2（a）所示，第一种模式主要是在创新三螺旋（阳螺旋）大学、产业、政府三个机构相互作用组成的UIG关系网络完成知识生产与创新。但UIG关系网络受公众社会创新子系统和社会经济自然环境子系统制约即UIG关系网络受社会责任、中国传统文化价值理念及媒体文化等影响，且遵循可持续发展规范约束。根据美国学者埃茨科威兹对阳螺旋的阐释[1]，阳螺旋指向推进创新，价值取向为生产利益最大化。不过由于第一种模式受社会、自然环境约束，利益最大化局限于公众社会与自然环境许可范围之内。

如图7-2（b）所示，第二种模式则主要在大学、产业、政府、公众社会四个子系统中相互作用、相互碰撞下完成知识生产与创新，这种知识生产与创新受社会经济自然环境制约，是埃茨科威兹所阐述的阴阳双三螺旋合体组成的运行模式。第二种模式加入了公众这一主体推动螺旋共同演进，也许产业界与学术界融合的最初目标就是由社会文化价值理念或社会责任促成的，例如稀土领域中涉及绿色生态修复、矿采冶等防治污染与生态技术改进等产教融合实践活动。阴螺旋指向抑制创新，其价值取向在于抑制单纯追求利益最大化。由阴阳双三螺旋合体组成的五螺旋系统与阳三螺旋混成组合的五螺旋系统共同为稀土领域产业发展、人才培养作出贡献，这是稀土领域"兴国号"红轨案例研究中研究生创新人才产教融合培养的主要运行模式。

---

〔1〕〔美〕亨利·埃茨科威兹：《国家创新模式：大学、产业、政府"三螺旋"创新战略》，周春彦译，东方出版社2014年版，第19页。

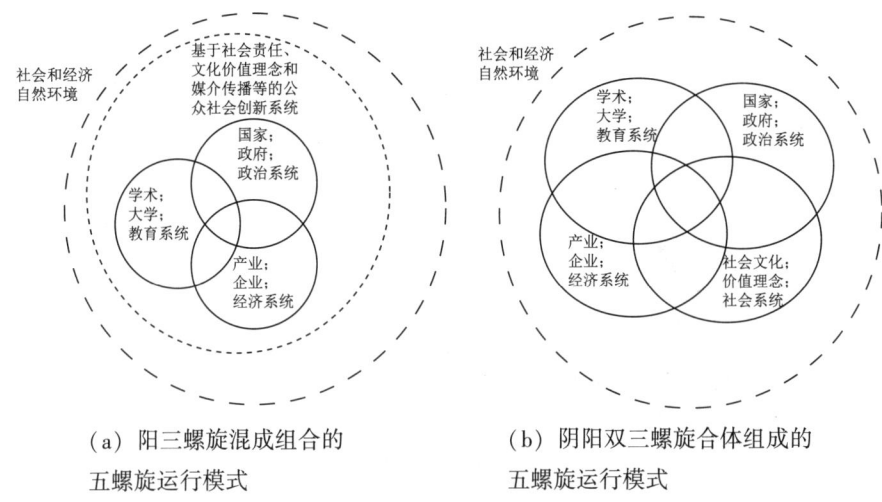

（a）阳三螺旋混成组合的
五螺旋运行模式

（b）阴阳双三螺旋合体组成的
五螺旋运行模式

图 7-2　两种形式的五螺旋运行模式

来源：根据理论研究及案例研究编制。

二、政治系统的投入与参与对产教融合人才培养起导向作用

在稀土行业领域研究生创新人才产教融合培养案例中，政治系统构成的政策、法律资本在学科专业发展与人才培养中发挥政策导向甚至在人才培养方向起主导作用。在本案例中，国家意识、相关政策与战略需求等形成的政治系统产教融合力对研究生教育系统、创新科技系统、经济系统等的影响线如图 7-3 所示。在社会自然生态系统情境下，政治系统产生的影响对研发系统、经济系统和教育系统等产生明显影响，对创新系统、社会生态环境系统具有隐性作用，政治系统的影响线深远、持久，对研究生创新人才产教融合培养发挥政策导向与隐性牵引作用。

三、国家战略需求下的产业发展与产教融合人才培养结合

通过案例的考察，发现稀土领域研究生创新人才产教融合培养是在紧密结合服务国家战略、稀土战略及双一流建设等情境下，如充分利用原中央苏区振兴发展和中国稀金谷建设等国家战略，发挥学校在矿业、冶金、材料等领域的科研优势，提高研究生创新人才产教融合培养质量的同时提升稀土产业参与高层次人才培养的热情及科技创新需求度。国家战略需求为产教融合人

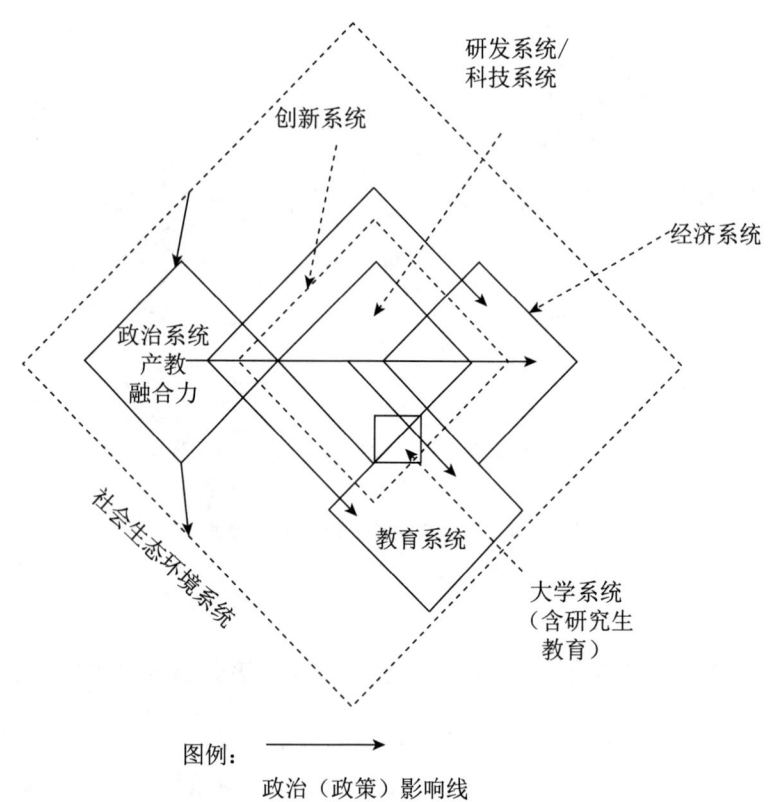

图例：　⟶

政治（政策）影响线

图 7-3　政治系统对教育等其他创新子系统的影响

来源：根据研究案例、研究构念及 Carayannis & Compbell 的理论改编。

才培养提供了优先发展的通道，通过主动服务国家战略需求、结合区域经济特色，将稀土行业企业生产问题转化成教研问题，促进产教深度融合。因此，以人才强国、教育强国、交通强国（如"兴国号"红轨）等为创新人才培养驱动目标，对接服务国家战略和行业、区域发展，开展在国家宏大叙事背景下的研究生创新人才产教融合培养有利于研究生人才培养质量的提升。

四、充分发挥区域优势、挖掘本地资源开展产教融合人才培养

从高校教育系统来看，应着眼于自身区位优势、学科发展特长与稀土产业发展需求和行业特征，对接本土需求，通过构建校校、校院（所）及行业企业与高校的合作，组织或参与产教融合战略联盟等方式促进研究生创新人

才产教融合培养。如依托赣南独有的稀土特色资源，争取政策支持的同时着力打造该领域在学科建设、科学研究上的对外影响；依托稀金产业基础，借助中国科学院赣江创新研究院等国家级平台，在一些重点关键技术领域取得突破性进展等。充分利用本土资源与区域优势，挖掘适合人才培养的土壤与环境，是各地方高校扎根本土办教育、培养特色人才的良好路径。

五、交叉学科、跨学科与超学科思维的产教融合人才培养模式

在知识的不确定性情景下，知识生产可能会超越可知的应用语境，进入不可知的隐含语境，此时知识的有效性不再由狭隘的科学共同体单独或主要决定，而是由更广泛的共同体决定。知识生产模式3的重要特征之一是跨学科、超学科的发展思维。通过对稀土领域研究生创新人才产教融合培养的考察，印证了知识生产模式3演化过程中呈现的复杂系统特征，其中较为明显的是展现出跨学科与超学科思维。例如，"兴国号"红轨研制过程中涉及永磁材料、轨道交通、人工智能、无线通信、智能制造、电机驱动等多个学科领域与产业，且稀土领域人才培养本身就是多学科共同完成的结果。因此，本案例体现了交叉学科、跨学科及超学科思维的产教融合人才培养模式。

六、有组织的科研促进产教融合人才培养

在对稀土领域研究生创新人才产教融合培养案例调查访问中，发现J校多部文件注重对稀土领域科研项目的培育资助、稀土学科建设的项目资助等。例如，在J校的《服务传统产业优化升级和战略性新兴产业发展实施方案》中，提出要瞄准稀土特色资源开发存在的技术和环境等方面的关键共性科技难题，每年支持一批学校重大科技项目进行前期研究，跟踪国家重点研发计划和科技重大专项指南的编制信息，争取在特色战略资源领域将学校具有研发优势的技术列入项目指南。通过有组织的科研，将稀土领域人才培养和科研实践与训练结合起来，通过基础性与应用性科研项目的立项，以高水平的服务区域经济发展的科研训练培养高质量研究生创新人才。

第三节　案例研究总结

本章主要采用质性研究的方法，对研究生创新人才产教融合培养五螺旋

运行机制进行了案例研究。尽管本案例取自具有行业特色的地方本科高校，对国内外众多高校研究生培养单位来说可能存在大范围的代表性问题，但由于所选取的案例在研究生层次的产教融合人才培养模式具有典型意义且成效显著，故本案例研究过程及研究发现在一定程度上可以说明研究问题，具有一定代表性。

选取了"兴国号"磁浮空轨实现 0 到 1 的突破为案例分析基础，对该案例所在领域——稀土领域开展的研究生创新人才产教融合培养进行了案例研究。首先，通过对 J 校与稀土行业及稀土特色资源人才培养发展历程的溯源，初步了解"兴国号"红轨牵头研发的地方高校开展稀土特色资源研究生人才培养的发展历程。之后，主要从政治系统（政府）、教育系统（大学）、经济系统（产业）的融合力等方面对稀土领域研究生创新人才产教融合培养的产教融合动力机制进行剖析。

研究发现，稀土领域研究生创新人才产教融合培养取得较好成果在于其具有以下六个方面特点：两种运行模式即阳三螺旋混成组合的五螺旋运行模式和阴阳双三螺旋合体组成的五螺旋运行模式促进研究生创新人才产教融合培养；政治系统的投入、参与对研究生创新人才产教融合培养起导向作用；国家战略需求下的产业发展与人才培养结合；充分发挥区域优势、挖掘本地资源培养人才；交叉学科、跨学科与超学科思维的发展趋势；有组织的科研促进研究生创新人才产教融合培养。

理想框架与优化策略 第八章

本章将结合质性数据、统计数据及前文研究结果，依据各方主体在研究生创新人才产教融合培养运行机制中的相互关系等绘制出理想框架，归纳现实情境中存在的产教差异与冲突及影响研究生创新人才产教融合培养的现实困境与制约因素，结合已有研究，提出实践启示与优化策略。

第一节　研究生创新人才产教融合培养理想框架

综合研究政策、制度文本、问卷调查、案例研究及各方行为主体的访谈资料，整理归纳研究生创新人才产教融合培养存在的问题及制约因素。本部分的资料来源于质性数据及前文研究的统计分析结果等，质性数据主要包括政策、制度文本、访谈数据、案例资料等。结合研究理论、研究结果及对质性数据等资料的再次整理分析，描绘出研究生教育产教融合人才培养的理想图景，由此初步勾勒出研究生创新人才产教融合培养的实践应用框架图。

根据前文对产教融合内涵发展的梳理，产教融合已然超越了理论与实践有机结合思想，不仅体现了一种人才培养理念，更呈现出通过开放式创新的开放式人才培养模式。这一概念内涵在对访谈数据分析中得到了进一步验证。例如，政府行政人员、行业企业负责人、高校导师及研究生等受访对象在谈及"理想中的产教融合"时，尽管一致认为是"理论与实践的结合"或"理论与实践相统一""将所学的学科理论知识运用到实践中"，但均指出是为解决"难点"问题，要求产教不同主体或共同体谋求共同的创新目标而"求同存异"，"抛却各方独立的利益，敞开胸怀找痛点（行业企业人员话语）"等开放式的合作创新。

产教融合对研究生创新人才的学术创新能力、跨界能力、社会胜任力及科研伦理等方面具有重要作用，能"让（学校）培养的人适应社会需求"。研究生创新人才产教融合培养同样体现了在融合创新链和价值链基础上的"教育链、产业链、人才链有机结合"，使创新链、价值链与"教""产""人"各链条有机结合，体现了多向度的各方主体或共同体多层次、多形态、多节点、多边的创新生态系统。该理想框架为实践应用框架，包含的主要内容与具体特点如下：

第一，体现了各个不同的参与主体或共同体积极主动为促进彼此的共同目标而付出行动的理想实践形式。理想中的产教融合属于"强融合"，即各方主体或共同体为了共同的目标，将各自的优势资源、信息、平台等汇聚一处形成合力，最终构成产教融合培养共同体。但事实上，不同主体是独立的机构范畴，具有各自的利益，难以形成完美的汇聚流。由此需要参与的不同利益主体形成彼此达成共识的质量控制形式即达成多元评价的统一性等，共同寻找"求同存异"的知识空间、共识空间和创新空间等系列合作空间，最终将彼此合作的"痛点"共同解决。据行业企业人员的解释，寻求合作的"痛点"是最难的部分。这里的"痛点"指的是产教双方能够达成合作意向、行业企业能收获市场红利回报的主要难点且需突破的"点"。"痛点"解决，则意味着项目完成，双方的合作朝着下一个"痛点"探索之路前进，如此不断循环。在实践应用过程中，理想的产教融合既表征了"强融合"的内在含义，同时又体现了产教各方主体或共同体在"求同存异"系列空间内探寻"痛点"共识、质量控制共识及目标相融、愿景一致的产教融合人才培养共同体理想形式。

第二，体现了"学术人""社会人""企业人"等不同需求个体或群体相互之间的交流互鉴与渗透融合的开放式合作创新模式。知识生产转向模式3的复杂性体系投射到研究生教育系统中，从人才培养角度上看，研究生教育的产教融合培养创新人才主要是作为研究者的"学术人"、作为服务社会的"社会人"及经济系统中"企业人"的相互作用、相互合作的过程。"学术人""社会人""企业人"三"人"在政治系统、教育系统、经济系统及公众社会系统和生态自然环境系统作用下，通过"求同存异"的系列空间，互相交流、渗透、融合。产教融合创新人才培养是破除高校身份固化的有效途径：破除大学、教师、研究生"象牙塔"式的"学术人"身份，与社会生产实际、国家发展战略紧密结合，使"学术人"融入"社会人""企业人"（产业人）中，在知识生产与创造、知识循环中不断成为五螺旋创新生态系统的重要组成部分。在此知识循环、知识流动过程中，产教融合呈现出不同机构范畴内外部合作的开放式创新人才培养模式。

第三，体现了研究生创新人才知识生产、创造与优化的过程。在研究生创新人才培养产教融合模式的五螺旋创新生态系统（M-PITC-IIU）运行网络中，研究生将所学的专业理论知识、科技知识、前沿知识等"教"的知识转化为行业企业中的科研实践、创新能力等问题解决"产"的知识。这是研究生联结社会生活进行知识生产与创造的过程，也是知识生产不断优化的过程，更是研究生在其受教育期间学术创新能力、跨界能力、社会胜任力及学术激情与动机等创新人才特征各要素的能力修炼与提升的过程。

结合 M-PITC-IIU 运行网络及调研资料，研究生创新人才产教融合培养的理想图景可以描绘成五螺旋各子系统所构成的培养共同体的通力合作，凝聚共识，汇聚各自组织机构内部的资源、信息、知识、技术、理论、平台、资金等，在"求同存异"系列空间内形成产教各方主体或共同体的合力。用简化图描绘研究生创新人才产教融合培养的理想图景，如图 8-1 所示的理想框架图。

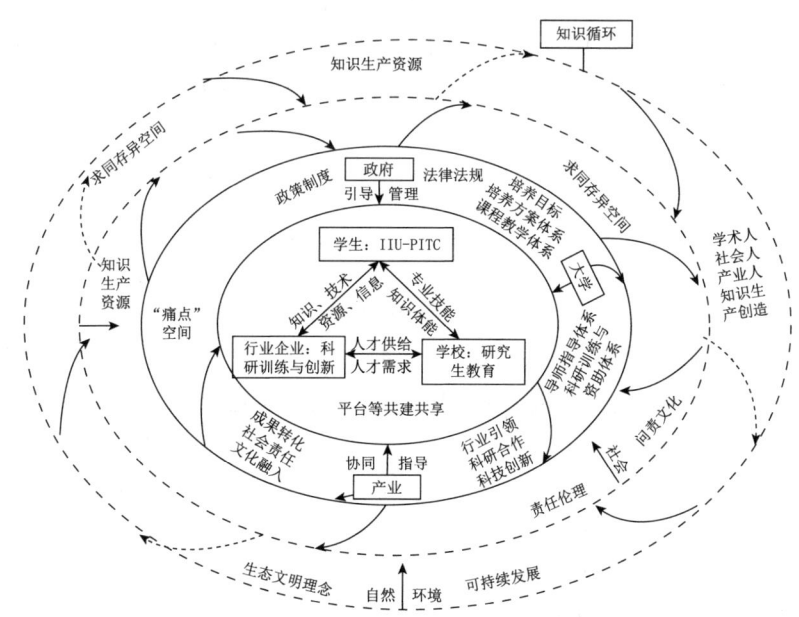

图 8-1　研究生创新人才产教融合培养的理想框架

来源：根据理论研究、质性数据与统计分析结果及 M-PITC-IIU 运行机制（如图 3-2 所示）编制。

第二节　研究生创新人才产教融合培养存在的差异与制约因素

研究生创新人才产教融合培养的理想状态是各子系统在知识循环与流动中能自然有序流动，使产教各方主体或共同体形成互惠的创新人才培养模式。然而，人才培养的经济系统与教育系统等各子系统的异质性，使得各子系统在文化、绩效、目标、价值、评价等方面存在不同的诉求，从而影响了研究生创新人才产教融合培养。通过资料分析发现，在 M-PITC-IIU 实际运行网络过程中存在一些阻碍机制运转的困境与制约因素。

研究生创新人才产教融合培养至少表征了两大子系统之间的关系，即代表行业企业的产业系统（经济系统）和代表教育系统的研究生教育系统之间的关系。分析研究生教育领域的"产""教"差异，有利于寻求产教各方主体或共同体相同的合作点或可共生共存的融合点。有研究者针对企业与学校运行的行动逻辑的差异，指出产教在目标、环境、绩效与利益等方面存在冲突。[1]本书综合研究生教育的特点及研究生人才培养与产教融合的相关研究，指出产教系统主要存在异质差异及追求目标、价值、组织文化及评价机制等方面的冲突与差异，这些冲突与差异影响了产教融合的进程及长期融合的广度和深度。

一、产教系统存在的冲突与差异

（一）异质差异

产业系统与研究生教育系统具有不同的运行逻辑，我国研究者庄西真指出两者存在运行机制、发展策略、行动准则、改革方式、主体构成方面的差异[2]。在产业系统主导的运行机制中，市场在资源配置中起决定作用，以追逐商业价值、经济利益为主要目标。以行业企业为主体的产业系统组织要求具有较强的市场敏感与社会适应能力，能应对瞬息万变的经济竞争环境。而在教育系统主导的运行机制中，政府在体现国家意志与发展方向等方面具有

---

〔1〕 刘耀东：《产教融合过程中企业逻辑和学校逻辑的冲突与调适》，载《国家教育行政学院学报》2019 年第 10 期，第 45~50、95 页。

〔2〕 庄西真：《产教融合的内在矛盾与解决策略》，载《中国高教研究》2018 年第 9 期，第 81~86 页。

导向作用，其以立德树人为目标。教育的生命周期较长，以大学为主体的组织单元要求围绕培养什么样的人、为谁培养人、怎样培养人展开，以应对当下及未来社会经济发展的人才竞争环境。政府在教育布局与质量监督等方面具有重要导向作用。

产教融合主要涉及业界（产业界）与学术界（教育界）不同机构范畴、不同组织文化等"异质间"的融合，要使异质融合，寻求一定的知识空间、共识空间和创新空间的"融点"即"求同存异"的合作空间至关重要。顾菊平等认为教育界与产业界在性质、功能、价值目标、社会反应速度等方面存在差别，阻碍了产教融合进程，因此建立互信机制是各方主体产教融合实现的基础[1]。

（二）文化与绩效差异

以行业企业为代表的产业系统（经济系统）与以大学为代表的教育系统在文化与绩效诉求方面既有共同之处，又存在各自机构范畴所具有的独特性。两者均为在国家政治意识和法律法规约束下运行的系统，相互之间存在联系又各自独立。

产业系统注重速度、效率、实用性，商业气息浓厚，存在商业机密，注重知识产权保护。有受访研究生表示，他们在与行业企业沟通时，"很明显的一方面是他们（企业）的管理制度非常严格，按照流程审批"，"技术工艺、研发等都要对接社会，研究问题要具有针对性且能确实解决生产一线的实际问题"。不同行业企业具有各自不同的行业标准与企业文化，与社会对接紧密。在产教融合研究生人才培养绩效方面，行业企业培养出的人才是面向本行业企业的专业性应用型人才，追求创新与市场的链接，甚至引领科技发展前沿及市场发展走向。

教育系统注重育人品质与能力培养，学术氛围与书香气息浓厚，教育公开对外开放，不同高校具有不同的校园文化和区域特色。尽管教育与社会是相互促进相互发展的，但教育系统却相对独立于社会圈。在产教融合人才培养绩效方面，对处于教育系统的研究生允许其在一定年限内成长而非要求速度和效率，注重产出的人才在品质、德行、修养与能力等方面的培养质量。

---

〔1〕 顾菊平等：《高等工程教育产教融合互信机制研究》，载《高等工程教育研究》2021 年第 2 期，第 94~98 页。

（三）目标与价值差异

行业企业受研发人员、设备等条件限制，一些研发工作需要高校承担或者与高校共同合作完成，但产教各方主体或共同体追求的目标存在差异。产业系统的行业企业强调市场占有份额，注重产业盈利，更加考虑科研成果的产出利润、生产成本、资本获利等，关注实际落地效果、成果转化。教育系统的产教融合强调人才培养质量与学术追求，注重人才能力培养及科研成果的发表与职称晋升等。

行业企业的产教融合目标主要在于商业价值取向，关注科学研究与企业市场的对接。例如，有受访行业企业人员表示，"在'痛点'问题解决后能使产品具有市场竞争力，并抢占市场份额"。即产教融合的科研成果要能切实解决企业的"痛点"难题，让企业具有市场竞争力，给企业带来收益。这也说明行业企业更注重科研成果转化为企业生产力的速度与成效，科研成果的商业价值是行业企业考虑的首要因素。高校产教融合研究生人才培养的目标主要在于科研训练与学术价值取向，关注培养的人才所具有的德行和能力及其与社会对接等方面。

（四）评价机制差异

由于产教系统之间是异质间的差异，在文化与绩效、目标与价值等方面具有不同的追求，导致产业系统、教育系统对产教融合人才培养的评价机制存在差异。据问卷调查与访谈资料，行业企业对产教融合的评价主要关注两点：一是创新落地情况，二是预期目标与市场接轨情况。即行业企业的评级点主要在于成果投入市场可能产生的成效。由于利润与现金流是企业续存的根本，新技术、新工艺或新手段等能否获得市场认可成为成果评价的焦点。这点在新冠疫情期间表现得尤为突出。对于人文社科领域的行业企业来说，其成果评价点更多在于新的创意或交叉技术融入的文化阐释。高校教师及其指导的研究生等科研工作者在产教融合合作项目或实验研究中，主要评价点在于科研成果是否有创新点或科研训练意义及是否有新的技术或工艺创新等，以及对个人的职称评定、项目申报及学位论文选题与撰写方面的价值等。

二、影响研究生创新人才产教融合培养的问题与困境

高校产教融合培养人才的思想由来已久。19世纪80年代，我国已有大学尝试与科研院所联合培养研究生，以提高研究生的实际应用能力。随着改革

开放的不断深入，社会复杂系统对人才的需求越来越多元化，研究生教育领域的产教融合人才培养范式也不断调整。通过问卷调查及面访与间访发现，受访者均认识到产教融合对人才培养的重要性。然而，尽管我国高校产教合作越来越频繁，教育链与产业链的连接也越来越紧密，但在 M-PITC-IIU 实际运行网络中仍然存在一些影响研究生创新人才产教融合培养的问题和困境。

（一）产教融合政策、法律法规环境不足

具体而言，一是产教融合的相关政策支持力度不够，信息服务难以满足需求；二是法律法规制度不够健全，产教融合相关法律欠缺。我国与产教融合相关的法律主要体现在科技立法、知识产权法等方面。由于产教融合涉及的权益较为多元，一旦发生冲突或纠纷，难以得到有效解决，这也是众多受访者尤其是行业企业人员认为产教各方难以保持长期合作的重要原因。在政策环境方面，不同受访者从不同角度提出了自己的看法。在调查了解受访者是否知晓有相应的政策鼓励或支持计划时，不同受访者呈现的信息表达出相似的观点，即满意度不高，希望在政策方面能真正有切实的举措。这说明，我国产教融合政策环境还有较大的改善空间，相关政策支持力度不够，现有产教融合政策难以完全支撑 M-PITC-IIU 运行机制的正常运转。鉴于受访者对政策环境的较高呼声，不同受访者的声音呈现如下：

（1）行业企业缺乏有效支持政策。行业企业人员访谈资料显示，面对行业企业所在省市县地区"是否有针对产教融合的企业给予鼓励或支持计划"的问题，受访者中只有一位地处某县的企业负责人知晓并认为自己的企业获得了当地政府的鼓励和支持。然而，在进一步追问下发现，该受访者认为的"获得了项目支持"其实与产教合作并无关系。个别受访者认为政府的政策鼓励或支持计划大多体现在企业的科技创新规划方面，且在规划文件中会提及"要加强校企科研合作，联合进行技术攻关"，但又指出"其实都知道与大学合作的重要性，只是受各种条件影响很难保持长期的合作"。大部分受访者表示"不清楚"当地政府是否有鼓励或支持政策。

（2）高校缺少专门与行业企业对接的人员，没有配套支持。高校教师（含管理者、导师）对此问题的回应是，"上级文件有要求，但基本是大学自己寻求突破"且主要是通过校友关系联络企业、签订合作协议。例如，"一到寒暑假，就走访校友及其联系的企业""了解已毕业生的工作状况"。据受访研究生访谈，高校人员寒暑假走访行业企业时对本科人才的关注相对较多，对研究生关注较少。这可能与研究生教育特点有关，研究生教育专业性强，是在导师指导下开展的自我修炼，因此与导师联系较多，与学校其他人员联系相对较少。从高校访谈资料可以看出，来自政治系统的政策制度可能仍停留在文件思想上，在落实方面主要靠大学自身的综合实力。我国东中西部地区大学办学条件与教育水平等存在较大差异，也因此在产教融合方面的政策实施上存在差异。而在研究生教育方面，大学缺少政策支持与配套资源。大学的努力程度分配给了导师即主要由导师负责，学校的政策支持与配套资源欠缺。例如，"主要还是要依靠导师的人脉资源"，"有些导师资源多、横向项目多，研究生参与行业企业的深度和广度自然更多"，但"导师资源差异较大"。

（3）政府方面的主观意愿与实际支持有差距。政府受访者表示，"没办法，现在只能先把产教融合思想传达下去"，"一般主要在于营造产教结合的氛围，尽量提供一些信息服务，同时使企业知晓与大学合作可能带来的利益等"、因为"鼓励或支持计划涉及经费问题，现在这部分确实无能为力，短时间内难以解决"。这说明，地方政府主观上非常愿意给予行业企业一定的支持，且能在文件传达、氛围营造、信息咨询服务等方面做出努力，然而其所提供的相关信息在专业化、对接性等方面难以满足高校日益增长的研究生教育需求，也难以匹配紧跟市场步伐的行业企业发展要求，致使合作各方难以达成有效的合作意向。

（二）行业企业合作热情与主观参与意愿不匹配

行业企业人员访谈资料显示，行业企业对产教融合普遍认可，均认为产业界与学术界（教育界）的合作是双赢或多赢的局面。在受访群体中，行业企业对参与高校人才培养、与高校合作的主观意愿较高，认为行业企业和大学各自拥有的人才、资源、平台等不尽相同，"如果合作的话可以互补"，"人力资本与经济资本的有机结合从长远看一定是有利的"。但实际上，行业企业因为不同利益、商业机密等因素对与高校的合作热情不高，尤其涉及因研究需要而须入驻行业企业时，其更表示不愿意接受高校研究生带着研究任务进入。同时，产教融合人才培养还涉及人身安全问题。受访者在谈到研究生的安全问题时，往往以"你懂得的"眼神代替回应，"为避免彼此产生纠纷，对彼此的合作热情自然不高"，因为企业必须对研究生的安全教育与安全保障等负责，这也是影响双方合作热情的重要因素之一。

来自高校方面的受访者表示，行业企业参与高校人才培养更多体现的是企业的社会责任及其政策影响下的驱动。行业企业追求最大市场化价值及其产生的社会价值，人才培养主要责任在教育系统。因此，尽管行业企业主观意识到与学术界共同合作创新的重要性，但在实际操作中则往往是长期合作率不高。

（三）高校人才供给的市场转化整体意识不强

调研结果显示，高校对课题尤其是国家级课题及新增硕士博士学位点、上级部门支持的重点学科建设点等的申报兴致较高，重视科研成果的学术价值。在学位点建设、基金项目申报等方面甚至催生出相应的专业申报辅导机构，但科研成果对接市场的转化意识相对较为薄弱。有受访行业企业负责人表示，他们在与高校针对某项难题寻求共同攻关时会因双方合作寻求的价值目标不一致而导致失去持续合作的可能。例如，"本来双方达成了合作意愿，但对方（指高校）一再强调产出哪些成果，比如发表多少篇学术论文，申报多少课题等，这方（企方）有瞬间静默的感觉"；在难题解决后，想进一步开展合作时，"高校方面可能认为创新余地不多，对科研成果产出或论文发表等没有多大帮助，（从而）放弃了下一步合作的机会或者只简单派几名研究生负责后期合作"。

课题申报或学科建设等申报文件、申报书中均有一项重要指标即推广应用价值或实际意义；期刊论文除纯理论性期刊，大部分均有应对策略或研究启示等内容。这从侧面说明，项目申报、学科建设或论文发表的最终目的是服务于社会，为实际应用提供参考。从整体上看，高校作为高层次人才与技术供给的前沿阵地，要使科研成果为社会服务，成果的市场转化是必然选择。然而，高校发表论文或申报课题等主要用于职称晋升或学术名誉与地位的获取，在市场意识与成果转化方面相对欠缺。

三、影响研究生创新人才产教融合培养的制约因素

影响 M-PITC-IIU 五螺旋运行网络的制约因素既有客观因素，又有主观因素。

（一）产教融合创新人才培养思想认识不足

1. 政府对产教融合的责任与权力的认知尚不明朗

从政治系统的认识层面上看，对产教融合研究生人才培养大部分仍停留于文件精神的传达，未充分认清政府在产教融合人才培养方面的责任与地位且政治系统上的产教融合政策较多是针对职业教育的。同时，部分地方政府对产教融合人才培养的责任与权力区分意识模糊，认为政府的公共教育权下

放，责任也下放。政府简政放权，高校拥有更大的自主权并不意味着政府责任也完全下放，而是要承担更广泛复杂的社会系统的责任。政府功能转变过程中对产教融合创新人才培养的引导与监管有利于高校产教融合人才培养朝着科学合理的方向发展。

2. 产业系统人才培养与长期合作的意识不足

从经济系统（产业系统）的认识层面上看，产教合作倾向于成果转让、技术革新、科研项目合作等，忽略了研究生人才的科研实践与社会胜任力等方面。同时，对与大学的产教合作不完全信任，对高校尤其是地方高校的科研转化能力持怀疑态度，不愿意在产教合作尤其是产教融合人才培养方面投入时间、精力和经费。行业企业受访者在访谈中指出，"虽然大部分企业都知道要与大学开展合作研究，……且研究生在各方面的能力整体上优于本科生"，"但其实他们对……（产教融合）重要性的认识还是不够"。产业系统的产教融合人才培养主要集中于与高校能短期合作且见效快的项目，产教融合的目标缺乏长远性与可持续性。

3. 高校对研究生创新人才特征各要素成长发展的培养意识不够

从教育系统的认识层面上看，研究生教育的产教融合人才培养主要是以项目形式开展。高校对研究生创新人才产教融合培养侧重项目的完成、与产方的项目洽谈与合作，注重项目的科学研究与学术产生，忽视了将研究生的社会能力、社会服务与科学研究相结合的能力提升与过程培养。在与产业方沟通、社会胜任力、跨界能力等方面，受访研究生反映"自己摸爬滚打的多，导师指导的少"，重视项目完成率、缺少项目完成过程中研究生人才的各方面发展的把握，对研究生创新人才特征各要素成长发展的重视意识不够。

（二）优惠政策与激励措施力度不够

1. 产教融合人才培养优惠政策不完善

从政策制度上看，鼓励支持行业企业参与产教融合人才培养的优惠政策尚不完善。有研究表明，行业企业产教合作行为与外部政策环境支持程度相关[1]，政府税收优惠对企业的产教合作存在影响[2]。世界发达国家如美国

---

〔1〕 谢园园、梅姝娥、仲伟俊：《产学研合作行为及模式选择影响因素的实证研究》，载《科学学与科学技术管理》2011年第3期，第35~43页。

〔2〕 姚潇颖、卫平、李健：《产学研合作模式及其影响因素的异质性研究——基于中国战略新兴产业的微观调查数据》，载《科研管理》2017年第8期，第1~10页。

等国家在鼓励行业企业与大学或科研院所开展项目研究时，明确行业企业支出的合同经费可抵免企业所得税；日本为促进产教之间的合作制定了"产学官合作促进税制"[1]。我国在产教融合型企业或行业企业参与人才培养方面虽然已有优惠政策，如2017年的《关于深化产教融合的若干意见》、2019年的《建设产教融合型企业实施办法（试行）》，但优惠力度不足以调动行业企业的积极性，且欠缺具体的优惠实施措施。

2. 产教融合人才培养专项经费支出欠缺

从大学—产业合作的经费支持力度上看，缺乏专门的产教融合经费资助。高校促进产教融合人才培养的行动主要为建立合作协议、加强与行业企业的沟通交流等，在具体的实施举措方面仍停留在文件精神层面。由于国家划拨的教育经费有限且须专款专用，高校普遍反映经费紧张，没有专门的经费资助产教融合人才培养，产教融合研究生人才培养的费用主要来源于导师的项目经费。这就相当于将产教融合人才培养的压力转移到导师身上，负向助长了部分导师对课题申报、论文发表等科研产出的看重，形成为课题而课题、忽视科研成果落地转化效应。同时，由于没有产教融合经费，研究生前往创新基地参加科研实践或合作研究时，高校、行业企业均没有过多经费投入到产教融合人才培养上，影响了产业、教育各方主体的积极性，制约了产教融合的深入开展和可持续发展。

3. 产教融合人才培养相关法律法规不健全

从产教融合的可持续性上看，权益保护与知识产权归属等方面与产教融合相关的针对性法律法规保护政策不强。产教融合关涉不同利益主体的"求同存异"空间。因产教各方主体或共同体的不同运行逻辑，异质间在追求的目标、价值及评价体系等方面存在一定的冲突，故各自的利益诉求并非完全一致，在研究生创新人才产教融合培养过程中就有可能发生思想、利益等方面的纠纷。我国虽有知识产权保护法，但针对性的产教融合相关法律法规尚不健全。

（三）产教融合动力机制运行不够完善

1. 高校人才供给能力与企业期待不匹配

行业企业受访者表示，我国的创新创业大赛取得了不少成果，但"很多

---

[1]　任昱仰、赵志耘、杜红亮：《日本技术转移制度体系概述》，载《科技与法律》2012年第1期，第68~72页。

可能只是限于创新而已"，"真正落地转化的可能性较小"。高校创新创业能力得到不断提升，但存在创新与实际脱轨的现象，无法获得重视市场效益的产业系统（经济系统）的青睐。有企业负责人认为，"高校引领行业技术发展能力严重不足"，"高校人才参与广度不够，仅仅是专家教授所带研究生参与"。从总体上看，尽管高校在研究生创新人才产教融合培养方面有相关制度要求，也在一定程度上重视产教融合人才培养，但离产业所期待的人才需求还有一定的距离。有研究者在对当前我国产教融合的困境分析时指出，在产教融合共同体中，"创新型人才供给严重不足"[1]。某高层企业负责人表示，"学用脱节，学校培育的人才不能到企业适用，企业还是需要花一段时间培训才能上岗"。研究生教育系统培养的不是"产业工人"，而是高层次科研人才。

2. 产教融合人才培养沟通机制运行不畅

高校大多设置了成果转化办公室，其主要功能为服务于高校教师科研成果转化、专利管理、软件著作权等，但较少设立产教融合人才培养的专门机构。政治系统与经济系统也鲜少有专设产教融合人才培养相关的针对性管理机构或中介机构。高校、行业企业、政府隶属于不同的管理部门，各自有一套属于自身机构的运行管理机制，同时须会同其他有关部门落实。由于管理体制的不同，各方主体与上级主管部门联系较多，而与横向功能部门之间的相互联系则相对较少。因缺乏针对性的管理机构或中介机构，彼此资源信息流通不畅，协调困难。正如某高校校长受访时表示，在联络合作时"主要还是靠校友网""靠导师自己建立起的人脉关系"，基于信任基础上的"靠人脉寻求合作"有利于产教各方主体互信机制的建立，从而推进下一步合作开展。然而，产教融合人才培养负责人一旦因岗位调整而变更，则原有的互信机制或原有的产教合作也可能因此而终止。研究生教育管理部门（研究生院）相关领导人员透露，因负责人变更或分管研究生教育的副院长岗位调整等因素导致产教合作出现中止或断层的现象并不少见。可见，切实的产教融合人才培养的沟通管理机制对产教各方主体具有很重要的作用。

3. 产教融合人才培养评价机制不完善

产教融合人才培养的有效性如何评价尚未形成定论，缺乏全面的综合评

［1］ 沈洁、徐守坤、谢雯：《我国高等教育产教融合政策的逻辑理路、实施困境与路径突破》，载《高教探索》2021年第7期，第11~18页。

240

价标准和评价体系。从高校申报博硕士学位点建设提交的申报材料上看，产教融合人才培养以数量化形式作为评价手段。政治系统认可的申报书以项目层次、项目数量、论文发表数、专利数及科技成果奖、教学成果奖等作为评判标准。由于人才培养具有长期性、潜在性，周期较长，因此推广应用或受益范围等也难以短时间衡量。同时，高校内部的评价体系也促使教师以追求科研绩效来获取名声和地位，而行业企业追求成功的经济效益、市场化价值。因此，建立合理的全面的综合评价体系是产教融合研究生创新人才培养研究的重要课题。

综上，本节主要讨论研究生创新人才产教融合培养理想图景、产教差异及存在问题与制约因素，为后续提出针对性的建议提供参考。

第三节　实践启示与优化策略

前文各章节的研究成果及研究生创新人才产教融合培养存在的差异、冲突及问题与制约因素等，对研究生创新人才产教融合培养具有一定实践启示，本书据此提出相应的优化策略。由于本书以高校人才培养为研究出发点，因此对教育系统的人才培养理念更新方面的优化建议略多于其他子系统。

一、创新研究生创新人才产教融合培养理念与意识

大学并非脱离社会系统、自然环境而独立存在的"象牙塔"，其人才培养、科学研究、社会服务、文化传承创新、国际合作交流等功能的发挥越来越受到公众社会、生态自然环境的影响。我国研究生教育从19世纪80年代后期已开始尝试产教合作培养研究生，发展至今已有30多年的历史。高校尤其是地方高校应根据本校实际情况，调和产教差异及可能存在的各种制约因素，充分利用区域优势，创新并摸索出有利于本校发展的产教融合人才培养模式。

（一）政治系统研究生创新人才产教融合培养思想意识创新

调查显示，政府产教融合力对研究生创新人才产教融合培养具有显著正向影响。政治系统对教育等其他创新子系统具有政策导向与隐性牵引作用（如图7-3所示）。不同教育层次产教融合人才培养具有不同的特征，研究生层次的教育是国民教育系列的最高层次，政治系统的参与有利于把握人才培

养方向，并提高人才竞争力。要加强政府参与产教融合人才培养的意识，改变政府对产教融合责权等认知尚不明朗的情况。例如，制定政策制度时，可倾听不同利益主体的意见和建议。通过多向度的倾听与参与，明确责、权、利、义务等方面的各方诉求，制定更加科学合理且能切实服务产教融合人才培养尤其是研究生人才培养的针对性政策、措施，以便尽可能地提供专业化服务。

（二）教育系统研究生创新人才培养体系理念更新

1. 树立跨学科、超学科研究生人才培养理念

调查显示，调查样本创新人才特征的发展水平尚不均衡，研究生自我感知到的社会胜任力（社会能力和科研伦理）水平高于学术激情与动机、跨界能力及学术创新能力。因此，须提高研究生学术激情与学术动机、跨界能力、学术创新能力等，高校至少应在此三个创新人才特征维度上做出努力。另外，据访谈资料分析，高校对研究生创新人才特征各要素成长发展的培养意识不够。作为教育系统的大学在产教融合培养人才过程中，关注结果的同时应更加关注培养过程，关注学生成长发展，注重跨学科、超学科思维的培养。例如，加强跨学科、交叉学科、超学科的课程体系建设。可每年根据学科前沿发展更新课程教学体系等，促使培养的研究生能超越本学科思维，在知识体系、创新实践能力提升、三商培养等方面积极应对并观察现实社会生活中出现的新问题新情况，从而开展有利于经济社会发展的科学研究或科研实践活动。由于现代知识经济发展迅速，研究生培养方案相对固定，课程设置与社会发展易产生距离，因此有必要不断更新课程教学内容与课程体系，加强行业专业知识与课程体系的融合，以使课程体系设置满足知识生产模式 3 不断发展的要求。

2. 加强产教融合型高水平教师的培养意识

产教融合型高水平教师培养包括承担研究生课程教学的专任教师及指导教师等的培养。在产教融合影响因素之"人"的因素中，教师是主要因素。研究生感知到的专任教师、导师的产教融合力主要来源于课程教学、基本学术素养、相关科研实践及产教合作等活动，而这些活动的行为主体为教师。大学的最高理想是培养人才，人才由教授培养[1]。此处教授泛指高水平教

〔1〕 眭依凡：《论大学》，人民教育出版社 2017 年版，第 277 页。

师。高水平专任教师、高水平导师对研究生产教融合度、创新人才各特征要素的培养至关重要。本书已证明"人"的因素对人才培养绩效具有显著正向影响，且"人"的因素传递的中介效应在中介效应中所占的比重高于创新人才特征传递的中介效应。可见，加强产教融合型高水平教师培养，有利于提高研究生创新人才产教融合培养绩效。

3. 提高高校研究生创新人才供给与科研成果转化的主动意识

调查显示，高校人才供给能力不足以应对市场需求，与行业企业的期待不匹配，且科研成果的市场整体转化能力还需加强。高校管理人员及教师可通过主动融入产教融合人才培养大环境，提高主动意识缓解类似困境或制约因素。人才供给及成果转化是多向的，曾有一位教学科研经验丰富的受访导师指出，不能采取"坐等行业企业上门找上你"等单向的、被动的方式，而是要主动地采用多种方式对接社会。在提及高校教师科研如何主动融入社会时，受访导师指出"自主敲门"的重要性。例如，"带上介绍信，直接与自己学科专业或研究领域对口的行业企业联系"，通过"走一遍生产线，就能发现问题"，"发现问题后一起坐下来讨论……最后基本产教合作项目就定下来了"。后期带领研究生开展研究，人才供给与成果转化同时完成，教师、研究生、产业等多方主体都获得了成长与价值利益，从而实现了多赢。

（三）产业系统的发展规划融入研究生创新人才产教融合培养的意识

调查显示，经济系统或产业系统中的行业企业产教融合力对研究生人才培养具有显著正向影响，但产业系统与高校的长期合作意识不足，尤其对地方高校的人才供给能力持怀疑态度。行业企业兼顾国家发展战略需求，考虑科研成果的长远发展问题，并与高校开展长期产教合作，有利于为行业企业培养储备人才，从而提升行业企业竞争力。研究生创新人才产教融合培养回归分析显示，行业企业加强与高校的交流合作、提高参与意愿对研究生人才培养绩效有重要作用。行业企业尤其是体制外产业将产教合作列入自身的发展规划，对高校人才培养、行业企业人才培养与研发能力提升等都有重要意义。

（四）社会系统产教融合研究生创新人才培养理念的支持

调查显示，父母文化程度是研究生创新人才特征、大环境因素和"人"的因素产教融合力感知水平的非常显著影响因素。虽然父母文化程度短时间内无法改变，但可以通过提高公众社会对某种观念、理念的整体认同度、氛围营造进行调整。因此，国家采取相应措施提高社会对产教融合人才培养理念的认可与支持度，形成产教融合人才培养的社会氛围与社会共同体，有利于研究生创新人才培养产教融合模式的推广和落地。

（五）树立可持续发展理念

本书所提出的可持续发展理念包括生态文明理念及高校与产业系统之间的长期合作与发展思想。将生态文明理念融入人才培养，促使研究生人才培养能为国家、社会的长远发展谋福利、作贡献。同时，科学研究、社会服务等将人与自然和谐共生、绿色发展、价值伦理等理念融入教学、科研实践活动中，有利于培养高质量的产教融合型研究生创新人才。同时，教育系统与产业系统的合作若具有长期合作发展的规划，将有利于研究生科研实践活动的常态化训练与培育，从而有助于研究生创新人才产教融合培养质量的提升。

二、改善产教融合研究生创新人才培养环境

（一）健全完善相关政策与法律法规

研究表明，政治系统对产教融合研究生人才培养具有重要作用，是其他子系统的重要影响线（如图 7-3 所示）。随着经济社会的发展，我国政府相关功能部门相继出台了与高校产教融合相关的政策、法规。但调查访谈显示，各方主体仍期待政治系统在政策、法律法规方面制定得更完善，以真正关切产教各方的利益。同时，政府相关功能部门可对开展产教融合人才培养的产业实施鼓励、扶持政策。总之，制定明确的、行之有效的政策法规对推动产教融合人才培养具有重要的政策导向作用。

（二）制定优惠政策并设立专项经费

为鼓励经济系统中的行业企业积极主动参与产教融合人才培养，政治系统可借鉴发达国家经验，增加知识创新、科技创新或"卡脖子"技术研发等产教合作方面的财政拨款或税收减免，设立产教合作专项基金、高风险基金等优惠政策。教育系统可制定产教融合人才培养的相关奖励政策吸引行业企业来校主动参与课程教学和做讲座、制定培养方案等，吸引企方导师与校内导师合作指导研究生。

我国各高校的教育经费极度不平衡，在办学资源上，普通高校无法和重点大学相媲美。尽管在双一流建设背景下，弱化了原 985、211 高校等大学名称效应，但大学在教学资源、经费使用、学校办学层次提升与人才培养质量

上仍然一直存在失衡或不匹配情况,具有"无力"之感。例如,在访谈中,有多位领导者均谈到,由于学校教育经费有限,在产教融合具体实施、制度推进落实方面只能依靠导师自己的科研项目经费,甚至有些学科完全有赖于导师自身人脉与育人责任。同时,调查显示,专项经费的缺失制约了研究生创新人才产教融合培养的积极性、可持续性,因此有必要专设产教融合人才培养等专项经费。无论是政治系统、教育系统,还是产业系统等子系统均可专设产教融合人才培养专项经费,以为产教融合人才培养提供经费资助。

(三)提供产教融合研究生创新人才培养良好氛围和平台

对影响因素的回归分析显示,政府产教融合力在社会氛围营造、平台搭建、政策支持等方面对研究生人才培养绩效有显著影响,在高校与产业界的高频率交流合作、邀请产业界人员来校讲学等方面加强投入有利于研究生创新人才产教融合培养绩效的提升。这就需要政府、高校为此进行产教融合人才培养氛围营造、搭建产教合作平台,为产教合作提供便利条件,解除后顾之忧。

行业优质资源、大学科研优势资源与研究生人才培养深度融合是研究生创新人才产教融合培养的理想愿景,但由于经济系统与教育系统两大子系统之间存在诸多异质间差异,各子系统须在"求同存异"的"痛点"系列空间才能真正达成合作意愿。从教育系统层面上看,高校要主张加大在产业化应用方面的投入力度,做好项目孵化工作。因此,高校的氛围营造和平台搭建涉及为产教融合人才培养提供基础性准备工作。

(四)建立产教融合型导师能力提升环境

调查显示,导师来源、职称在融合力水平上不存在显著差异,但双师型导师指导的研究生所感知到的产教融合力水平高于其他类别导师;导师产教合作项目数、研究生参与产教合作项目数在融合力总体水平及各个因子水平上都存在极其显著的差异,且融合力感知水平随着合作项目数的增多而呈上升趋势。这说明,双师型导师对研究生创新人才产教融合培养产生了影响,且导师产教合作项目数等影响极其显著,因此有必要建立产教融合型导师能力提升环境,为导师开展产教融合人才培养提供导师指导能力提升的舞台。例如,可以考虑建立示范基地、提供导师申报产教合作项目的机会、设立产教融合人才培养的专项项目、建立产教合作信息数据库等。

三、完善产教融合研究生创新人才培养运行机制

（一）完善沟通协调与管理机制

通过设立产教融合人才培养中介机构或管理机构，完善沟通协调与管理机制。产教融合涉及多方利益主体，设立产教融合人才培养中介机构或管理机构，有利于协调各方主体诉求，为建立产教融合长效机制奠定基础。成立专门的产教融合执行机构，有利于建立产业界与教育界的长期合作机制，使双方的合作不会因管理人员、负责人、领导岗位的调整而中断、停止，从而形成产教融合常态化管理和运行模式。高校可设立产教融合人才培养的管理机构，用于处理政府、研究生、导师、行业企业及其他功能部门的产教合作相关事宜，以提供针对性的对接服务。产业系统可制定专门的产教融合人才培养相关的管理规章制度，形成产教合作相关事宜管理的规范性制度，明确责权利，提前避免产教合作中可能出现的研究生安全、知识产权等影响产教合作成效的不利因素。

（二）将研究生创新人才产教融合培养绩效纳入考核范畴

产教融合研究生创新人才培养是破"五唯"的有效路径，有利于考核评价高校人才培养情况。政治系统可在学位点建设、重点学科申报、一流学科建设等方面的评价指标中加大产教融合人才培养的比重。同时，各省级政府将产教融合人才培养、社会服务等工作纳入地方政府各类考核范围。教育系统在人事考核、职称评定等方面关注产教融合人才培养的成效。关注研究生教育质量评价改革，改革研究生人才培养质量控制形式，注重研究生能力培养提升方面的评价。高校对研究生的毕业要求不能只看论文发表情况，应寻求更适合提高研究生人才培养质量的评价体系、培养体系。创新研究生教育评价，必须注重本真思维〔1〕，打造研究生教育强国。

（三）完善产教融合五螺旋动力机制

产教融合五螺旋动力机制由政治系统、经济系统、教育系统、以文化和媒介为基础的公众社会系统和自然环境系统组成。由研究生创新人才培养产教融合模式五螺旋创新生态运行机制（如图3-2所示）可知，各子系统之间

---

〔1〕 王战军、于妍、王晴：《研究生教育创新发展要深刻识辨五大变化》，载《学位与研究生教育》2021年第2期，第1~7页。

是循环运行的。每个子系统产生的某类资本、知识资源因与其他子系统发生交互作用而产生新的知识"专门技能",新的知识进入另一子系统进行交互作用,产生新的某资本类型和知识资源成为新的知识"专门技能"后进入下一个子系统,如此螺旋循环。要使五螺旋系统正常运行,则必须五个子系统的行为主体之间相互合作,形成共同合力。因此,五个子系统之间的政策制定、措施落实、评价机制、管理机制等均需有不同系统的行为主体积极主动参与协商,而非某个子系统单独完成,这也体现了知识生产模式 3 的多元主体或共同体参与的质量评估、社会问责文化与反思性等总体特征。

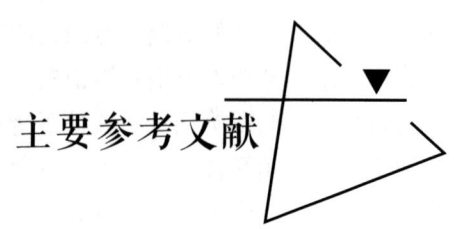

主要参考文献

一、著作类

[1] 陈中原主编:《中国教育改革大系·教育改革理论卷》,湖北教育出版社 2016 年版。

[2] 朱晓闻:《研究生教育与培养研究》,西南交通大学出版社 2018 年版。

[3] 周玉等:《重点理工科大学本科生与研究生创新能力培养一体化研究》,载谢桂华主编:《学位与研究生教育研究新进展》,高等教育出版社 2006 年版。

[4] 中华人民共和国教育部:《面向 21 世纪教育振兴行动计划学习参考资料》,北京师范大学出版社 1999 年版。

[5] 张子睿:《创造创新理论与实践》,光明日报出版社 2015 年版。

[6] 张忠家等:《产学研合作提升人才培养质量研究》,教育科学出版社 2014 年版。

[7] 张敏强:《教育测量学》,人民教育出版社 1998 年版。

[8] 余子侠主编:《中国研究生教育史》,福建人民出版社 2021 年版。

[9] 杨曼英:《创新教育导论》,湖南师范大学出版社 2009 年版。

[10] 薛天祥主编:《研究生教育学》,广西师范大学出版社 2001 年版。

[11] 徐辉:《高等教育发展的新阶段——论大学与工业的关系》,杭州大学出版社 1990 年版。

[12] 谢宇:《回归分析》(修订版),社会科学文献出版社 2013 年版。

[13] 温忠麟:《心理与教育统计》(第 2 版),广东高等教育出版社 2016 年版。

[14] 王志强:《研究型大学与美国国家创新系统的演进》,中国社会科学出版社 2014 年版。

[15] 王战军主编:《新时代研究生教育研究资料汇编 (2010—2020)》,中国科学技术出版社 2021 年版。

[16] 王战军等:《中国研究生教育 70 年》,中国科学技术出版社 2019 年版。

[17] 王书素:《政产学合作模式研究——基于"三螺旋"理论视角》,广东教育出版社

2017 年版。

[18] 王骥:《大学知识生产方式研究》,中国社会科学出版社 2014 年版。

[19] 王洪才:《大学创新教育研究——关于创造性人格建构路径的探索》,天马图书出版公司 2002 年版。

[20] 王成军:《官产学三重螺旋研究:知识与选择》,社会科学文献出版社 2005 年版。

[21] 陶行知:《中国教育改造》,商务印书馆 2014 年版。

[22] 孙培青主编:《中国教育史》(第 2 版),华东师范大学出版社 2000 年版。

[23] 孙福全等:《产学研合作创新:模式、机制与政策研究》,中国农业科学技术出版社 2008 年版。

[24] 眭依凡:《论大学》,人民教育出版社 2017 年版。

[25] 苏竣等:《大学与产业合作关系——中国大学知识创新及科技产业研究》,中国人民大学出版社 2009 年版。

[26] 上海师范大学教育系编:《马克思恩格斯论教育》,人民教育出版社 1979 年版。

[27] 任锦鸾:《创新机理:基于复杂性科学的视角》,科学出版社 2009 年版。

[28] 璩鑫圭、唐良炎编:《中国近代教育史资料汇编(学制演变)》,上海教育出版社 2007 年版。

[29] [德] 马克思:《1844 年经济学哲学手稿》,人民出版社 2000 年版。

[30] 刘燕华、李孟刚主编:《创新方法学》(第 2 版),高等教育出版社 2013 年版。

[31] 刘力:《产学研合作的历史考察及比较研究》,国际文化出版公司 2005 年版。

[32] 刘红玉、彭福扬:《创新理论的拓荒者》,人民出版社 2013 年版。

[33] 林惠春:《资源有限 创新无限》,新华出版社 2006 年版。

[34] 林崇德:《创造性心理学》,北京师范大学出版社 2018 年版。

[35] 梁启超:《饮冰室合集(三)》,中华书局 1989 年版。

[36] 李志仁、方勇、杨雅文:《高等教育与国家创新体系建设》,大象出版社 2005 年版。

[37] 李世海、高兆宏、张晓宜:《创新教育新探》,社会科学文献出版社 2005 年版。

[38] 李士等:《创新理论导论》,中国科学技术大学出版社 2009 年版。

[39] 经观荣、王兴芳编著:《创造学:理论与应用》(第 3 版),新文京开发出版有限公司 2016 年版。

[40] 金吾伦:《创新的哲学探索》,东方出版中心 2010 年版。

[41] 侯杰泰、温忠麟、成子娟:《结构方程模型及其应用》,教育科学出版社 2004 年版。

[42] 何青:《务实与求真:研究生创新能力培养与评价研究》,华中师范大学出版社 2017 年版。

[43] 郭有遹:《创造心理学》,教育科学出版社 2002 年版。

[44] 耿有权:《研究生教育学导论》,中国科学技术出版社 2021 年版。

[45] [德] 恩格斯:《劳动在从猿到人转变过程中的作用》,载[德] 恩格斯:《自然辩证法》,曹葆华、于光远、谢宁译,人民出版社 1955 年版。

[46] 董奇:《心理与教育研究方法》(修订版),北京师范大学出版社 2004 年版。

[47] 中国大百科全书总编辑委员会《哲学》编辑委员会:《中国大百科全书:哲学卷》,中国大百科全书出版社 2023 年版。

[48] 《马克思恩格斯全集》(第 3 卷),人民出版社 2002 年版。

[49] [加] 卡米尔·S. 加布里埃尔:《创新的解剖》,程翔、徐伟译,江苏人民出版社 2017 年版。

[50] [英] 迈克尔·吉本斯等:《知识生产的新模式:当代社会科学与研究的动力学》,陈洪捷等译,北京大学出版社 2011 年版。

[51] [英] 杰勒德·德兰迪:《知识社会中的大学》,黄建如译,北京大学出版社 2019 年版。

[52] [瑞士] 海尔格·诺沃特尼、[英] 彼得·斯科特、[英] 迈克尔·吉本斯:《反思科学:不确定性时代的知识与公众》,冷民等译,上海交通大学出版社 2011 年版。

[53] [美] 伊莱恩·丹敦:《创新的种子:解读创新魔方》,陈劲等译,知识产权出版社 2005 年版。

[54] [美] 亨利·埃茨科威兹:《三螺旋——大学·产业·政府三元一体的创新战略》,周春彦译,东方出版社 2005 年版。

[55] [美] 亨利·埃茨科威兹:《国家创新模式:大学、产业、政府"三螺旋"创新战略》,周春彦译,东方出版社 2014 年版。

[56] [美] 罗伯特·F. 德威利斯:《量表编制:理论与应用》(第 2 版),魏勇刚、龙长权、宋武译,重庆大学出版社 2004 年版。

[57] [美] 彼得·德鲁克:《知识社会》,赵巍译,机械工业出版社 2021 年版。

二、中文期刊论文

[1] 曾月征、袁乐平:《创新型人才培养评价指标体系的构建》,载《统计与决策》2016 年第 18 期。

[2] 陈保荣:《职业教育产教融合的国际比较研究》,载《职教论坛》2018 年第 5 期。

[3] 陈恒、初国刚、侯建:《产学研合作培养创新人才培养效果影响机理》,载《科研管理》2018 年第 4 期。

[4] 陈恒敏:《"老师"抑或"老板":论导师、研究生关系的经济性》,载《学位与研究生教育》2018 年第 4 期。

[5] 陈年友、周常青、吴祝平:《产教融合的内涵与实现途径》,载《中国高校科技》2014 年第 8 期。

［6］陈伟、张永超、田世海:《区域装备制造业产学研合作创新网络的实证研究——基于
网络结构和网络聚类的视角》,载《中国软科学》2012 年第 2 期。

［7］陈星、张学敏:《依附中超越:应用型高校深化产教融合改革探索》,载《清华大学教
育研究》2017 年第 1 期。

［8］陈振斌、张万红:《研究生创新能力灰色聚类评价模型研究》,载《辽宁工程技术大学
学报(社会科学版)》2007 年第 3 期。

［9］陈振中、车越彤:《基于知识生产的导学科研共同体的建构》,载《学位与研究生教
育》2021 年第 11 期。

［10］成有信:《论教育和生产劳动相结合的实质》,载《中国社会科学》1982 年第 1 期。

［11］程光旭:《突破人才培养方式 培养高层次创新人才》,载《中国高等教育》2007 年第
18 期。

［12］戴彬、李瑞:《基于"一体化"标准的研究生跨地域产教融合培养模式研究》,载
《学位与研究生教育》2020 年第 12 期。

［13］丁厚德:《产学研合作是建设国家创新体系的基本国策》,载《清华大学学报(哲学
社会科学版)》1998 年第 3 期。

［14］丁家永:《知识的本质新论——一种认知心理学的观点》,载《南京师大学报(社会
科学版)》1998 年第 2 期。

［15］奉小斌:《研发团队跨界行为对创新绩效的影响——任务复杂性的调节作用》,载
《研究与发展管理》2012 年第 3 期。

［16］高帆:《新型政府—市场关系与中国共同富裕目标的实现机制》,载《西北大学学报
(哲学社会科学版)》2021 年第 6 期。

［17］顾菊平等:《高等工程教育产教融合互信机制研究》,载《高等工程教育研究》2021
年第 2 期。

［18］顾永东、刘兆星、陆颖:《产业学院模式下工程专业学位研究生培养产教融合创新实
践》,载《高校教育管理》2022 年第 4 期。

［19］郭月兰、汪霞:《研究生教育高质量发展:内涵、逻辑与实践取向》,载《研究生教
育研究》2019 年第 2 期。

［20］何郁冰:《产学研协同创新的理论模式》,载《科学学研究》2012 年第 2 期。

［21］洪大用:《为新时代研究生教育发展提供更好的智力支撑》,载《学位与研究生教
育》2020 年第 1 期。

［22］洪银兴:《市场化导向的政府和市场关系改革 40 年》,载《政治经济学评论》2018
年第 6 期。

［23］胡莉芳:《教育性与研究性———流大学研究生课程建设的内在逻辑》,载《清华大
学教育研究》2022 年第 1 期。

[24] 胡杨：《产学研合作创新的影响因素——兼论地理邻近对产学研合作创新的影响》，载《沈阳大学学报（社会科学版）》2016年第2期。

[25] 胡雨晗：《"创新人"假设的生成依据及其内涵》，载《理论导刊》2018年第9期。

[26] 皇甫倩：《拔尖创新人才培养能力诊断指标体系的构建及应用》，载《西南师范大学学报（自然科学版）》2018年第7期。

[27] 黄宝印、黄海军：《加快发展高质量研究生教育战略意义的认识与思考》，载《中国高教研究》2020年第4期。

[28] 黄瀚玉、刘邵鑫、曾绍伦：《产教融合人才培养模式研究的知识图谱可视化分析》，载《教育与职业》2018年第11期。

[29] 黄济：《关于劳动教育的认识和建议》，载《江苏教育学院学报（社会科学版）》2004年第5期。

[30] 黄瑶、王铭：《"三螺旋"到"四螺旋"：知识生产模式的动力机制演变》，载《教育发展研究》2018年第1期。

[31] 黄攸立、汪虹、李政：《大学产业合作关系形成影响因素研究述评》，载《科学学与科学技术管理》2010年第6期。

[32] 霍丽娟：《基于知识生产新模式的产教融合创新生态系统构建研究》，载《国家教育行政学院学报》2019年第10期。

[33] 姜大源：《高校要提升深度参与产教融合的能力》，载《中国高等教育》2018年第2期。

[34] 金芙蓉、罗守贵：《产学研合作绩效评价指标体系研究》，载《科学管理研究》2009年第3期。

[35] 李梅芳、刘国新、刘璐：《企业与高校参与产学研合作的实证比较研究：合作内容、水平与模式》，载《研究与发展管理》2011年第4期。

[36] 李琼、吴梦吟：《论大学教师学术创新力的基础：学术洞察想象力》，载《比较教育研究》2011年第7期。

[37] 李盛兵：《我国高等教育发展的现阶段特征》，载《高等教育研究》2016年第12期。

[38] 李盛兵：《研究生培养模式研究之反思》，载《教育研究》2005年第11期。

[39] 李文娟、朱春奎：《中国产学研合作研究的热点主题和知识演化》，载《科技管理研究》2018年第22期。

[40] 李潇君、周秋雨：《美国研究生科研伦理教育的目标结构、内容体系与实践路径》，载《学位与研究生教育》2021年第5期。

[41] 刘爱春、谭顶良、赵小云：《学术型硕士生学术动机的调查研究》，载《学位与研究生教育》2014年第4期。

[42] 刘润泽、马万里、樊文强：《产教融合对专业学位研究生实践能力影响的路径分析》，

载《中国高教研究》2021 年第 3 期。

[43] 刘大卫、周辉：《中外高校产教融合模式比较研究》，载《人民论坛》2022 年第 3 期。

[44] 卢晓中：《自主培养拔尖创新人才亟需构建培养共同体》，载《大学教育科学》2023
年第 1 期。

[45] 卢晓中：《基于系统思维的高质量教育体系构建与教育评价改革——兼论拔尖创新人
才培养的系统思维》，载《国家教育行政学院学报》2021 年第 7 期。

[46] 卢晓中：《高等教育高质量发展：竞争或合作?》，载《江苏高教》2022 年第 10 期。

[47] 鲁幽、周安平：《民国初期"学术本位"现代大学观——基于〈大学令〉的法律表
达》，载《复旦教育论坛》2017 年第 6 期。

[48] 陆根书等：《博士研究生社会责任意识的结构与特征分析》，载《高等工程教育研
究》2011 年第 6 期。

[49] 马廷奇、李蓉芳：《知识生产模式转型与人才培养模式创新》，载《高教发展与评
估》2019 年第 5 期。

[50] 马永红、刘润泽、于苗苗：《我国产教融合培养专业学位研究生：内涵、类型及发展
状况》，载《学位与研究生教育》2021 年第 7 期。

[51] 毛丹等：《控制抑或支持：博士生学术指导模式及其影响因素分析》，载《教育发展
研究》2022 年第 3 期。

[52] 门超、周旺：《职业教育产教融合的机理、表征、症结及策略》，载《教育与职业》
2023 年第 3 期。

[53] 蒙艺、罗长坤：《学术导师领导力与研究生创造力：直线相关还是曲线相关?》，载
《复旦教育论坛》2015 年第 3 期。

[54] 欧阳河、戴春桃：《产教融合的内涵、动因与推进策略》，载《教育与职业》2019 年
第 7 期。

[55] 潘琪、史冬波、蓝煜昕：《研究生社会责任感的内涵及影响因素研究——以清华大学
为例》，载《研究生教育研究》2015 年第 4 期。

[56] 彭坤明：《论创新人才素质的基本特征》，载《江苏教育学院学报（社会科学版）》
2000 年第 2 期。

[57] 彭术连、肖国芳、刘佳奇：《知识生产模式转型下的研究生创新能力评价变革》，载
《科学管理研究》2022 年第 1 期。

[58] 祁润兴：《论知识的本质：从知识政治到知识经济》，载《内蒙古大学学报（人文社
会科学版）》2000 年第 4 期。

[59] 郄海霞、李欣旖、王世斌：《四螺旋创新生态：研究型大学引导区域协同创新机制探
析——以苏黎世联邦理工学院为例》，载《高等工程教育研究》2020 年第 2 期。

[60] 瞿葆奎：《劳动教育应与体育、智育、德育、美育并列? ——答黄济教授》，载《华

东师范大学学报（教育科学版）》2005 年第 3 期。

[61] 任锦鸾、顾培亮：《基于复杂理论的创新系统研究》，载《科学学研究》2002 年第
4 期。

[62] 任飏、陈安：《论创新型人才及其行为特征》，载《教育研究》2017 年第 1 期。

[63] 任昱仰、赵志耘、杜红亮：《日本技术转移制度体系概述》，载《科技与法律》2012
年第 1 期。

[64] 荣利颖、邓峰：《研究生教育质量保障与创新能力培养的实证分析——基于 2017 年
全国研究生教育满意度调查》，载《教育研究》2018 年第 9 期。

[65] 芮正云、马喜芳：《创业者跨界能力与创业质量关系研究》，载《科学学研究》2021
年第 7 期。

[66] 沈洁、徐守坤、谢雯：《我国高等教育产教融合政策的逻辑理路、实施困境与路径突
破》，载《高教探索》2021 年第 7 期。

[67] 孙璟涛：《对"创新"的哲学思考》，载《南京政治学院学报》2003 年第 4 期。

[68] 孙善林、彭灿：《产学研协同创新项目绩效评价指标体系研究》，载《科技管理研
究》2017 年第 4 期。

[69] 田贤鹏：《解构与重构：高校研究生教育制度变革 40 年回顾》，载《现代教育管理》
2018 年第 11 期。

[70] 王德广：《21 世纪高校产学研合作教育的模式》，载《中国电力教育》2003 年第 2 期。

[71] 王海迪：《学术型博士生学术激情及其影响因素研究——基于我国研究生院高校的实
证分析》，载《学位与研究生教育》2018 年第 2 期。

[72] 王浩、梁耀明：《产学研合作绩效评价研究综述》，载《科技管理研究》2011 年第
11 期。

[73] 王洪才、高馨：《论创新人才素质特征与高校办学定位》，载《现代大学教育》2008
年第 5 期。

[74] 王骥：《论大学知识生产方式的演变：理想类型的方法》，载《科学学研究》2011 年
第 9 期。

[75] 王嘉颖：《中国产学研合作教育研究二十年的热点与前沿——基于文献的关键词分
析》，载《教育学术月刊》2018 年第 11 期。

[76] 王娟茹、潘杰义：《产学研合作模式探讨》，载《科学管理研究》2002 年第 1 期。

[77] 王茜：《试析高校创新型人才应具备的基本素质及特征》，载《科技促进发展》2010
年第 S1 期。

[78] 王小栋、苑大勇：《跨越学科认知边界：超学科的理念表征与现实适用》，载《比较
教育学报》2022 年第 2 期。

[79] 王战军、常琅：《研究生教育强国：概念、内涵、特征和方略》，载《中国高教研究》

2020 年第 11 期。

[80] 王战军、于妍、王晴:《研究生教育创新发展要深刻识辨五大变化》,载《学位与研究生教育》2021 年第 2 期。

[81] 王志强、代以平:《欧盟大学—产业部门合作创新机制的主要类型及路径选择》,载《比较教育研究》2018 年第 2 期。

[82] 魏春艳、方益权、衡孝庆:《基于知识形态的新工科产教融合机理探究》,载《中国高教研究》2022 年第 2 期。

[83] 吴东姣、马永红、杨雨萌:《学术互动氛围对博士生创新能力的影响研究——师生互动关系和生生学术共同体的角色重思》,载《学位与研究生教育》2019 年第 10 期。

[84] 吴俊、张家峰、黄东梅:《产学研合作对战略性新兴产业创新绩效影响研究——来自江苏省企业层面的证据》,载《当代财经》2016 年第 9 期。

[85] 夏甄陶:《自然创造与人文创造》,载《新华文摘》2008 年第 3 期。

[86] 谢广宽:《为"学术独立"而"办现在中国的大学"——冯友兰高等教育思想研究》,载《清华大学教育研究》2011 年第 1 期。

[87] 谢科范、陈云、董芹芹:《我国产学研结合传统模式与现代模式分析》,载《科学管理研究》2008 年第 1 期。

[88] 谢梦、童颖之:《跨学科与博士生培养:美国顶尖研究型大学社科类人才培养研究》,载《清华大学教育研究》2022 年第 1 期。

[89] 谢尉慧、叶定剑、王敏:《产教融合全过程合力育人体系的探索与实践——以上海交通大学"材料工程"专业为例》,载《中国高校科技》2020 年第 7 期。

[90] 谢园园、梅姝娥、仲伟俊:《产学研合作行为及模式选择影响因素的实证研究》,载《科学学与科学技术管理》2011 年第 3 期。

[91] 徐小洲、叶映华:《创新型人才的素质结构与生成转化机制》,载《高等工程教育研究》2012 年第 1 期。

[92] 颜士刚、冯友梅、李艺:《"知识"及其把握方式再论——缘于对认知心理学之理论困境的思考》,载《电化教育研究》2019 年第 5 期。

[93] 杨风:《广东省部产学研合作动力与合作模式分析》,载《科技管理研究》2011 年第 3 期。

[94] 杨红燕:《英语专业硕士研究生学术动机的历时研究》,载《外语界》2022 年第 1 期。

[95] 杨柳:《我国研究生创新人才培养机制改革研究》,载《研究生教育研究》2017 年第 6 期。

[96] 杨天怡等:《创新教育与实践教学创新》,载《中国高等教育》2005 年第 23 期。

[97] 杨旸、祝文芳:《知识祛魅的教育学反思——对知识本质的再认识》,载《湖北大学学报(哲学社会科学版)》2017 年第 3 期。

[98] 姚奇富、朱正浩：《从"陌路人"到"深度合作者"：基于组织"边界跨越"的产学合作路径探索》，载《教育发展研究》2021 年第 9 期。

[99] 姚潇颖、卫平、李健：《产学研合作模式及其影响因素的异质性研究——基于中国战略新兴产业的微观调查数据》，载《科研管理》2017 年第 8 期。

[100] 喻科：《产学研合作创新网络特性及动态创新能力培养研究》，载《科研管理》2011 年第 2 期。

[101] 袁靖宇：《高等教育：产教融合的历史观照与战略抉择》，载《中国高教研究》2018 年第 4 期。

[102] 原长弘：《国内产学研合作学术研究的主要脉络：一个文献述评》，载《研究与发展管理》2005 年第 4 期。

[103] 翟博：《党的教育方针百年演进及其思想光辉》，载《人民教育》2021 年第 6 期。

[104] 张承伟、刘凡儒、郝绪彤：《论知识的本质和知识创造》，载《情报学报》2016 年第 4 期。

[105] 张德江：《人才培养质量的影响因素与对策探析》，载《中国大学教学》2012 年第 2 期。

[106] 张静、田录梅、张文新：《社会能力：概念分析与模型建构》，载《心理科学进展》2012 年第 12 期。

[107] 张兆曙、高远欣：《知识生产与文献回顾——从技术指引到意义指引》，载《天津社会科学》2019 年第 1 期。

[108] 赵军、夏建国：《产教合作命运共同体：新时代高校创新发展新取向》，载《中国高等教育》2018 年第 19 期。

[109] 赵立文：《发挥高校产学研合作中政策的推动和导向作用》，载《实验技术与管理》2014 年第 8 期。

[110] 赵祥辉、王洪国：《什么影响了博士生的学术热情变化：读博动机、师生关系还是院系培养？——基于 2019 年 Nature 全球博士生调查的实证分析》，载《当代教育论坛》2021 年第 4 期。

[111] 赵艳红、徐学福：《论教师洞察力》，载《教育研究与实验》2013 年第 3 期。

[112] 周桂清：《所校联合培养研究生初探》，载《学位与研究生教育》1986 年第 4 期。

[113] 周泉兴、王琪：《研究生教育的本质：历史、现实和哲学的考察》，载《中国高教研究》2009 年第 2 期。

[114] 朱清时：《注重创新素质 培养成功的创新型人才》，载《中国高等教育》2006 年第 1 期。

[115] 庄西真：《产教融合的内在矛盾与解决策略》，载《中国高教研究》2018 年第 9 期。

[116] 卓泽林：《大学知识生产范式的转向》，载《教育学报》2016 年第 2 期。

三、中文学位论文

[1] 刘力:《产学研合作的历史考察及比较研究》,浙江大学 2001 年博士学位论文。

[2] 付俊超:《产学研合作运行机制与绩效评价研究》,中国地质大学 2013 年博士学位论文。

[3] 徐继宁:《英国传统大学与工业关系发展研究》,苏州大学 2011 年博士学位论文。

[4] 张豪:《大学—产业合作组织协同创新研究》,哈尔滨工业大学 2016 年博士学位论文。

[5] 殷朝晖:《论国家科研体制建设与研究型大学发展》,华中科技大学 2005 年博士学位论文。

[6] 彭月茵:《研究生学术动机历程模式之建构》,台湾政治大学 2007 年博士学位论文。

四、外文文献

[1] Alhassan E. et al. , "Research Outputs as Vehicles of Knowledge Exchange in a Quintuple Helix Context: The Case of Biofuels Research Outputs", *Journal of the Knowledge Economy*, 2019.

[2] Ancona D. G. , Caldwell D. F. , "Bridging the boundary: External activity and performance in organizational teams", *Administrative Science Quarterly*, 1992.

[3] Anderson N. C. , "Effective Doctoral Education: Interpreting Factors and Outcomes of Success through a New Framework", *Auto -ethnography, and Quantitative Study of Passion*, North Dakota State University, 2013.

[4] Barth T. D. , "The idea of a green new deal in a Quintuple Helix Model of knowledge, know-how and innovation", *International Journal of Social Ecology and Sustainable Development*, 2011.

[5] Bekkers R. , Bodas Freitas I. , "Analysing Knowledge Transfer Channels between Universities and Industry: To What Degree do Sectors also Matter? ", *Research Policy*, 2008.

[6] Bresman H. , "External learning activities and team performance: A multimethod field study", *Organization Science*, 2010.

[7] Cai Y. , Etzkowitz H. , "Theorizing the triple helix model: Past, present, and future", *Triple Helix*, 2020.

[8] Cai Y. , Ferrer B. R. , Lastra J. , "Building university-industry co-innovation networks in transnational innovation ecosystems: Towards a transdisciplinary approach of integrating social sciences and artifficial intelligence", *Sustainability*, 2019.

[9] Carayannis E, Hens L, Nicolopoulou-Stamati P. , "Trans-Disciplinarity And Growth: Nature

and Characteristics of Trans-disciplinary Training Programs on the Human-Environment Inter-phase", *Journal of the Knowledge Economy*, 2017.

[10] Carayannis E. G., Barth T. D., Campbell D. F. J., "The Quintuple Helix innovation model: global warming as a challenge and driver for innovation", *Journal of Innovation & Entrepreneurship*, 2012.

[11] Carayannis E. G. et al., "Sustainable Development of the Russian Arctic zone energy shelf: the Role of the Quintuple Innovation Helix Model", *Journal of the Knowledge Economy*, 2017.

[12] Carayannis E. G., Campbell D. F. J., "Open Innovation Diplomacy and a 21st Century Fractal Research, Education and Innovation (FREIE) Ecosystem: Building on the Quadruple and Quintuple Helix Innovation Concepts and the 'Mode 3' Knowledge Production System", *Journal of the Knowledge Economy*, 2011.

[13] Carayannis E. G., Campbell D. F. J., " 'Mode3' and 'Quadruple Helix': Toward a 21st Century Fractal Innovation Ecosystem", *International Journal of Technology Management*, 2009.

[14] Carayannis E. G., Alexander J., "Strategy, structure and performance issues of pre-competitive R&D consortia: insights and lessons learned", *IEEE Transactions of Engineering Management*, 2004.

[15] Carayannis E. G., Alexander J., "Winning by co-opeting in strategic government-university-industry R&D partnerships: the power of complex, dynamic knowledge networks", *Journal of Technology Transfer*, 1999.

[16] Davidson, Janet E., Sternberg Robert, J., "The Role of Insight in Intellectual Giftedness", *Gifted Child Quarterly*, 1984.

[17] Carayannis, E. G., Campbell, D. F. J, "Triple Helix, Quadruple Helix and Quintuple Helix and How Do Knowledge, Innovation and the Environment Relate To Each Other?, A Proposed Framework for a Trans-disciplinary Analysis of Sustainable Development and Social Ecology", *International Journal of Social Ecology and Sustainable Development*, 2010.

[18] European Commission Joint Research Centre, "Entre Comp: The Entrepreneurship Competence Framework", http://ec. europa. eu/jrc/entrecomp (2016-06-20) [2017-03-26].

[19] European Commission, "Entrepreneurship 2020 Action Plan", Brussels: COM, 2013.

[20] European Commission, "Rethink Education: Investing in Skills for Better Socio-economic Outcomes", Brussels: COM, 2012.

[21] Faraj S., Yan A., "Boundary work in knowledge teams", *Journal of Applied Psychology*, 2009.

[22] Grant AM, Franklin J., Langford P., "The Self-reflection and Insight Scale: A New

Measure of Private Self-consciousness ", *Soc Behav Pers*, 2002.

[23] H. G. Barnett, *Innovation: The Basis of Culture Change*, Me Graw-Hill, New York, 1953.

[24] Hans Loof, Anders Brostrom, "Does Knowledge Diffusion between University and Industry Increase Innovation", *Journal of Technology Transfer*, 2008.

[25] König et al. , "Helix Models of Innovation and Sustainable Development Goals", in Leal Filho (ed.), *Industry, Innovation and Infrastructure. Encyclopedia of the UN Sustainable Development Goals*, Springer, Berlin, Heidelberg, 2020.

[26] Kristel M. et al. , "Knowledge transfer in university quadruple helix ecosystems: An absorptive capacity perspective", *R&D Management*, 2016.

[27] Lavigne G. L. , Forest J. , Crevier-Braud L. , "Passion at work and burnout: A two-study test of the mediating role of flow experiences", *European Journal of Work & Organizational Psychology*, 2012.

[28] Lucas B. Hill. , "Understanding the Impact of a Multi-Institutional STEM Reform Network through Key Boundary-Spanning Individuals", *The Journal of Higher Education*, 2020.

[29] Michael Sanderson, *The Universities and British Industry 1850 – 1970*, Routledge&Kegan Paul, 1972.

[30] Michael Sanderson, *Education, economic change and society in England* 1780 – 1870, Cambridge University Press, 1995.

[31] Marrone J. A. , Tesluk P. E. , Carson J. B. , "A multilevel investigation of antecedents and consequences of team member boundary spanning behavior", *Academy of Management Journal*, 2007.

[32] Jancelewicz, "The Role of Universities in Social Innovation Within Quadruple/Quintuple Helix Model: Practical Implications from Polish Experience", *Journal of the Knowledge Economy*, 2021.

[33] Nowotny H. , Scott P. , Gibbons M. , "Re-Thinking Science: Mode 2 in Societal Context", https://www. helga-nowotny. at/documents/Nowotny_ Gibbons_ Scott_ Mode2 (2011-03-11) [2015-04-06].

[34] Preacher K. J. , Rucker D. D. , Hayes A. F. , "Addressing Moderated Mediation Hypotheses: Theory, Methods, and Prescriptions", Multivariate Behav Res, 2007.

[35] Stoebrr J. et al. , "Passion and Motivation for Studying: Predicting Academic Engagement and Burnout in University Students", *Educational Psychology*, 2011.

[36] The Oslo Manual, "The Measurement of Scientific and Technological Activities", OECD, 1996.

[37] Vallerand R. J. et al. , "Les Passions De L'ame: On Obsessive and Harmonious Passion",

Journal of Personality and Social Psychology, 2003.

［38］ Vallerand R. J. et al. , "On the Role of Passion in Performance", *Journal of personality*, 2007.

［39］ Webster's Ninth New Collegiate Dictionary, *Spring field*, Massachusetts：Merriam-Webster Inc. , 1983.

［40］ Yohannes Mehari. et al. , "Defining 'Responsible' in Responsible Research and Innovation：The Case of Quadruple Helix Innovation in the Energy Sector in the Tampere Region, Innovation, Technology, and Knowledge Management", in Carmen Păunescu & Katri – Liis Lepik & Nicholas Spencer (ed.), *Social Innovation in Higher Education*, Springer, 2022.

［41］ Zhou J. , "How Does Dualistic Passion Fuel Academic Thriving? A Joint Moderated – Mediating Model", *Frontiers in Psychology*, 2021.